중국의 옛도시(Ⅰ)

육조 시대의 남경

중국의 옛도시(Ⅰ)

육조 시대의 남경

劉淑芬 著
任大熙 譯

景仁文化社

自　序

　　역사연구자에게는, 육조(六朝) 시대가 매우 풍부하고 다채로운 범주로 여겨지며 또한 무궁한 매력을 지니고 있다고 말할 수 있을 것이다. 여러 민족들이 정권을 각축하는 사이에, 그 혼란 가운데서 백성들은 가엽게도 삶과 죽음의 경계를 유랑하게 되고, 그로 말미암아 종교적인 위안을 바라게 되면서 불교와 도교라는 두 종교가 널리 흥성하고 유행하였다. 크고 작은 불교 석굴의 개착이나 장엄한 불상으로 나타나는 수많은 소조(塑造)는 길고 긴 세월을 거치면서도 여전히 사람의 마음을 한스럽게 하였다. 또한 그 시대는 기백이 웅대한 시대이어서 육상이나 해상의 실크로드를 거치거나, 천리무연(千里無煙)의 사막을 넘거나, 만경풍파(萬頃風波)의 대해를 건너서 중국과 동남아시아나 서아시아, 멀리는 로마에 이르기까지 직접 혹은 간접의 상업왕래나 문화교류가 있었다. 동시에 정치적으로나 사회적으로 또는 경제적인 방면에서 모두 극도로 우세한 지위를 차지하고 있던 귀족은 이 시대를 "귀족제 사회"라고 불리도록 만들었다. 그들의 유유자적한 모습이나 풍부한 학문·수양으로 말미암아 우아한 풍류를 만들어내었고, 이는 육조문화(六朝文化) 가운데에서 가장 현란한 꽃으로 나타났다. 요컨대 육조사(六朝史)를 연구하는 것은 아래의 몇 가지 점으로 귀결될 수 있다. 즉 민족이나 종교 또는 중외교통(中外交通)이라던가, 귀족제를 중심으로 한 정치, 군사, 사회, 경제제도이다. 지금까지 중국이나 외국에서의 육조사(六朝史) 연구는 귀족제라는 하나의 항목에 모든 관심이 집중되었으며, 토론의 주제도 이에 집중되었고, 그 결과로 나타난 성취도 또한 높아서 볼만한 것이었다.

　　본서에 수록된 필자의 근 10년간의 육조사(六朝史) 연구에 관한 논

문은, 일찍부터 이와는 좀 다른 각도에서 이 시대의 면모를 탐색하고
자 했던 것으로서, 비록 건강성(建康城)이나 사회와 제도, 그리고 중고
성방제(中古城坊制)라는 3편으로 이루어졌지만, 각 편 사이의 관련은
바로 이 기간 동안의 사고의 궤적을 드러내 보이고 있는 것이다.

상편에 실린 여러 글들은 건강(建康)도시사(城市史)와 관련된 논문
이다. 「강남(江南)은 아름다운 땅, 금릉(金陵)은 제왕(帝王)의 주(州)」이
며, 건강(建康)은 육조의 도성이었고, 모든 중요한 정치적 사건은 이
곳을 무대로 하여 하나하나 전개되었다. 그 곳은 동시에 당시 경제
와 문화의 중심지로서, 육조(六朝)의 한정된 문헌기재 가운데 십중팔
구는 모두 이곳에 집중되어 있다. 또한 건강성(建康城)은 육조 정권의
흥성에 따라 번영을 함께 했고, 그 정권의 쇠락으로 말미암아 기울
어지게 되었다. 따라서 건강(建康)도시사(城市史)는 사실상 하나의 간
략한 육조사(六朝史)라고 볼 수 있다.[1]

중편은 육조의 구역적인 연구로서, 절동(浙東)지역과 교주(交州)·광주
(廣州)지역으로 구분해서 검토하고 있다. 다른 한편으로 그것은 또한 상
편의 「육조(六朝)건강(建康)의 경제기초」와 서로 호응하여 육조 정권이
재부(財賦)를 크게 의지했던 절동(浙東)지역의 경제와 사회를 살피고 또
한 육조의 대외무역을 장악했던 교주(交州)·광주(廣州)라는 2주(州)를 한
층 깊이 토론하고 있다.

하편은 중고(中古) 시대의 도성(都城)방제(坊制)라는 규획이 생겨나
게 된 배경과 기원을 토론하면서, 아울러 그것이 파괴되고 해체된
원인을 연구검토하고 있다. 이 부분의 문제에 대한 생각도 또한 상

---

1) <옮긴이 주>; 본 번역서는 劉淑芬 씨의 본래의 저서 가운데, 이 상편만
   을 번역한 것이다. 상편만이라도 번역해서 출판하는 까닭은 여기에서
   저자가 지적했듯이 바로 이 부분이야말로 육조시대를 이해하는 데에
   첩경이 되는 내용이 많기 때문이었다.

편 「육조 건강(建康)과 북위 낙양(洛陽)의 비교」와 연속되고 전승되는 관계에 있다. 육조 건강과 북위 낙양의 도시 규획의 연관에 관해서는 근년에 들어와 줄곧 중(中)·일(日) 학술계의 토론 과제였다. 1983년 필자는 「육조건강과 북위낙양의 비교」(『국립대만대학건축과 城鄕연구학보』 2권 1기에 발표)라는 글에서 북위 낙양성의 규획은 거의 대부분 건강성(建康城)의 영향을 받았다는 의견을 제기했다. 그 뒤에 중·일 학자들 또한 이 설을 주장했는데, 아끼야마히데오(秋山日出雄) 「남조(南朝)도성(都城)건강(建康)의 복원(復原)서설(序說)」(『후지와라(橿原)고고연구소논집』 7, 1984) 및 「남조의 고도(古都)건강(建康)」 (岸俊男 編, 『중국 강남(江南)의 도성(都城)유적(遺跡)』, 1985), 곽려안(郭黎安) 「시론(試論)육조시기의 건업(建業)」(『中國古都硏究』, 1985), 조양(曹陽) 「중국역사 성곽(城郭)해식(楷式)의 고찰(考察)」(『待兼山論叢』 日本學 22)에 보인다.

비록 이처럼 이 문제에 대해서 긍정적인 반응이 많게 되었지만, 필자가 이 문제에 대해서 보는 관점이 오늘날은 이미 9년 전에 보던 관점과는 같지 않다. 건강성(建康城)은 6세기 시기에 수문제(隋文帝)에 의해서 고의적으로 파괴되고 평탄하게 개간되었기 때문에, 현재나 또는 미래에나, 육조시대의 건강(建康)도시사(城市史)와 관련된 고고 자료를 얻기는 쉽지 않고 따라서 북위 낙양과 대비할 수 있는 방법을 찾아내기가 쉽지 않다. 따라서 건강(建康)이 북위 낙양(洛陽)성시(城市) 규획에 영향을 끼친 정도에 대해서, 나는 오히려 결론을 비교적 보류하고자 하는 태도를 가진다. 이 문제에 관해서 학자들이 여전히 토론에 흥취를 가지고 있는 점은 기대할만한 것이다.

건강(建康)과 북위 낙양(洛陽)성시(城市) 규획의 관계가 어떠하든 간에, 북위 낙양의 성시설계는 수(隋)·당(唐)의 장안(長安)이나 낙양(洛陽)의 규획에 직접적인 영향을 미쳤는데, 이것은 두 도시가 모두 대규모의 정제된 기하형의 성방(城坊)규획상에 있다는 점에서 가장 분

명하게 드러나는 것이다. 중고(中古) 시대의 도성(都城)방제(坊制)에 관
해서는 앞의 학자들 가운데 소수만이 이에 대해 전문적인 토론을 하
였다. 그러나 그것은 중고(中古) 시대의 도시 연구 가운데 가장 중요
한 과제의 하나이므로, 본편에서는 일찍이 그 시대적 배경이나 규획
의 연원을 가지고 그것이 나타나게 된 원인과 아울러 도시 관리법령
이나 도시 주민의 생활과 관련된 비교적 구체적인 측면까지 연구검
토하고, 당대 말년 성방(城坊)제도가 붕괴된 연유를 연구 검토하였다.

　전체적으로 말하자면 본서는 전통적인 육조사(六朝史) 연구저작과는
다른 시각에서, 특별히 도시와 사회 방면에 치중하여, 다양하고 다채
로운 육조사(六朝史)의 한 풍모를 전개할 수 있기를 희망하는 것이다.

　나는 역사어언연구소의 이렇게 좋은 환경에서 연구를 할 수 있었
고, 책으로 가득찬 서가(書架)나 꽃이 비치는 창에서, 현대사회의 급
속한 변천과 정신없이 바쁜 가운데서도 여전히 홀가분한 마음과 순
수한 지식추구의 희열을 가질 수 있었다는 점을 매우 다행하게 생각
하며 감사하고 있다. 이 책은 나의 이러한 작업의 성적표의 일부분
이라고 할 수 있으며, 나는 이 자리를 빌어 존경하는 스승과 벗에게
진심어린 감사의 뜻을 표하고 싶다. 만약 그분들이 나에게 이러한
환경을 베풀어 주었던 기회가 없었다면, 만약 그들의 격려와 교정이
없었다면 나는 이러한 초보적인 성적표조차도 낼 수가 없었을 것이
다. 또 이 기회를 빌어 특히 선사(先師)이신 부락성(傅樂成) 선생님께
감사드린다. 만약 선생님의 격려가 없었더라면 나는 학술연구라는
이 길을 갈 수 없었을 것이다.

　마지막으로, 돌아가신 아버님 劉長雲 님께 이 책을 바쳐 기념하고자
한다.

　　　　　　　　　　　　　　　　　　　　　　　劉 淑 芬

차 례

▌부　록▐

지도 차례

제6장 육조 건강과 북위 낙양의 비교

부 록 건강 석두성과 낙양 금용성 - 도시공간과 방위구상에 관하여 -

제1장
건강과 육조의 발전

　고대 중국의 정치·문화 중심은 모두 황하 유역에 있었다. 이와는 달리 장강 유역의 영(郢)·삼오(吳)·회계(會稽)는 비록 일찍이 한 차례 봉건열국의 도성이 되었지만 진이 통일한 이후 금방 파괴되어 그 흔적이 남아있지 않다. 진한(秦漢) 시기에 장안(長安)과 낙양(洛陽)은 중국의 정치·문화 중심이었고, 장강 유역에는 서로 비교하여 더불어 논할 만한 도시가 없었다. 그러나 삼국 이후 장강 하류지역에서 정치연원과 역사전통이 없는 건강(建康)에 오나라가 도성을 세운 후부터 건강은 단번에 육조 분열시기 남방의 정치적·문화적 중심이 되었다. 그리고 황하 유역에서 역사가 깊은 유명한 도시인 장안·낙양과 서로 필적하였다.

　본문에서 주로 다룰 것은 육조가 건강을 도성으로 삼은 연유이다. 먼저 육조의 입국형세를 서술하고, 다음으로 오나라에서 도성을 세운 경과와 건강을 도성으로 결정한 요소를 찾아 볼 것이다. 그리고 다시 건강이 도성으로서 지위를 확립해 가는 과정을 서술하고, 마지막으로 건강에 도성을 세운 것이 육조의 역사 발전에 끼친 영향에 대하여 살펴보고자 한다.

Ⅰ. 육조의 입국형세

중국은 한말(漢末)의 혼란시기부터 수(隋)가 진(陳)을 평정하기까지 서진(西晉)이 이룩한 단기간의 통일을 제외하곤, 그 나머지 시간은 모두 남북 분열과 대립 상태에 있었다. 이 시기 강남의 정권은 모두 장강의 천연적인 험준함에 의지하여 스스로를 공고히 하였다. 삼국 시기에 위나라의 부간(傅幹)이 말하기를 "오(吳)는 장강의 험준함이 있고 촉(蜀)은 숭산(崇山)의 험함이 있다"[1]라고 하였다. 위 문제(魏文帝)는 황초(黃初) 5년(224)에 대거 오나라를 정벌하였는데 오나라는 강을 따라 수비하였다. 위 문제는 장강을 바라보며 "위(魏)는 병사와 기병이 많지만 이를 사용할 수가 없으니 (공격을) 도모할 수가 없구나"[2]라고 한탄하였다. 이에 군사를 돌려 전쟁을 그만두었다. 동진 남조의 상황도 오나라와 같아서 도간(陶侃)이 말하길 "나는 바로 장강의 험준함으로써 외적을 방어할 뿐이다"[3]라고 하였다. 장강의 험함에 의지하였기 때문에 방어에 보탬이 되었고, 이로 인해 결국 회남(淮南) 지역을 지켜 상류 지역을 공고히 하였다. 그리고 이 둘을 서로 비교하면 또한 상류 지역이 요충지라 할 수 있다. 적이 만약 회남을 점령하면 바로 장강으로 육박할 수 있다. 그러나 그렇다 하더라도 강남이 비록 무너질 우려는 있긴 하지만 당장 망할 위험에 빠질 정도는 아니다. 하지만 만약 적이 상류를 장악하면 강을 따라 내

---

1) 『三國志』魏書, 권1, 「武帝紀」, 주에서 『九州春秋』인용.
2) 『資治通鑑』(台北, 明倫書局, 1972) 권70, 「魏紀 2」文帝 黃初 4년, 총 2316쪽.
3) 『晉書』권66, 「陶侃傳」.

려와 바로 건강에 이르니 강남은 멸망의 운명을 면하지 못할 것이
다. 고조우(顧祖禹)가 다음과 같이 말하였다.

> 적이 회남에 있으면 장강이 험난하기 때문에 우리는 적과 서로 대적
> 할 수 있다. 적이 상류에 있으면 장강이 험난하기 때문에 적에게 제어
> 당할 수밖에 없다. 동남을 견고히 하고자 한다면 반드시 강(江)·한(漢)
> 을 쟁취해야 멸망의 위기를 벗어날 것이다. 중원을 엿보고자 한다면 반
> 드시 회(淮)·사(泗)를 얻어야 한다. 강한이 있더라도 회사가 없다면 나
> 라는 반드시 약해진다. 회사가 있더라도 강한의 상류가 없으면 나라는
> 반드시 위험해진다.[4]

  오나라가 동남에 나라를 세움에 손권(孫權)은 동남의 형세(形勢)가
반드시 상류에 있음을 알았다. 그리하여 하구(夏口)에 성을 쌓고 무
창(武昌)에 도읍하였다.[5] 특히 그는 상류를 중시하여 그곳에 대군을
두어 방어하였다. 서릉(西陵)·건평(建平)은 더욱 중요한 거점이었기
에 "국가의 서쪽 문"이라고 칭하였다. 만약 서릉이 함락되면 형주
(荊州)를 보유할 수가 없고, 만약 형주를 보유할 수가 없으면 적(敵)
은 상류의 형세에 의지하여 손바닥 뒤집듯이 쉽게 오(吳)를 멸할 수
가 있다. 따라서 호삼성(胡三省)은 "오나라는 말릉(秣陵)을 도읍으로
하여 큰 강에 의지하지 않고 형저(荊渚)를 지켰다"라고 하였다. 오나
라 사람 또한 "형주가 건재하면 오가 건재하고, 형주가 망하면 오
가 망한다"라고 여겨, 만약 형주가 위태로우면 반드시 나라를 기울
여 그것을 쟁취해야만 한다고 여겼다. 육항(陸抗)이 후주에게 올린
상소 가운데에 이 점이 상세히 진술되어 있다.

  서릉(西陵)·건평(建平)은 나라의 번표(藩表)로 원래 하류에 있어 적과
두 곳의 경계를 두고 있습니다. 만약 적이 배를 띄워 내려오는데 많은

---

4) 『讀史方輿紀要』(台北, 新興書局, 1956), 「江南方輿紀要序」, 281쪽.
5) 『讀史方輿紀要』 「湖廣方輿紀要序」, 3171쪽.

배가 서로 잇닿아 빨리 내달아 홀연히 이른다면 다른 부(部)에 구원을 요청해 거꾸로 매어달리는 곤경을 피할 수도 없을 것입니다. 이는 사직의 안위(安危)의 문제로, 단지 영토를 침범 당하는 작은 피해가 아닙니다. 신의 아비 손(遜)이 옛날 서수에서 진언하기를 "서릉은 나라의 서문으로 비록 지키기 쉽다고 하지만 또한 잃기도 쉽습니다. 만약 지키지 못한다면 단지 한 군(郡)을 잃는 것이 아니니 곧 형주가 오나라에 속하지 못하게 됩니다. 그 같은 염려가 있다면 마땅히 나라를 기울여 그것을 다투어야 합니다"라고 하였다.6)

서진의 군신 또한 오를 평정하기 위하여 반드시 상류의 거점을 먼저 차지하여야 함을 잘 알고 있었다. 양호(羊祜)는 "오를 정벌하기 위해서는 반드시 상류의 형세에 의지해야 한다"7)라고 생각하였다. 그리고 오나라의 건평태수(建平太守) 오언(吾彦) 역시 진(晉)이 침략할 때, 오나라는 건평을 지키면 근심이 없다고 확신하였다. 그리고 "건평이 함락되지 않으면 (진은) 감히 강을 건널 수 없다"8)라고 생각하였다. 진이 오나라를 평정하고 있을 때 두예(杜預) 또한 만약 건평이 함락되면 순조롭게 먼 거리를 진군하여 성공을 할 수 있다고 말하였다.9) 장강 상류지역은 실제로 오나라의 존망과 관계가 있지만, 손호(孫皓) 때에 이르러 형주의 수비역량은 나날이 쇠약해졌다. 육항(陸抗)은 일찍이 표(表)를 올려 병사 3만 명을 증원하여 방어에 이롭도록 청하였지만 손호는 이에 주의하지 않았다.10) 그리고 육항이 병사(病死)하자 상류는 장군의 재목이 없을 뿐 아니라 또한 경계와 대비가 부족하였다. 이로 인하여 진(晉)의 왕준(王濬)은 순조롭게 건평을 함락할 수가 있었고 하류로 내려가 바로 건업(建業)에 이르렀

---

6) 『三國志』 吳書, 권13, 「陸抗傳」.
7) 『晉書』 권34, 「羊祜傳」.
8) 『晉書』 권42, 「王濬傳」.
9) 『晉書』 권42, 「王濬傳」.
10) 『三國志』 吳書, 권13, 「陸抗傳」.

다. 다른 방면에서 왕혼(王渾)이 강 서쪽의 횡강(橫江)에서 오나라를
공격하였다. 오나라의 승상인 장제(張悌)는 정병 3만을 이끌고 전투
에 나갔지만 건업 서남쪽의 판교(板橋)의 전투에서 불행히도 전군이
전멸하였다.11) 이어서 왕준의 군대가 석두(石頭－건강성의 서쪽에
위치함)에 임박하니 오나라는 망하였다. 오나라의 멸망은 비록 손
호가 황음하여 실정(失政)한 것에 의해서이지만, 그 나라를 세운 형
세와 형주의 방어는 실제로 밀접한 관계가 있다. 오나라 말기에 상
류에는 겨우 수만 명의 병사 밖에 두지 않아 방어가 미약하였으므
로12) 오나라의 멸망은 결코 우연이 아니다.

　동진 남조의 입국 형세는 오나라와 서로 비슷하다. 그리하여 방
어상에서 여전히 회남과 장강 상류를 지켰다. 오나라 때에 형주가
상류의 요충지로 되었다. 동진 이후 형주의 지위는 삼국시대에 비
해 더욱 중요해졌다. 그 이유는 첫째로 오나라 이후부터 형주의 경
역(境域) 내에 만족(蠻族)이 분포하고 있었기 때문이다. 이로써 육항
은 형주가 본래 "안으로 많은 만족을 품고 있다"라고 말하였고, 동
진 남조시기 형주의 만족은 복종과 배반을 되풀이하였다. 이로 인
하여 형주는 군부(軍府) 이외에 별도로 남만교위(南蠻校尉)를 설치하
여 만족의 반란을 진압하였다. 형주에는 안으로는 많은 만족이 있
고, 밖으로 강한 외적을 제어함으로 말미암아 무력사용이 빈번한
지역이 되었다. 그리하여 군사력이 특히 강하고, 형주의 장군과 관
리의 수는 다른 주(州)의 몇 배나 되었다. 송 무제(宋 武帝)「영초(永初)
2년 조(詔)」에,

　　애초에 형주부에 장군을 두는데 2천 인을 넘지 못하고, 관리는 1만
　　인을 넘지 못한다고 한계를 정했다 … (일반) 주는 장군을 두는데 5백

---

11)『資治通鑑』권81,「晉紀 3」武帝 太康 元年.
12)『三國志』吳書, 권13,「陸抗傳」.

인을 넘지 못하고, 관리는 5천 인을 넘지 못한다. … 병사는 이 범위에 있지 않다.13)

그리고 형주의 세액도 항상 다른 주의 몇 배나 되었다. 제나라 때에 형주의 세액은 전 3천만, 포 만필, 미 6만 곡이고, 또한 강주(江州)·상주(湘州) 2주의 미는 십만 곡을 진(鎭)과 부(府)에 공급하였다. 상주의 세액은 7백만, 포 3천필, 미 5만곡이었다. 남만의 세액은 3백만, 포 만필, 면 천근, 견 3백필, 미 천곡이었다.14) 둘째로 형주는 산물이 풍요하였다. 형성(荊城)은 남초(南楚)의 부(富)를 자랑하였고 양부(揚部)는 오나라 전체의 옥토였다. 물고기·염·재목의 이로움이 팔방에 가득하였고 사(絲)·면(綿)·포(布)·백(帛)의 풍요는 천하를 뒤덮었다.15) 또한 상업이 번성하였다. 형주의 물산은 옹주(雍州)·민주(岷州)·교주(交州)·양주(梁州)가 만나는 곳으로 좋은 말과 강한 병사, 그 가운데에 없는 것이 없었으며 좋은 가죽과 아름다운 어망의 상품이 모이는 곳이었다.16) 형주의 군사방비는 그의 재부(財賦)와 산물에 더하여 형주로 하여금 남조 동진세력 가운데 가장 풍요로운 지역이 되게 하였다. 『송서』에서 말하길 "형주는 상류의 요지에 위치하고 있었으며 땅은 넓고 병사는 강하였다. 물자와 병사의 충실함이 조정의 반이나 차지하고 있었다"17)라고 하였다. 이로 인하여 만약 형주가 피폐하고 쇠약하면 강남이 곧 망할 염려가 있었다. 진의 하충(何充)이 말하길,

---

13) 『宋書』 권3, 「武帝紀下」.
14) 『南齊書』 권22, 「預章文獻王嶷傳」.
15) 『宋書』 권54, 「孔季恭等傳論」.
16) 『南齊書』 권25, 「張敬兒傳」.
17) 『宋書』 권51, 「臨天王義慶傳」.

형초(荊楚)는 나라의 서문(西門)으로 호구는 백만이다. 북쪽으로 강한 오랑캐로 싸여 있고 서쪽으로는 견고한 촉(蜀)을 이웃하여 험난함을 거느림이 둘레가 만 리가 된다. 현자를 얻는다면 중원을 평정할 수 있겠으나 세력이 약하면 사직을 함께 근심하게 된다.18)

라고 하였다.

입국의 형세로 말하면 육조의 군사 중심은 항상 장강 상류의 형주에 있었다. 육조는 오 대제(吳 大帝)와 손호가 일찍이 무창(武昌)을 도읍으로 한 것과 양 원제(梁 元帝)가 강릉(江陵)을 짧은 시간 도읍으로 한 것을 제외하면 모두 장강 하류의 건강(建康)에 도읍하였다. 진한 때에 관중은 군사 중심이었고, 장안에 도읍하였다. 이는 정치 중심과 군사 중심이 합쳐진 것이다.19) 육조는 군사 중심인 형주를 포기하고 건강에 도읍하였다. 이는 도대체 어떤 생각을 기초로 행해진 것인가? 또 이전에 건강은 도성으로서의 전통을 전혀 갖고 있지 않았는데 전대에 일찍이 도성이 된 장안과 낙양과 달리 쉽게 그 정치적 지위를 세웠다. 사실상 건강의 도성으로서의 지위는 결코 하루아침에 이룩된 것은 아니었다. 아래에서는 육조의 건도(建都)에 대한 논의와 경과를 헤아려 건강에 도성을 세운 이유 및 그 도성으로서의 지위 확립을 탐구해 보겠다.

---

18) 『晉書』 권77, 「何充傳」.
19) 동한이 비록 낙양에 도읍하였으나 관중과 관동은 원래 관계가 밀접하다. 예를 들면 진이 함양에 도읍했을 때 낙읍에 궁전을 지었다. 서한은 진의 옛 관례에 따라 장안에 도읍을 정하였는데 낙양에 무고(武庫)와 궁전을 세우고 이로써 관동지역을 통제하였다.

〈지도 1〉 삼국 형세도

Ⅱ. 오나라가 도성을 세운 경과

삼국 이전에 강남 지역에는 오[20]와 회계(會稽)에 두 개의 성이 있었을 뿐인데 일찍이 춘추 시기의 오(吳)와 월(越)의 국도(國都)였다. 그 가운데 오(吳)의 성과 해자는 비교적 규모를 갖추고 있었다. 『월절서(越絶書)』에서 오국의 성곽을 다음과 같이 서술하고 있다.

> 오(吳)의 대성(大城)은 둘레가 47리 210보 3척이며, 문이 8개인데 그 가운데 둘에는 누각이 있다. 그리고 수문(水門)은 8개인데 남쪽으로 10리 40보 5척, 서쪽으로 7리 112보 3척, 북쪽으로 8리 226보 3척, 동쪽으로 11리 79보 1척이다. 오왕(吳王) 합려(闔閭)가 세운 것이다. 오의 곽(郭)은 둘레가 8리 60보이다. 오의 소성(小城)은 둘레가 12리, 그 아래 넓이가 2장 7척으로 문이 3개인데 모두 누각이 있다. (소성 가운데) 둘에 수문 2개를 증가시켰는데 그 하나에는 누각이 있고, 또 하나는 망을 설치하여 길을 막았다.[21]

또한 오(姑蘇)는 강남 가운데 개발이 비교적 빨랐고 경제가 가장 발달한 태호(太湖) 유역의 중심도시였다. 오(姑蘇)는 전국(戰國)·진한(秦漢)시기의 발달을 거쳐 강남 최대의 도시가 되었다. 그리고 한말 천하의 난리로 군웅이 서로 다툴 때에 풍요로운 삼오(三吳)지역에 위치하여 일찍이 도성의 경험을 가진 오(姑蘇)는 당시 사람의 주목을 받는 곳이 되었다. 그 때에 강남의 민요에서는 "황금차(黃金車)는 아름다울 뿐이네, 창문(昌門)이 열리면 천자가 나오네"[22]라고 말하

---

20) 춘추 시기의 고소(姑蘇) : 오늘날의 소주(蘇州).
21) 『越絶書』(臺化, 世界書局) 권2, 「越絶外傳·記吳地傳 3」, 총 33~34쪽.
22) 『三國志』 吳書, 권2, 「吳主傳」.

였다. 창문은 곧 오나라의 옛 도성의 곽문의 이름이다. 진의 좌사(左思)가 지은 『오도부(吳都賦)』는 오나라가 건업(建業)을 도성으로 한 것과 더불어 그 이전의 오(姑蘇)의 성곽 규모와 번화한 모습을 기술하고 있다. 이로 인하여 서진(西晉) 시기까지 오(姑蘇)는 여전히 강남의 가장 중요한 도시임을 알 수 있다. 그럼에도 불구하고 오(姑蘇)는 여전히 오나라의 국도가 되지 못하였다.

오나라의 대제인 손권(孫權)은 왜 이미 갖추어져 있는 도성인 오(姑蘇)를 포기하고, 아무런 역사 연원과 건도(建都)의 전통이 없는 건업을 도성으로 선택하였는가? 이는 생각할 만한 문제이다. 오까자끼 후미오(岡崎文夫)는 손권이 오(姑蘇)를 도성으로 하지 않은 것은 손권이 강남을 근거지로 하여 삼오(三吳)의 명망 있는 귀족의 지지를 얻어 그 세력을 넓혔기 때문이라고 생각했다. 그러나 후일 손씨를 도와 제왕의 업을 세울 때 협조한 사람의 태반이 오히려 남쪽으로 도망한 북방의 호족이어서, 손권은 남북 호족을 합작시켜 공동으로 손씨 정권을 지지하는데 힘쓰게 하였다. 때문에 그는 도성을 선택할 때에 오히려 삼오(三吳)의 호족이 거주하는 곳은 피하고자 하였다. 동시에 건강은 남쪽으로 진회하(秦淮河)에 임하였고 서쪽으로 장강에 접하였다. 이는 장강의 수운을 이용하며 상류의 군사 지역을 연결하는 것을 기대할 수 있었다. 북방에 대한 방위로 말하자면 건강은 비교적 오(姑蘇)보다 우월하기 때문에 건업을 도성으로 하였다.[23] 실제로 일찍이 오나라가 세력을 넓히던 초기에 마저도 오(姑蘇)를 군사 거점지 혹은 도성으로 할 생각이 없었다. 손씨는 애초에 회계를 근거지로 하였고, 강동을 개척하여 실력을 발전시킬 때에는 곡아(曲阿) 및 오(姑蘇)에 머물렀다. 그러나 적벽(赤壁)의 전투(208) 후에 위·오·촉으로 천하가 삼분하는 국면이 대체로 형성되

---

23) 岡崎文夫, 『魏晋南北朝通史』(弘文堂, 1933), 555쪽.

자 그 해 손권은 다시 경구(京口)로 이주하였다. 경구는 장강에 인접하여 장강과 상류의 연결을 기대할 수 있었다. 건안 16년(211) 또 경구 상류인 말릉(秣陵)으로 관청을 옮겼다. 다음 해 말릉의 서쪽에 석두성(石頭城)[24]을 수축하여 방어함에 있어 유리하게 하였다. 아울러 말릉을 건업이라고 개칭하였다.

『삼국지』「오서(吳書)」에서 말한 손권이 말릉으로 관청을 옮긴 것은 결국 장굉(張紘)이 건의한 "굉(紘)이 말릉을 도성으로 하자는 계획을 건의하여 손권이 이를 따랐다"[25]에서 나온 것이다. 그러나 「강표전(江表傳)」에서는 오히려 손권이 말릉을 도성으로 한 것은 유비의 건의를 받아들인 것이라고 말하고 있다.

△ 남경 석두성

---

24) <옮긴이 주>; 도깨비 얼굴(鬼臉)모습이 있다고 해서 석두성을 흔히들 귀검성(鬼臉城)이라고 부르기도 한다. 그러한 기억 때문에 석두(石頭)자 체를 도깨비 얼굴과 결부시키는 경우도 있다. 그러나 중국어로 석두(石頭)는 단순히 "돌"을 가리키는 것이므로, 이 성을 도깨비 얼굴과 연관시킬 필요는 없다. 당시에 갈대줄기 등으로 울타리를 만들던 상황에서 돌로 성을 쌓았으므로, "돌로 만든 성"이라고 불렸을 가능성이 높다.
25) 『三國志』吳書, 권8, 「張紘傳」.

　　장굉이 손권에게 말하기를 "말릉은 초(楚)나라 무왕이 있던 장소로 금
릉(金陵)이라 합니다. 지세는 언덕은 석두로 이어져 있었는데 (제가) 노
인을 방문하니 말하기를 옛날 진시황이 회계로 동순(東巡)할 때 이 현을
지나갔는데 풍수가(望氣者)가 말하기를 '금릉의 지형은 왕의 도읍이 될
기운이다'라고 말하였다고 합니다. 그래서 잇닿은 언덕을 파고 잘라 말
릉이라고 이름을 고쳤습니다. 지금 처한 곳이 모두 보존되어 있고, 땅이
또한 그 기운을 가지고 있으니 하늘이 명한 곳입니다. 마땅히 도읍으로
삼으십시오"라고 하였다. 손권이 그 의견을 좋게 여겼으나 아직 (그 뜻
을) 좇을 수 없었다. 후에 유비가 동쪽으로 가서 말릉에 머무를 때 주위
의 지형을 보고 또한 손권에게 그곳에 도읍을 정하라고 권했다. 손권이
"지혜로운 자는 뜻이 같다"라고 하고 마침내 이곳에 도읍을 삼았다.[26]

　　장굉 혹은 유비를 불문하고 모두 금릉(金陵)의 형세는 왕기(王氣)가
있다는 이유로 손권에게 이곳에 건도하도록 권하고 있다. 비록 이
러한 견해는 가능하지만 반드시 이것만이 손권이 건업에 도읍을 세
운 유일한 원인이라고 할 수는 없다. 손권이 창업한 초기에는 무릇
모두 군사(軍事)를 우선으로 하였다. 건안 16년 건업으로 진(陣)을 옮
긴 이후 군사상의 정세가 엄중하여 손권은 공안(公安)으로 옮겨 주
둔하였다. 그리고 위 문제(魏 文帝) 황초(黃初) 2년(222) 유비는 촉에서
황제라 칭하였다. 손권은 다시 악(鄂)으로 진을 옮겨 성을 쌓고 방어
하였다. 그리고 그 이름을 무창(武昌)이라고 고쳤다. 황룡(黃龍) 원년
(229) 그는 무창에서 황제에 즉위하였고, 그 해 9월에 정식으로 건
업으로 천도하였다. 오나라는 군사적인 대결이 격렬한 시기에 나라
를 세웠고 장강 상류의 형주는 세 나라가 싸우는 군사적 요충지가
되었다. 군사·국방의 측면에서 본다면 무창에서 건도한 것은 비교
적 이상적인 것이다. 형주는 서쪽으로 촉을 막고 북쪽으로 위와 항
쟁하였다. 만약 위·촉이 행동하면 무창에 도읍하여 전국의 힘을
신속히 일으켜 이들과 항쟁하였다. 그리하여 황초 원년에서 황룡(黃

---

26) 『三國志』 吳書, 권8,「張紘傳」의 주에서「江表傳」을 인용.

龍) 원년까지의 8년간 손권은 상류인 무창에 도읍하였다. 황룡 원년 겨울 오나라는 군사 중심인 무창을 도읍으로 하는 것을 포기하고 하류인 건업에 도읍하였다. 일찍이 여러 번 망설였고 형주에 일단 변고가 있으면 구원하지 못할 것을 두려워하여 심지어 천도 도중에 도 다시금 회의를 열어 이 일을 토론하였다.

애초에 손권이 무창에 있을 때 건업으로 환도(還都)하고자 하였는데 두 지역은 물길로 2천 리나 떨어져 있으므로 일단 긴급한 일이 있을 때 서로 다다를 수가 없음을 염려하여 건업에 도읍하는 것을 회의(懷疑)하 였다. 하구(夏口)에 이르러 오(塢)에서 백관을 모두 모아 그것을 의논하 였는데 조(詔)를 내려 "여러 장군과 관리들은 그 지위와 역할에 구애되 지 말고 계책이 있으면 나라를 위해 그것을 말하라"라고 하였다.[27]

또한 진 무제(晉 武帝)가 오나라를 정벌하고자 할 때에 두예(杜預) 역 시 오나라가 그 계획을 알고 무창으로 천도해 버려 오나라를 정벌하 는 일이 성공하기 어렵게 될까 매우 두려워하였다.

두예는 10월 중에 또 표(表)를 올려 "… 가을부터 적을 공격하는 형세 가 매우 고달픕니다. 만약 지금 중지하시면 손호가 두려워하여 계책을 세워 혹 도읍을 무창으로 옮기고, 게다가 강남의 여러 성을 수리한다면 그곳에서 사는 주민들은 멀리 옮겨가고, 성은 공략되지 못하며, 들에는 빼앗을 것이 없고, 하구에 큰 배가 쌓여 즉 내년의 계책도 혹 미칠 바가 없을 것입니다"라고 말하였다.[28]

또 오나라가 나라를 세운 형세에서 본다면, 만일 적극적인 공격 을 채택하고자 한다면, 역시 무창에 도읍하는 것이 비교적 이상적 이라 할 수 있다. 손량(孫亮)시대에 제갈각(諸葛恪)은 정권을 장악하 자 사람을 보내어 무창의 궁실을 수리하고, 미리 무창 천도를 대비

---

27) 『三國志』 吳書, 권6, 「孫奐傳」의 주에서 「江表傳」을 인용.
28) 『晉書』 권34, 「杜預傳」.

하였다. "제갈각은 도읍을 옮길 뜻이 있어 무창의 궁을 관리하게 하였으나"[29] 후에 여러 현실과 부합되지 않았다. 제갈각은 적극적인 공격을 주장한 인물로, 일찍이 북으로 회남을 정벌하며 이런 구상을 하였다. 그 후에 손호는 한번 무창으로 천도하였는데 역사에서는 이를 그가 술사(術士)의 말에 현혹되었다고 한다. 자기에게 불리한 건업을 피한 것은 손호에게 불리하였고, 이것은 이전 형주의 왕기(王氣)를 채택한 행동을 억압하기에 이르렀다.

　　예전에 풍수가[望氣者]는 형주의 왕기가 양주(揚州)를 파괴한다고 하여 건업의 궁실이 이롭지 않다고 하였다. 이로써 손호는 무창으로 옮기고, 사자(使者)로 하여금 민(民)을 징발하여 형주 경계의 대신과 명가의 무덤과 산 언덕을 파게 함으로써 그것의 맥을 끊었다.[30]

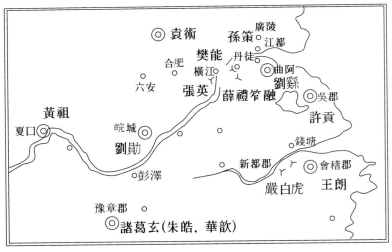

〈지도 2〉 손책 도강 이전, 江東·揚州 지역 형세도

---

29) 『三國志』 吳書, 권14, 「孫和傳」.
30) 『三國志』 吳書, 권3, 「嗣主傳」의 주에서 『漢晉春秋』에서 인용.

그러나 실제로 손호가 천도한 일은 이처럼 단순하지 않았다. 『삼국지』오서, 「사주전(嗣主傳)」에서는 "서릉(西陵)의 도독(都督)인 보천(步闡)이 올린 표(表)에 따라 무창으로 도읍을 옮겼다"라고 하였다. 서릉은 오에서 '국가의 서쪽 문'이었으므로 서릉의 도독인 보천이 표를 올려 천도를 청한 것은 군사상의 고려를 기초로 하였기 때문에 가능한 것이다. 오까자끼 후미오(岡崎文夫)는 이를 북벌의 계획과 연계하여 인식하였다.[31] 그러나 오나라는 감로(甘露) 원년(元年, 265) 9월에 무창으로 천도하였는데, 그 해가 바로 정식으로 사마염이 위를 대신한 해(진 태시 원년)였다.[32] 도독(都督) 보천이 표를 올려 천도를 청한 것은 북벌을 계획한 것이 아니라, 이와 관련하여 새로 일어난 진왕조의 공격을 방어하는 데에 마음을 둔 것이다.

요컨대 군사상으로 말하면 소극적 방어는 물론이고 혹은 적극적 공격이다. 도읍으로 무창에 건도한 것은 비교적 좋았다. 그러나 손권은 왜 8년이나 경영한 도성을 포기하고 아직 성곽과 궁실이 없는 건업으로 천도하였는가? 그 원인을 찾으면 아래의 여러 단서에 가능성이 있다.

그 첫째는 경제상의 고려이다. 오나라의 경내(境內)에서 양주가 가장 풍요하였고 그 가운데에서 특히 태호 유역의 삼오(三吳) 및 회계(會稽)가 가장 비옥하고 풍요하였다. 오나라의 군국이 필요로 하는 것이었고, 큰 도시는 삼오(吳)·회계(會)지역의 공급에 의지하였다. 무창은 상류에 있어 양주의 공부(貢賦)는 물을 거슬러 올라 운송되어서 매우 불편하였다. 동시에 오나라 또한 그 경제의 명맥을 반드시 장악해야 했기 때문에 이에 가장 명쾌한 방법은 양주에 건도하

---

31) 岡崎文夫, 『魏晋南北朝通史』, 87~88쪽.

32) 사마염은 비록 위로부터 선양을 받은 것이 이 해 12월이나, 이미 그 해 5월에 위 원제가 사마씨에게 수례(殊禮)를 내렸다. 그러므로 9월 손호가 무창으로 도읍을 옮기는 것은 이와 관련 있을 가능성이 있다. 황초 2년, 촉한 유비가 황제라고 칭할 때 손권은 즉시 무창으로 옮겼다.

는 것이었다. 이 점은 손호가 무창으로 천도한 사건으로 증명할 수 있다. 감로(甘露) 원년(元年, 265) 겨울에 손호는 무창으로 천도하였고 양주의 백성은 물을 거슬러 공부를 운송하였다. 백성을 힘들게 하여 원망이 생겼다. 이로 인하여 "차라리 건업의 물을 마실지언정 무창의 물고기는 먹지 않는다. 차라리 건업에 돌아가 죽을지언정 무창에는 머물지 않는다"라고 하는 말이 나타났으니 그 원망과 고통이 깊음을 알 수 있다. 그리하여 다음 해 12월 손호는 건업으로 환도하였다.

> 손호가 무창으로 도읍을 옮기자 양주의 백성들이 물을 거슬러 물자를 공급하게 되어 근심거리가 되었다. 또 정사(政事)에 잘못이 많고, 백성이 가난하여 고생하니 육개(陸凱)가 상소하여 "… 또 무창의 토지는 실로 위험하고 척박하여 왕도로서 나라를 편안히 하고 백성을 기를 수 있는 곳이 아닙니다. 배를 물가에 대면 깊이 표류하고, 언덕에 거하면 험준하고 위험하니 또 동요에 '차라리 건업의 물을 마실지언정 무창의 고기는 먹지 않는다 … 차라리 건업으로 돌아가 죽을지언정 무창에는 머물지 않는다'라고 합니다. 신이 듣건대 익성(翼星)에 변고가 있어 그 빛이 요망하다고 의심되고, 동요의 말은 천심에서 생긴다고 합니다. 이에 편안히 거하는 것을 죽는 것에 비교함은 하늘의 뜻을 분명히 하기에 족하니 백성의 괴로워하는 바를 알 수 있습니다"라고 하였다.[33]

이로부터 다음을 알 수 있다. 손호가 건업에 도읍한 것은 바로 경제의 중심인 양주로 옮긴 것이고, 건강은 태호(太湖) 유역의 서북쪽 모퉁이에 위치하며, 삼오·회계 지역과의 사이에는 원래 직접 연락하는 교통의 노선이 없어 오의 대제는 건도한 이후 적극적으로 건강의 수운 교통을 개발하고, 아울러 곡아(曲阿)로 통하는 육로를 열었다.[34] 그리하여 삼오·회계 지역의 재부(財賦)를 소통하였다. 동시

---

33) 『三國志』 吳書, 권6, 「孫皓傳」의 주에서 「江表傳」을 인용.

34) 태호 유역은 원래 천연 하천을 가지고 있었는데 회계로부터 절강을 건너 수로를 따라 오흥·오현에 이르고, 곡아를 거쳐 북으로는 장강 언덕

에 건업은 장강과 형주의 군사 구역의 연결을 기대할 수가 있었다. 오 대제(吳 大帝)의 건설을 거친 이후 건업은 형주의 군사 지역과 삼오·회계의 재부 지역을 잇는 접점을 이루어 오나라는 넓은 지역을 통치하였다.

그 둘째는 건강의 지리환경이 우월하다는 것이다. 무창은 비록 군사요충지에 위치하였지만 그 지리적인 형세는 그다지 특출한 것이 없었다. 그런데 건강은 비록 강에 이어져 있지는 않지만 서쪽과 북쪽은 장강이 둘러싸고 있으며, 서쪽은 석두성이 있어 방어선이 되었다. 남쪽으로 진회하(秦淮河)가 있어 요새가 되었고 동쪽으로 종산(鐘山)이 있었다. 북쪽으로는 막부산(幕府山)이 에워 쌓고 있었다. 이처럼 지리환경이 우월하였다. 손권은 비록 일찍이 경구(京口)·오(姑蘇)·곡아(曲阿)에 주둔하였지만 이들 지역의 지리환경은 모두 건강만 못하였다. 곡아와 오(姑蘇)는 장강에서 비교적 멀었고 상류의 군사 지역과 연락이 불편하였다. 경구는 비록 장강에 접하여 있어 상류와 교통하기 쉬웠지만, 강에 접하여 있기 때문에 강북으로부터의 공격을 쉽게 받을 수가 있었으므로, 건강이 험준함을 가지고 그것에 의존하는 것만 못했다. 그리하여 손권이 즉위한 그 해에 국가를 안정시키고 백성을 살찌우며 만세(萬世)의 기초를 세우기 위해 즉시 9월 건업에 도읍하였다.

셋째는 정치적 요소이다. 오나라의 건국이 삼오(三吳) 대족(大族)으로부터 지지를 얻은 것과 관련해 양주 지역에 도읍을 세우는 것이 삼오 대족의 이익에도 비교적 부합하는 것이다. 그리고 양주 지역에서 건강의 지리환경이 가장 우월하였다.

위에 예를 든 3개의 원인을 기초로 손권은 황룡(黃龍) 원년 4월에

가의 경구에 다다른다. 오 대제는 곡아를 왕래하는 육로를 열어(『三國志』「吳書」권2, 「吳主傳」), 건강으로 하여금 곡아를 거쳐 북으로 경구에 통하고, 남으로는 삼오와 회계에 달하게 하였다.

황제에 즉위하였고, 6월에 촉한과 동맹을 맺어 위나라에 대항하였다. 아울러 천하를 둘로 나누기로 약정하고,[35] 형주의 군사상황이 완화된 이후 곧 건강에 도읍하였다.

　이를 종합하면 다음과 같다. 오나라의 근거지는 본래 양주에 있었고 후에 실력을 넓혀 적벽전 이후에 촉한·위나라와 삼국이 정립하였다. 장강 상류의 형주지역은 삼국이 함께 다툰 지역이었고 오나라는 물론 자위를 위한 것이든지 혹은 확장을 위한 것이든지 형주를 군사 중심으로 하지 않을 수 없었다. 손권이 건도할 때에 이러한 사실을 고려하지 않을 수가 없었기 때문에 손권은 처음에 곡아 및 오(姑蘇)에 주둔하였다. 그러나 그 후에 군사 중심이 상류에 있으므로 상류 지역과 교통의 편리를 위하여 뒤이어 경구로 이주하였다. 후에 또한 건업으로 진을 옮겼다. 황초 2년 손권은 다시 무창으로 진을 옮겨 이곳에 8년간 도읍하였다. 황룡 원년 하류의 건업에 도읍하고, 군사 중심인 무창을 도읍으로 하는 것을 포기한 것은 실제로 이상의 경제·정치적 요소에서 비롯된 것이다. 이후 오는 모두 건업을 도읍으로 하였고 손호가 한번 무창으로 천도했을 뿐이다. 그러나 군사상의 요소가 끝내 경제적인 요구를 극복하지 못하여 1년 후에 다시 건업으로 환도하였다. 오나라의 경제 중심과 군사 중심의 분립은 손권이 건도 할 때에 경제 중심으로 천도하여, 경제 중심과 정치 중심이 일치되었다. 그리고 군사 중심이 나누어진 이 정세는 바로 육조의 강남정권의 새로운 발전을 만들어 냈다.

---

35) 『三國志』吳書, 권2, 「吳主傳」.

Ⅲ. 도성으로서의 건강의 지위확립

진 무제(晉 武帝)가 오나라를 평정하고 한말 이래의 분열을 통일하였다. 그러나 오래지 않아 오호(五胡)의 반란으로 인하여 장안·낙양이 계속해서 함락되었고 회제(懷帝)·민제(愍帝) 두 황제는 사로잡혀 살해되었다. 그때 양주 도독(都督)·강남제군사(江南諸軍事) 낭야왕(琅琊王) 사마예(司馬睿)가 건강에서 황제에 즉위하여 강남에 나라를 세움으로써 진(晉)왕조의 정권을 이었다.

동진이 건강에 도읍한 것은 결코 우연이 아니었다. 영가(永嘉) 초년 낭야왕 사마예는 원래 하비(河邳)에 주둔하였으나 후에 왕도(王導)의 계책으로 비로소 건업으로 진을 옮겼다.[36] 왕도가 주장한 바는 건강을 진소(鎭所)로 하자는 것이었다. 실제로 건강은 오나라의 50년 경영을 거쳤기 때문에 이미 강남에서 도성 규모의 성시를 가장 잘 갖추고 있었다. 그래서 원제는 즉위 후에 이곳을 도성으로 하였다.

그러나 건강의 도성으로서의 지위는 동진 초 한차례 동요가 있었다. 성제 때에 소준(蘇峻)이 난을 일으켜 건강을 공격하여 건강을 상당히 파괴하였다. 건강의 궁실은 모두 폐허가 되었고, 난 이후에 조정의 신하들은 예장(豫章) 혹은 회계(會稽)로의 천도를 의논하였으나 결정하기는 어려운 것이었다. 이 때에 오직 왕도만이 중의(衆議)를 힘써 배척하고 건강을 도성으로 하자고 거듭 주장하였다.

　　적이 평정되었을 때 종묘와 궁실이 모두 불탔다. 온교(溫嶠)는 예장(豫章)으로 천도하자는 의견을 내었고 삼오(三吳)의 호족은 회계에 도읍

---

36) 『晉書』 권6, 「元帝紀」.

을 정하기를 청했다. 두 가지 논의가 분분하여 쉽게 정하지 못했다. 왕
도(王導)가 "건강은 옛 금릉으로서 예로부터 황제의 땅이었고, 또한 손중
모(孫仲謀)·유현덕(劉玄德)이 모두 왕의 택지라고 하였습니다. 옛 제왕
이 반드시 풍요함과 검약함으로 도읍을 옮기지는 않았고, 진실로 위문공
이 대백(大帛)의 관을 넓힐 때도 머무를 수 없는 곳이 아니었습니다. 만
약 마(麻)를 쌓지 않는다면 낙토가 폐허가 될 것입니다. 또 북쪽 오랑캐
가 떠돌며 우리의 틈을 엿보다가 일단 약함을 보면 만(蠻)·월(越)로 숨
어들 것입니다. 그것(천도)을 구하는 것은 실리로 보건대 좋은 계책이 아
닐까 두렵습니다. 지금 특히 진(鎭)으로 삼음으로써 안정되고, 무리의 정
서가 저절로 조용해질 것입니다"라고 하였다. 이 때문에 온교 등이 도모
한 것은 모두 실행되지 않았다.[37]

　왕도가 다른 곳으로 천도하는 것을 반대한 이유는 세 가지이다.
첫째, 건강은 삼국 오나라의 도성으로 역사와 전통이 있다. 둘째,
중원을 점거한 호족은 그 당시 남침 의도가 있어, 만약 건강의 남쪽
인 예장·회계로 천도한다면 아마 북방이 약화되어 중원호족의 침
입을 부추기게 될 것이다. 셋째, 회계·예장의 지역은 아직 만·월
이 잡거하는 지역이며 도성으로 하기에 부적합하다. 왕도의 단호한
주장에 의하여 성제는 비로소 천도하지 않고 건강성을 다시 수리하
였다. 이때부터 동진 말까지 도성에 대한 논쟁은 다시 없었다.

　건강이 도성으로서의 지위를 확립함에 따라 오나라 때에 일찍이
건강과 항쟁했던 무창은 동진 이후 기록에 보이지 않는다. 이는 혹
서진(西晉) 말년 장창(張昌)이 일으킨 난의 소동이 형주에 미쳤으므로
형주가 손실을 입게 되어, 진(晉) 왕실이 남천(南遷)하기까지 강남에
서 조정(朝廷)을 지탱하기에 족한 것은 오직 양주 한 곳뿐이었다는
것에서 기인할 수도 있겠다. 영가(永嘉) 연간 도독양주강북제군사(都
督揚州江北諸軍事)로서 수춘(壽春)에 진(鎭)을 친 주복(周馥)은 중원의 소
란과 낙양의 고립과 위급함을 보고 일찍이 회제(懷帝)에게 수춘으로

---

37)『晉書』권65,「王導傳」.

천도할 것을 청하는 상서를 올렸다. 그는 양주만이 안정된 지방임을 지적하였다.

> 바야흐로 왕도가 없어져 오래 거할 수 없습니다 … 황하의 북쪽은 한적하고 효주(崤州)·유주(幽州)는 험하고 길이 막혀 있습니다 … 완도(宛都)는 여러 차례 피폐하였고, 강한은 근심이 많습니다 … 지금 오랑캐를 평정하였으니 동남이 안정됩니다. 회(淮)·양(揚)의 땅은 북으로 도산(塗山)으로 막혀 있고, 남으로 영악(靈嶽)이 있으며 이름난 시냇물이 사방을 두르고 있어 거듭 험하여 견고합니다. 이로써 초나라 사람이 동으로 옮겨가 마침내 수춘에 거하였는데, 서(徐)·비(邳)·동해(東海)는 또한 수비하기에 족합니다. 또 수운이 사방으로 통해 있어 궁핍을 근심하지 않아도 됩니다.[38]

그리고 또한 동진 이후 형주 지역의 만인(蠻人)에 대한 우환은 더욱 심하였다. 또한 술사가 무창은 긴 운이 없다는 말에 의하여 동진은 무창을 도성으로 하자는 언론에 귀기울이지 않았다. 술사인 대양(戴洋)은 유량(庾亮)에게 무창을 오랫동안 진으로 하지 말라고 권하였다.

> 함강(咸康) 3년, 대양이 유량에게 "무창이라는 토지는 산이 있으나 숲이 없으므로, 정치를 시작할 수는 있으나 거하여 마칠 수는 없습니다. 산이 팔자(八字)이지만 갯수는 아홉에도 미치지 않습니다. 옛날 오(吳)나라가 임인(壬寅)을 계기로 하여 올라와 궁성을 지었으나 기유(己酉)에 이르러 말릉(秣陵)으로 옮겼습니다. … 도공(陶公)은 또한 8년 간 건너 가 있었습니다. 땅이 흥하고 쇠함이 여러 번이며, 인심이 떠나는 것도 시기가 있는 것이니 (무창으로) 옮길 수 없습니다. 공이 마땅히 좋은 곳을 택하십시오. 무창은 오래 거할 수 없습니다"라고 하였다.[39]

---

38) 『晉書』 권61, 「周浚傳附周馥傳」.
39) 『晉書』 권99, 「藝術傳」.

　　동진과 손권은 모두 강남에 나라를 세웠다. 그러나 오나라가 건업과 무창에 도읍한 것을 또 한번 고려하면, 동진에서 무창은 이미 건도의 조건을 갖추지 못하였고 건강이 건도하기에 적합한 유일한 지역이었다. 그러나 도성으로서의 건강의 지위는 진 초기에는 아직 불안정하였다. 소준(蘇峻)의 난 이후에 왕도는 힘써 중신들의 의논을 배척하고 파괴된 건강을 다시 수리하였다. 아울러 다시 새로운 규칙과 계획을 세웠고 건강의 지위는 이에 날로 안정되었다.

　　양조(梁朝)에 이르러 도성으로서의 건강의 지위는 확고해졌다. 양(梁) 말의 상란(喪亂)으로 후경(侯景)이 건강을 차지하여, 양 무제를 유폐하여 죽이고 문제마저 폐위하여 살해하였다. 이후 후경의 난을 평정한 원제가 강릉(江陵)에서 황제로 즉위하였고, 건강에 환도하려 하지 않아서 조정의 의논은 소란스러웠다. 원제가 강릉에 도읍한 이유는 세 가지가 있다. 첫째, 원제는 즉위 이전에 형주 자사(刺史)로 형주에서 20여 년을 있었다. 또한 그의 신료들 모두 초인(楚人)이었기 때문에 건강으로 돌아가기를 원하지 않았다. 둘째, 건강성은 후경의 난으로 파괴되어 황폐화되었고, 강릉에 도읍하는 것을 주장하는 자는 모두 건강의 왕기가 다하여 도성으로 적합하지 않다고 하였다. 셋째, 형주 지역에서 옛부터 전해 오는 것으로 "강릉의 장강 가운데에 99주(洲)가 있는데 만약 그밖에 다시 1주가 생겨 수가 100이 되면 천자가 나올 수 있다"라는 것이다.[40] 태청(太淸) 말년 강 가운데에서 과연 1주가 더 생겼다. 원제 및 그 신료는 모두 이것을 천자 출현에 대한 부응(符應)이라고 인식하였다. 그리하여 다른 곳으로 천도하려 하지 않았다.

　　　　무릉(武陵)이 평정된 후 여러 가지 의견이 나온 가운데 선박을 이용하여 건업(建鄴)으로 천도하고자 하는 것이 있었으나 종회(宗懷)·황라한

---

40)『南史』권8, 「梁本紀下」.

(黃羅漢)은 모두 초나라 사람이라서 옮기기를 원치 않았고, 황제와 호승
(胡僧) 우(祐) 역시 모두 움직이기를 원하지 않았다. 복야(僕射) 왕포(王
褒)·좌호상서(左戶尙書) 주홍정(周弘正)이 자주 초는 편안하지 못하다고
말했다. 종회와 어사중승은 건업이 왕기(王氣)가 이미 다하였고, 또 물가
의 궁주(宮洲)가 이미 백을 채웠다고 여겨 이에 그대로 머물렀다.[41]

　　그러나 강릉은 첫째, 건강과 같은 오나라 이래 건도의 전통을 갖
고 있지 않았다. 둘째, 그 형세를 말하면 또한 심히 불리하였다. 후

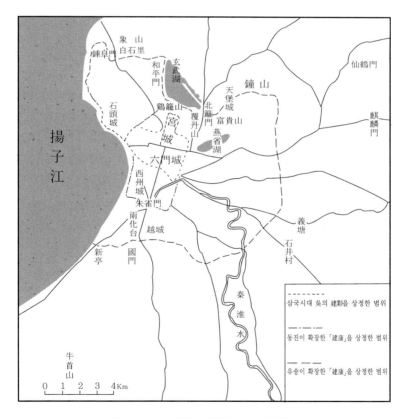

△ 오·진·송 시대의 「건강」도시 상정도

---

41)『南史』권8,「梁本紀下」.

경의 난 이후 북방의 북제·서위는 양(梁)을 침범할 기회를 엿보고 있었고, 파릉(巴陵)에서 건강까지 남북 양측은 장강을 경계로 하였다. 그리고 강릉은 장강의 북안에 위치하여 위(魏)나라의 경계에 바짝 붙어 접하였기에, 건강의 안전만 못하였다. 때문에 조정의 신하 모두가 건업에 환도하기를 주장하였다. 주홍정(周弘正)·왕포(王褒)는 심지어 건강에 돌아가지 않는다면 백성이 원제를 봉건 열국의 맹주이기는 하더라도 천자의 지위를 갖추지는 않았다고 오인할 것이라고 여겼다. 이로 인해 건강으로 환도할 것을 강력하게 주장하였다.

> 이때에 조정에서 천도를 의논하였다. 조정의 사람들은 집이 형주에 있어 모두 돌아가기를 원하지 않았는데 오직 주홍정과 복야 왕포가 원제에게 "윗사람으로서 몸을 단속하고 마음을 닦는 여러 사대부가 고금(古今)을 살펴본다면 제왕이 도읍하는 곳으로서 본래 정한 곳이 없어서 더불어 의심할 바도 없음을 알 것입니다. 만약 많은 백성들이 제왕께서 건업에 들어가는 것을 보지 않는다면 이(제왕)를 열국의 제왕(諸王)이라 할 것이요, 천자라고 부르지 않을 것입니다. 지금 마땅히 백성의 마음에 이르러 사해(四海)가 바라는 바를 따르십시오"라고 하였다.[42]

무창태수 주매신(朱買臣)은 더욱 간절한 글을 올려 만약 강릉에 도읍하면 오래 가지 못할 것이라고 지적하였다. 즉 "주매신의 가(家)는 형주에 있으니 어찌 관(官)이 오래 거하는 것을 원하지 않겠습니까, 그러나 매신은 부귀하게 되겠으나 관은 부귀하지 않을까 두렵습니다"[43]라고 하였다. 양조에서 건강의 도성으로서의 지위는 이미 확립되어서 다른 곳이 이를 대신할 수가 없었음을 알 수 있다.

비록 원제의 조정에서 반수 이상의 문무 관원이 모두 건강으로 환도할 것을 주장하였으나[44] 원제 및 그 근신관료들은 오랫동안 정

---

42) 『晉書』 권24, 「周弘正傳」.
43) 『南史』 권34, 「周郎傳附周弘正傳」.
44) 『南史』 권34, 「周郎傳附周弘正傳」.

들어 왔던 부임지에 미련이 남아있어 차마 떠날 수 없었다. 그리하여 중의(衆議)를 저버리고 강릉에 도읍하였다. 이러한 원제의 단호한 결정은 그 자신과 양조에 커다란 재앙을 초래하였다. 승성(承聖) 3년(554) 서위가 침입하기 전날 밤에 산기시랑(散騎侍郎) 유계(庾季)는 별의 형상을 보고 서위가 내침할 것을 추측하여 원제가 신속히 건강에 돌아가 화를 피하고 사직을 보전하도록 청하였다.[45] 이 당시 서위의 군측에서도 원제가 건강성에 환도하는 것이 상책(上策)이라고 생각하였다.

> (8월) 을사(乙巳), 위나라는 주국(柱國)의 상산공(常山公) 우근(于謹), 중산공 우문호(宇文護), 대장군 양충(楊忠)과 장병 5만에게 침입하게 하였다. 겨울 10월 임술에 장안을 떠났다. 장손검(長孫儉)이 근에게 말하기를 "소역(원제)으로서 할 수 있는 계책은 장차 어찌하는 것입니까?"라고 물었다. 우근이 대답하기를 "한강(漢江)·면강(沔江)에 군사를 두고 자리를 걸고 강을 건너 바로 단양에 의거하는 것이 상책이요, 관내의 주민을 옮겨 보자성으로 후퇴하여 그 낮은 성책을 높이고 원군을 기다리는 것이 중책이다. 만약 이동하기 어려워 나성을 지킨다면 그것이 하책이다"라고 하였다.[46]

원제는 애석하게도 하책(下策)을 채택하였기 때문에 서위군이 강릉을 공격하여 함락하자 원제 및 그 강릉 조정의 백관은 모두 서위에게 항복하였다. 비록 진패선(陳覇先)이 건강에서 경제(敬帝)를 따로 세웠지만 이것은 한낱 허위(虛位)로 양제를 옹립한 것이어서 오래지 않아 실권을 장악한 진씨(陳氏)에게 선양하였다. 원제가 만약 강릉에 도읍하지 않았다면 양조는 위태롭기는 하더라도 망하지는 않았을 것이다. 그러므로 『양서(梁書)』에서 "세조의 마음이 깊고 맑으며 특히 우수하여 정사에 마음을 두었으며 사설(邪說)에 유혹되지 않고

---

45) 『資治通鑑』 권165, 「梁紀 21」 元帝 承聖 3년, 총 5114~5115쪽.
46) 『資治通鑑』 권165, 「梁紀 21」 元帝 承聖 3년, 총 5114~5115쪽.

금릉으로 옮기지 않으셨다. 좌쪽에 강한 적이 인접하였으니 장차
이를 어찌하리?"[47]라고 한탄하였다.

Ⅳ. 건강에 도읍한 것이
육조 역사발전에 끼친 영향

육조가 나라를 세운 형세는 서로 같다. 그리고 동진·송·제·
양·진 오대는 모두 오나라의 옛 제도를 따라서 건강에 도읍하였
다. 오는 형주를 그 군사 중심지로 하였고, 양주를 그 재부(財賦)의
요충지로 하였다. 애초에 오나라는 무창에 도읍하였었는데 그 후
오의 대제가 경제적인 이유로 무창의 성곽·궁실을 포기하고 건업
에 도읍하니, 이때부터 정치 중심지와 군사 중심지가 분리되었다.
동진 남조의 형세도 오나라와 서로 같았다. 이로 인하여 정치 중심
과 군사 중심이 분립하고, 정치 중심과 경제 구역이 결합하는 육조
문화의 특색이 만들어졌다. 그리고 이런 형세에 맞게 취한 정책 및
그 연혁의 변천은 육조 역사의 발전에 영향을 미쳤다.

1. 장수에게 형주의 군권을 맡기는
정책의 시행과 와해

오나라가 건업에 도읍한 것은 정치 중심과 군사 중심을 분립한
것이다. 그리하여 형주를 하나의 군사구역으로 하는 정책을 세워

---

47) 『梁書』 권5, 「元帝紀」.

명신과 노장을 임명하여 그 지역을 진수(鎭守)케 하였다. 「강표(江表)
전」에선 이 정책이 소장령(小將領)인 장량(張梁)의 건의를 묵묵히 들
을 수 밖에 없었던 것과 관련해 나온 것이라고 하였다.

　　전에 손권이 무창에 있을 때 건업으로 환도(還都)하고자 하였는데, 무
　창이 건업에서 물길로 2천 리나 거슬러 올라가 일단 긴급한 일이 있으
　면 서로 다다를 수가 없음을 염려하여 건업에 도읍하는 것을 회의(懷疑)
　하였다. 하구(夏口)에 이르러 오(塢)에서 백관을 널리 모아 그것을 의논
　하였는데 조(詔)를 내려 "여러 장군과 관리들은 그 지위와 역할에 구애
　되지 말고 계책이 있으면 나라를 위해 그것을 말하라"라고 하였다. 여러
　장수 가운데 어떤 이는 하구에 울타리를 세워야 한다고 하고, 어떤 이는
　철쇄(鐵鎖)를 설치해야 한다고 하였으나 손권은 이 모두가 계책이 아니
　라고 여겼다. 이때 (장)량이 소장(小將)으로서 아직 이름이 알려지지 못
　하였는데, 이에 자리에서 나아가 말하기를 "신은 '향기로운 미끼가 고기
　를 낚고, 두터운 재물이 용사를 산다'라고 들었습니다. 지금 마땅히 상
　벌(賞罰)의 신뢰를 분명히 세워 장군으로 하여금 면(沔)에 들어가 적과
　이익을 다투게 한다면 형세는 이미 성공한 것이니 저들이 감히 간섭치
　못할 것입니다. 무창의 정예 병사 10,000명을 지략이 뛰어난 장군에게
　붙여 항상 엄정하게 하십시오. 일단 경고가 있으면 서로 소리로 응하여
　다다르도록 하여 감수성(甘水城)을 지어 전함 수천을 띄어 여러 장소에
　적절하게 사용하게 한다면 모두 준비를 갖추게 하는 것입니다. 이와 같
　이 한다면 문을 열고 적을 이끌어도 적이 스스로 오지 않을 것입니다"
　라고 하였다. 손권은 장량의 계책을 가장 좋다고 여기고 즉시 장량의
　지위를 높여 주었다. 후에 그는 점차 공을 세워 면주(沔州) 중도독이 되
　었다.[48)]

　이 기록이 믿을 수가 있는지의 여부를 제쳐 두고 오나라가 실시
한 형주의 군사화 정책은 반드시 행해야 할 추세였다. 건업에 천도
한 이후 만약 형주를 하나의 강력한 군사중심으로 세우지 않으면 촉
나라를 막고, 위나라에 대항할 수가 없었다. 그리고 촉나라와 위나
라를 막을 수 없다는 것은 상류가 위태롭게 되는 것으로, 오제는 또

---

48)『三國志』吳書, 권6,「孫奐傳」의 주에서「江表傳」을 인용.

한 건업에서 안심할 수가 없게 되는 것이었다. 그러므로 천도한 이
후 계속해서 이 정책을 행하였다. 형주의 수장(守長)은 여몽(呂蒙)·육
손(陸遜)·육항(陸抗)이 연이어 담당하였는데 모두 명장이어서 상류지
역을 매우 공고히 할 수가 있었다. 그래서 오나라는 삼국 가운데에
서 가장 오랫동안 존속하였다. 그리고 후에 오나라가 서진(西晉)에
망한 것은 손호 말년에 형주 수비력이 쇠약해진 점과 명장인 육항의
죽음과 매우 큰 관계가 있다. 오나라의 단양태수(丹陽太守) 심형(沈瑩)
이 "우리(나라) 상류의 여러 군대는 경계하지 않았고 명장은 모두 죽
어 어린 사람이 임무를 맡았으며, 강 옆의 여러 성을 두려워하였기
에 다 방어할 수가 없었다. 진(晉)의 수군이 반드시 이에 이를 것이
다"49)라고 하였다. 형주의 군사화 정책을 실시하고 그것이 이완되었
던 점은 오나라의 흥쇠존망(興衰存亡)에 영향을 미쳤다.

진나라가 남도(南渡)하여 강남에 나라를 세웠고 오나라의 옛 법을
따라서 재부(財賦) 지역인 양주에 건도하였다. 그리고 상류의 군사충
돌 지역인 형주를 군사 중심으로 세웠다. 즉 소위 "근본은 양주와
월주에 세우고, 일을 성취시키는 것은 형주와 초주에서 맡는다"50)
는 것이다. 그리하여 장수에게 형주의 군권을 맡기는 정책을 채택
한 것이다. 동진 이래 형주 자사 및 다른 주 자사들은 여러 주를 겸
하여 감독하였다. 그러나 다른 주 자사들이 교주(僑州)를 감독한 것
과는 달리 형주 자사가 감독한 주는 실제하는 행정구역이었기 때문
에 형주의 실권은 다른 주보다 훨씬 높았다.

> 강남으로 내려 온 이후 예주(豫州)·서주(徐州)·강주(江州)는 모두 중
> 요한 진(鎭)이 되어 분분히 감독을 겸하였는데 대개는 교주이거나 다만
> 1군이나 1현이었다. 오직 형주만이 양주(梁州)·익주(益州)·영주(寧州)·
> 교주(交州)·광주(廣州) 등과 마찬가지로 실질적인 토지를 겸하였다. 이

---

49) 『三國志』 吳書, 권3, 「嗣主傳」의 주에서 「襄陽記」를 인용.
50) 『宋書』 권66, 「何尙之傳」.

것은 상류에 편중되어 있어 마침내 왕돈과 환현의 변(變)이 일어나게 되었다.51)

또한 형주는 남초(南楚)의 부(富)를 가지고 있었고 자산은 풍부하였다. 사서에는 장강의 동쪽을 칭하여 "비록 남으로 상포(象浦)를 포함하고 서로는 공산(邛山)을 포함하지만, 밖으로 공부(貢賦)를 받들고 안으로 관부가 충실한 것은 형주와 양주 두 주(州)뿐이다"52)라고 하였다. 형주는 이미 군사 지역이 되었고, 자사는 또한 여러 주를 겸하여 다스렸으며 지역은 넓고 병사는 강하였다. 그리고 부(府)의 창고는 충실하였다. 만약 형주를 가지면 그 세력은 족히 조정이 있는 양주와 대등하였다. 그리하여 동진 이후로부터 형주를 "섬서(陝西)"라고 칭하고, 형주 자사의 직책은 "분섬(分陝)"이라고 칭해질 만큼 중임이었다.

> 경성(境城)의 안은 만족(蠻族)으로 둘러싸여 있고, 토지는 멀고 넓어 넓은 들판[殷曠]이라 불린다. 장강의 동쪽 지방의 대진(大鎭) 가운데 형주와 양주보다 규모가 큰 것은 없다. 홍농군(弘農郡) 섬현(陝縣)은 주(周)나라 때 두 사람의 백(伯)이 여러 제후들을 아우르고 있었는데, 주공(周公)은 섬동(陝東)을 주관하였고, 소공(召公)은 섬서(陝西)를 주관하였다. 그러므로 형주를 칭하여 섬서라고 하였다.53)

비록 "장강의 동쪽에 큰 진(鎭)으로, 형주·양주를 능가할 수가 없다"라고 말하지만 그 가운데에 형주는 무력을 사용하는 지역으로, 그 실력은 더욱이 양주를 능가하였다. 또한 형주 자사는 이미 중요지역을 지켜 병사가 풍부하였기에 지위는 높고 세력은 컸다. 이로 인하여 왕위찬탈의 야심이 생겼다. 예를 들면 왕돈(王敦)·환현

---

51) 『晉略』(중화서국, 四部備要本), 표 5, 1쪽.
52) 『宋書』 권54, 「孔季恭等傳論」.
53) 『南齊書』 권15, 「州郡志下」.

(桓玄)은 모두 형주의 병사를 이용하여 반역을 일으켰다. 그렇기 때
문에 건강 측에서는 형주 자사에 대하여 항상 의심하는 태도를 가
졌다. 예를 들면 유량(庾亮)은 도간(陶侃)을 꺼려하며 도간이 상류에
서 병사를 일으켜 건강을 공격할 것을 매우 두려워하여 먼저 석두
성을 수축하여 수비하는데 이롭게 하였다.[54] 이 두 가지 요소가 서
로 맞물려 마침내 장수에게 형주의 군권을 맡기는 정책은 동진조
내정의 큰 문제가 되었다.

> 오직 거하는 곳에서 일어나니, 큰 강을 낀 것에 의지하여 초강(楚江)
> 에는 항상 전쟁이 있었다. 바야흐로 성(城)이 대적하니, 장상(將相)에게
> 전하여 군대를 총괄하게 하였다. 쌓여진 배가 수만을 헤아리고 병사는
> 왕실의 여러 배가 된다. 그 이익에 처하여 딴 마음을 품지 않는 자, 주
> 공 그 사람뿐이다. 위세와 권위를 밖에서 빌리니 의심과 틈이 내부에서
> 생긴다. 저들은 물을 따라 내려오는 군대가 있고, 우리에게는 강한 번
> (藩)의 구원조차 없다.[55]

동진 말년 환현(桓玄)은 형주(荊州)에서 거병하였고 건강(建康)을 공
격해 들어가서 제위를 찬탈하였다. 환현의 난은 비록 즉각 유유(劉
裕)가 평정하였지만 동진 정권은 오히려 유유의 손으로 옮겨졌다.
유송(劉宋)은 동진 형주의 정책이 "군주는 약하고 신하는 강한 폐단"
을 조성한 것을 거울삼아 이를 고쳐 바꾸었다.

유송(劉宋) 무제(武帝)는 동진조에서 장수에게 형주의 군권을 맡기
던 정책을 따르지 않고, 형주를 약화시키는 조치를 취하였다. 한편
으로 형주의 토지를 분할하고 새로운 주를 설치하였으며, 다른 한
편으로 형주 자사의 임용원칙을 바꾸었다.

지역분할 측면에서, 영초(永初) 3년(442) 형주를 10군으로 나누었

---

54) 『晉書』 권72, 「庾亮傳」.
55) 『晉書』 권6, 「明帝記」.

고 상주(湘州)를 세웠다.[56] 원가(元嘉) 26년(449) 또한 형주를 분할하여 남양군(南陽郡)·신야군(新野郡)·순양군(順陽郡)·수군(隋郡) 5군으로 하였고 옹주(雍州)를 세웠다.[57] 효무제 효건 원년(454)에 형주를 나눈 일부분과 상주(湘州)·강주(江州)·예주(豫州)의 일부분을 합하여 영주(郢州)를 세웠다.[58] 제(齊)의 고제(高帝) 건원 2년(480) 형주에서 파동군(巴東郡)·건평군(建平郡)을 나누고 익주의 파군을 더해 파주(巴州)를 세웠다.[59] 형주를 분할한 정책은 형주의 실력을 크게 약화시켰다. 옹주는 형주의 북부 5군을 분할하여 설치한 새로운 주로 위나라의 경계와 바로 인접하여 국방상의 지위는 형주를 능가하였다. 형주는 그 군사중심으로서의 지위를 잃었다. 또한 형주 경내는 형주 및 남만교위 2군부가 있었다. 그리하여 병력은 충분하였다. 효건 원년 남만교위를 파하고 그 자리를 건강로 옮겼으므로[60] 형주의 군비는 다시 약화되었다. 동진 이래 장수에게 형주의 군권을 맡기는 정책을 와해시켰기 때문에 형주의 토우(土宇)가 소멸되었고 군비가 쇠약해졌으며, 북방에 대한 방위상에서 "도적은 풍부해져 충실해지고, 인민은 단출해지는[賓實人單]" 병폐를 만들었다.

사마예가 강남으로 내려와 정권을 수립한 이래 양주와 월주에 근본을 세우고, 형주와 초주에서 돕는 일을 맡는다. 려(廬)·려(蠡) 이북으로부터 바다에 임하여 큰 강에 닿는다. … 형부(荊部)는 상주(湘州)와 완주(沅州)를 포함하고 있으면서 무산(巫山)을 넘어 등주(鄧州)와 색주(塞州)를 아우르고 있다. 민호(民戶)가 사는 지역은 천하에서 반이 넘는다. 동진시대에 어린 군주가 재위하여 정사는 돕고 있는 신하에게 돌아갔다. 형주와 양주의 사목(司牧)은 섬동(陝東)·섬서(陝西)와 같다. 유송(劉宋) 왕실이 천명을 받았더라도 형편은 바꿀 수 없었다. 두 주(州)의 중요한 직책은 모

---

56) 『宋書』 권3, 「武帝紀下」.
57) 『宋書』 권27, 「州郡志」.
58) 『宋書』 권6, 「孝武帝紀」.
59) 『宋書』 권54, 「孔季恭等傳論」.
60) 『資治通鑑』 권128, 「宋紀十」 孝武帝 孝建 원년, 총 4021쪽.

두 다 가까운 친척에게 돌아갔다. 이로써 의선(義宣)이 서쪽의 초(楚)지역의 부강함에 의지하여 10년의 기반을 세웠다. 틈이 이미 생겨 마침내 다른 사람의 실력을 살피게 되었다. 그리고 영주(郢州)를 세우고 양주를 나누어 구부러지거나 경계를 초월한 것을 곧게 하였다. 번역(蕃域)은 이미 분할되자, 도적은 풍부해지고 넉넉해졌는데, 인민의 수는 줄었다. 무장들에게 형주를 맡기던 계책은 이에 없어져 버렸다.[61]

  유송의 하상지(何尙之)는 일찍이 형주를 원래의 통치구역으로 다시 합하자고 건의하였으나 효무제는 받아들이지 않았다.[62]
  동진의 장수에게 형주의 군권을 맡기는 정책 하에서 형주의 군사비용으로 쓴 것은 천하 군사비의 반을 차지하였다. 비록 군주는 약하고 신하는 강한 형세를 만들어 왕돈·환현 등의 야심가는 거병하여 동쪽으로 내려오는 거사를 일으켜 병폐가 되었지만, 형주의 병력이 풍부함으로 인하여 유량·환온은 역시 이로써 북방을 회복하려는 대계획을 할 수 있었다. 유송 이후 형주영역의 분할 및 군사역량의 분화는 상류지구로 하여금 군사중심을 잃게 하여 다시 부흥할 수 없게 하였다. 남조의 4대 가운데에 비록 송문제·양무제·진선제의 북벌이 있었지만 송문제의 북벌은 북위가 변경을 침범하도록 자극하였을 뿐이지 적극적 공격이 아니었다. 양 무제는 진경(陳慶)을 보내어 북벌하였는데 겨우 수천의 병사를 파견하였다. 실제로는 북위정치가 혼란할 때를 이용하여 어부지리를 얻으려고 한 것으로 역시 대규모의 북벌이 아니었다. 진 선제는 회남을 북벌하였고 양말에 북제가 병탄한 토지를 수복하였다. 이들 모두는 적극적으로 진행한 대규모의 거병행동이 아니다. 유송 이후 장수에게 형주의 군권을 맡기는 정책의 와해는 또한 남조로 하여금 북조에 대하여 비교적 소극적이고 보수적인 태도를 취하게 만들었다.[63]

---

61) 『宋書』 권66, 「何尙之傳」.
62) 『宋書』 권66, 「何尙之傳」.
63) 傅樂成, 「荊州與六朝政局」 『漢唐史論集』(臺北, 聯經出版事業公司, 1977),

형주를 지키는 장군의 임명에서 송 무제는 종실자제를 형주자사로 임명하도록 바꾸었다. 형주는 상류에 있는 요충지로서 땅은 넓고 병사는 강하였으며 군대를 위한 비용은 조정 재정의 반을 차지하였다. 그리하여 고조는 여러 아들로 하여금 그곳에 살게 하였다.[64] 그 후 비록 남군왕(南郡王) 의선(義宣)이 형주에서 모반한 것에 의하여 한 번 종실을 형주자사로 임명하는 정책이 변하여 이성(異姓)의 대신을 임명하였지만, 송말(宋末) 심수지(沈收之)가 또한 형주의 십만의 무리로 칭병하여 내려왔으므로[65] 남제가 건립될 때는 송말의 과실을 거울삼아, 또 송초에서처럼 종실이 형주 자사를 맡는 정책을 회복하였다. 양대(梁代)는 다시 장강 상류의 여러 주를 따로 나누어 여러 아들에게 나누어 담당하도록 하였다. 형주가 이미 분할되어 그 군사 중심으로서 지위는 잃었다. 그러므로 각 주의 실력차이는 매우 적었고 각 왕은 사심을 품고 또한 군대를 강화하였다. 후경의 난 기간에 여러 왕은 서로 미워하고 의심하였는데, 이에 서로 싸우기에 이르렀다. 서위는 이 틈을 이용하여 익주를 취득하였으며 그 후 다시 양 원제가 있는 강릉을 공격하여 함락시켰다. 양조가 땅과 집을 상실하고 위험에 이르게 된 것은 실제로 장수에게 형주의 군권을 맡기는 정책이 와해된 결과이다.

2. 양주를 근본으로 한 문치정책

육조도성(六朝都城)인 건강은 장강 하류의 피난처로서 정권의 직접적인 위협인 서북의 적으로부터 멀리 떨어져 있었다. 그리하여

94쪽에 실려 있음.
64) 『宋書』 권51, 「宗室傳」.
65) 『宋書』 권74, 「沈攸之傳」.

오나라가 적의 경계와 인접한 상류에서 형주를 하나의 군사구역으로 세운 뒤에 동진 이래 장강 하류의 양주(揚州)는 문치구역이 되었다. 양주 자사의 치소(治所)가 소재한 건강에는 군부(軍府)를 설치하지 않았고, 겨우 경사를 숙위하는 좌우위군이 있어 "대군(臺軍)"이라고 칭하였다. 송 무제 영초 3년의 조서에 다음과 같이 말하였다.

> 조정은 모름지기 다시 별도의 부(府)를 두지 않는다. 재상은 양주를 둘러 군인 천명을 배치해도 좋다. 만약 대신 가운데 중요한 임무가 있으면 마땅히 무기가 있어야 하고, 상서롭지 못한 경우[不祥者]를 대비하기 위해 대견대(臺見隊)를 줄 수 있다. 대건군대로써 정벌하여 다 맞서 싸웠으면 다시 이전에 있던 곳으로 되돌려 보낸다. … 무기를 가진 자는 대전문(臺殿門)으로 들어올 수 없다. 중요한 인물은 상세히 살펴 반검(班劍)을 수행하도록 한다.[66]

양주 지역에서는 무기 소지를 허가하지 않았다. 『수서(隋書)』 「식화지(食貨志)」에는 다음과 같이 기록되어있다.

> 또 도성의 서쪽에는 석두진(石頭津)이 있고, 동쪽에는 방산진(方山津)이 있는데, 각기 진주(津主) 1인, 적조(賊曹) 1인, 직수(直水) 5인을 배치하고, 금지된 물건과 배반하고 도망하는 자를 검찰(檢察)한다. … 그 동로(東路)에는 금지된 물건이 없으므로 방산진(方山津)의 검찰은 몹시 간단하다.

위에서 말하는 "금물(禁物)"·"금화(禁貨)"는 무기 등 군대 무장이다. 『남제서(南齊書)』에는 다음과 같이 기록되어있다.

> 여러 왕이 경도(京都)에 있을 때 칼을 가진 자가 좌우에 40인이었다. (장사 위왕) 황(晃)은 무기로 치장하는 것을 좋아하여 서주(徐州)에서 복무

---

66) 『宋書』 권3, 「武帝紀下」. 반검(班劍)이라는 것은 칼을 차고 수행하는 사람을 일컫는다. 시대에 따라서는 칼날이 없는 목검(木劍)을 지칭하기도 하고(晋代), 이를 상검(象劍)이라고도 한다(劉宋南瓊).

를 파하고 돌아올 때 사사로이 수백인을 무장시켜 환도(還都)하였다. 금사 (禁司)에게 발각되어 무기를 강에 던졌다. 세조는 여러 왕들이 사병을 기 르는 것을 금지하고 있었는데, 이 소식을 듣고 크게 노하여 법으로써 죄 상을 규명하려 하였다.[67]

또 『양서(梁書)』에는,

> 유준(劉峻)이 천감(天監) 년간에 서성(西省)으로 들어가 학사(學士) 하 종(賀蹤)과 더불어 전교비서(典校秘書)를 제수받았다. 유준의 형은 효경 (孝慶)인데, 이때 청주(淸州) 자사였다. 유준이 휴가를 얻어 살펴보러 갔 는데 사사로이 금물(禁物)을 가진 것에 연류되어 유사(有司)로부터 고발 당하는 바가 되었다.[68]

라고 기록되어있다.

그 때문에 양주는 문치구역이 되었고 오회지역은 자연히 병기와 갑옷이 없어 "동로(東路)는 금화(禁貨)─무기─가 없었다"라고 하였 다. 그래서 건강에서 삼오·회계 사이를 통할 때에 반드시 경유하 는 산진(山津)의 검사는 매우 간단하였다. 그러나 양주 이외의 지역 은 순수한 문치 지역이 아니었다. 그리하여 장강 상류에서 건강으 로 진입하는 중요한 진구(津口)인 석두진은 검사가 비교적 엄밀하였 다. 또한 도성 안에서 무기를 사사로이 소장하는 것은 범법행위였 다. 양 무제는 그의 형제에 대한 우애가 깊었다. 어떤 사람이 그의 동생인 임천왕 굉(臨川王 宏)이 갑옷과 병장기를 소장했다고 고발하 자 무제는 기뻐하지 않았다. 친히 가서 검사하였는데 병기가 아니 고 모아둔 재물인 것을 알고 매우 기뻐하였다.[69] 양주지역에서 병 장기를 가지는 것은 특별한 윤허를 요하는 것이었다. 예를 들면 송 효무제 대명(大明) 8년 오(姑蘇)지방과 회계에 흉작이 들어 도둑이 많

---

67) 『南齊書』 권35, 「長沙威王晃傳」.
68) 『梁書』 권50, 「文學傳下」.
69) 『南史』 권51, 「梁宗室上·臨川靖惠王宏傳」.

았기 때문에 특별히 식량상인에게 무장하여 자위하는 것을 허가하였다. 조서에서 "동쪽 변방(東境)은 작년에 풍년이 들지 않았으니 의당 거래를 넓혀라. 원근에서 쌀과 속(粟)을 판매하는 자는 도중에 잡세를 걷지 말도록 하라. 병장기로서 자위하는 것을 모두 금하지 말라"70)라고 하였다. 또 제 무제(齊 武帝)는 주산도(周山圖)가 경읍(京邑)에서 병장기로 자위 할 수 있도록 특별히 허가하였다.

> 주산도(周山圖)는 신림(新林)에서 농막(墅舍)을 세우고, 새벽에 나가서 밤에야 돌아왔다. 황제가 그를 일러 말하기를 "경은 만인의 감독을 파하고 가벼이 교외로 나간다. 지금부터 농막에 나갈 때는 스스로 무기를 지니도록하여 불의의 사고에 대비하도록 하라"라고 하였다.71)

양주가 문치정책을 채택하여 행하였으므로 건강의 방위력은 매우 약하였고, 각 반군(叛軍)의 공격을 막을 수가 없었다. 300여 년 간 건강은 일찍이 9차례의 공격을 받아 함락되었고, 매 전쟁마다 도성이 크거나 작은 규모로 파괴되었다. 특히 소준의 난이나 후경의 난의 피해는 건강에 대한 파괴 가운데 가장 컸다. 육조 입국은 모두 양주의 공부(貢賦)를 재원으로 하였고 특히 삼오(三吳)의 공급에 의지하였다. 삼오(三吳)는 가장 역(役)이 무겁고 도적이 많았다. 이로 인하여 항상 난이 발생했지만, 양주는 문치정책 하에서 "삼오(三吳)의 안은 군대를 사용하는 곳이 아니었고,"72) 병사는 대개 전투에 익숙하지 않았으며, 항상 적과 도적의 침입에 대적하지 않고, 주군(州郡)은 왕왕 소문만 듣고 항복하였으며 관리와 백성은 도망하여 흩어졌다.

> 천감(天監) 9년, 선성군(宣城郡)의 관리인 오승백(吳承伯)이 현도(祆道; 배화교)를 끼고 무리를 모아 선성군을 공격하였다. 태수 주승용(朱僧勇)

---

70) 『宋書』 권6, 「孝武帝紀」.
71) 『南齊書』 권28, 「周山圖傳」.
72) 『梁書』 권31, 「袁昂傳」.

을 죽이고 근처의 여러 현을 돌아다니며 도살하고, 산을 넘어 오흥(吳興)
을 침범하여 이르는 곳마다 모두 잔인하게 파괴하였다. 무리가 2만이 되
어 군의 성(郡城)을 습격하였다. 동도(東道)는 전쟁에 익숙지 않아 관리
와 백성이 두려워 어지러이 흩어졌다.[73]

　　적이 얼마 지나지 않아 동쪽을 침략하여 오군(吳郡)을 함락시키고, 후
　경의 장군 송자선은 전당(錢塘)을 공격하였다. 오의 군대가 그것을 듣고
　또한 각기 흩어져 도망쳤다.[74]

　그리하여 삼오(三吳)에서 일어난 난은 예를 들면 동진의 손은(孫恩)
의 난이나 노순(盧循)의 난, 남제(南齊)의 당우지(唐寓之)의 난 등은 모
두 신속히 확대되었고 심지어 도성의 안정을 위협하였다. 삼오(三吳)
의 문약(文弱)으로 말미암아 항상 반란군이 쉽게 용기를 얻어 침략
하였고, 이 지역에서 함부로 잔악한 짓을 하였다. 그리고 삼오(三吳)
는 육조 재부의 요지여서 이 지역의 파괴는 또한 강남의 국력을 깎
았다. 진조가 부진한 것은 실제로 삼오(三吳) 지역이 양말 후경의 난
의 파괴를 거쳐 회복하지 못한 것과 밀접한 관계가 있다.

　이 외에 양주의 문치정책과 건강을 도성으로 삼은 것으로 인해
인문(人文)이 모였다. 그리하여 건강은 문화상에서 절대우세를 이루
었다. 그런데 형주의 문화는 오히려 퇴보하는 추세에 있었다. 한말
에 형주는 원래 문화의 중심이었다. 중원의 전란이 초기에는 아직
형주에 미치지 않았고, 또한 형주목(荊州牧)인 유표(劉表)는 예에 밝
고 선비를 사랑하였다. 그리하여 사인(士人)이 대거 난을 피하기 위
하여 이곳에 왔다. 예를 들면 두습(杜襲)·조엄(趙儼)·번흠(繁欽)·배
잠(裴潛)·두기(杜畿)·한복(韓馥)·두기(杜夔) 등은 모두 형주에서 유
표에 따랐으며,[75] 형주는 마침내 학술의 중심이 되었다.

73) 『梁書』 권21, 「蔡撙傳」.
74) 『梁書』 권27, 「陸陽傳」.
75) 『後漢書』 권104, 「劉表傳」.

　　유표(劉表)는 이에 토지를 개척하여 넓혀, 남으로는 오령(五嶺)을 접하
고, 북으로는 한천(漢川)에 의지하여 땅이 수 천리가 되었고, 군사 10여
만을 가졌다. … 관서(關西)·연주(兗州)·예주(豫州)의 학사 가운데 귀의
하는 자가 수천이었는데, 유표는 어려운 사람을 돕고 위로하니, 모두 자
산을 얻어 보존하여 마침내 학교를 세웠다. 널리 유교의 가르침을 구하
여 기무개(綦毋闓)·송충(宋忠) 등이 『오경장구(五經章句)』를 편찬하고 그
것을 "후정(後定)"이라 했다. 백성을 사랑하고 세상을 기르는 것으로 조
용히 스스로를 보존했다.[76]

　　왕요(王瑤)는 형주의 학술이 양한에서 위진의 학술로 변하는 중추
라고 인식하였다. 형주에서 나온 『후정오경장구(後定五經章句)』는 고
문을 중시하였고, 또한 주(注)는 역(易) 및 대학(大學)을 중시하여 따
로 새롭게 만들어졌다. 위로는 동한(東漢) 고문경학(古文經學)에 접하
고, 아래로는 청담가가 조술(祖述)한 바가 되었다.[77] 그러나 건안 13
년 조조가 형주로 남벌할 때에 강릉을 공격하여 함락시키니, 형주
의 사인은 대거 조조를 따라서 북쪽으로 돌아갔으며 조조에게서 일
했다. 형주는 한말의 소란시대 속에서 선명한 문화의 빛을 발하였
다가 홀연히 사라졌다. 오나라는 적벽전투 후에 형주를 취득하였고
무창에 한번 도읍하였다. 그러나 황룡 원년 오나라의 대제는 건업
에 도읍하였고 형주를 하나의 순수한 군사중심으로 건설하여 마침
내 그 문화의 발전을 제한하였다. 동진 이후 형주는 여전히 군사지
역이 되었고 형주의 문화는 단지 그 목재(牧宰)의 애호만을 기대할
수 있을 뿐이었다. 그 사이 진전이 있었는데, 예를 들면 남제의 예
장왕(豫章王) 억(嶷)은 형주에 학교를 세웠고[78] 양조(梁朝)의 문아(文雅)
함을 애호한 상동왕(湘東王) 역(繹)-후의 梁 元帝-은 강릉에 주둔하
였는데, 후경의 난 후에 그는 황제에 즉위하여 이곳에 건도하였다.

　76) 『삼국지』 위서, 권24의 「杜襲傳」, 권23의 「趙儼傳」·「裵潛傳」.
　77) 王瑤, 「玄學與淸談」 『中古文學史論』(臺北, 長安出版社, 1975), 51～52쪽.
　78) 『南齊書』 권22, 「預章文獻王嶷傳」.

그의 제창으로 형주의 문화는 창성하였고 강릉 한 곳에 10여 만 권
의 서적을 모았다.[79] 그러나 육조시대를 통틀어서 형주는 문화면에
서 항상 양주에 미치지 못하였고 양주의 문약함과 형주의 무용(武
勇) 두 종(種)은 뚜렷이 다른 풍격을 지녔다. 형주와 양주의 문화가
편협하게 쇠약하거나 번영한 현상은 또한 형주와 양주 두 주의 정
책수행의 필연적인 결과였다.

V. 결 론

종합적으로 말하면 진한은 혹은 관중에 도읍하고 혹은 관동에 도
읍하였으며, 그 지역은 이미 군사 중심이었고 또한 경제중심이었
다. 그리고 한말 천하가 삼분(三分)되어 오나라는 동남에 치우쳐 있
었다. 양주의 공부(貢賦)에 의지하여 나라를 세웠고 장강의 험함에
기대어 수비하였다. 그리고 상류의 형주를 군사요충지로 하였기 때
문에 경제중심과 군사중심은 분리되었다. 그래서 오나라가 도읍을
정한 것은 전대처럼 단순하지 않았고 군사중심인 무창과 경제지역
인 건업 사이에서 쉽게 마음을 정하지 못하였다. 그러나 오나라의
59년 동안 무창에 단지 9년만 도읍하였고 그 나머지 50년은 모두
건업에 도읍하였으니, 경제중심이라는 이유로 이를 선택하였던 것
이다. 이외에 또한 정치적 의도가 있었는데, 오나라의 정권은 삼오
(三吳)대족(大族)의 지지를 얻어 건립된 것으로, 조정은 양주에 있는

---

79) 『南史』 권8, 「梁本紀下」. 강릉이 함락되었을 때 원제는 사람을 시켜서
고금의 도서 10여 만권을 태우게 했다.

것이 비교적 그들의 이익에 부합하였다. 그리고 양주지역에서 건업의 지리환경이 가장 뛰어나 건업을 도읍으로 하였다. 그러나 삼국 이전에 건업지역은 명성이 미미하였고 또한 건도의 역사전통을 구비하지 못하였다. 오나라의 건업에 대한 도성의 지위는 아직 확립되지 않았고 무창은 여전히 건업에 필적할 만 했다. 그리하여 손호는 무창에 도읍하였고 반대 의견 또한 없었다. 동진이 남도하였을 때에 오나라가 의거한 기초 위에 건강에 도읍하였다. 그러나 건강의 도성으로서의 지위는 아직도 당시의 사람에게 보편적으로 인정받지 못하였다. 성제 때에 소준의 난이 일어났고 건강성은 황폐화 되었다. 조정의 신하는 모두 회계 혹은 예장으로 천도하고자 하였기에 그 당시까지에도 또한 건강을 도읍으로 생각하지 않았음을 알 수가 있다. 다행히 왕도(王導)가 홀로 중의를 배척하고 건강이 도성의 전통을 갖고 있다고 힘써 진언하였다. 아울러 다른 곳은 불편하다고 말하여 천도에 대한 논의를 겨우 평정하여 다시 새롭게 계획하여 건강성을 수축하였다. 이때부터 건강의 도성으로서의 지위는 날로 공고해졌다. 그러나 건강을 육조의 도읍으로 하였기에 동진 남조의 야심가가 다투는 장소가 되었고 여러 차례의 전화를 맞아 건강은 전화의 파괴를 많이 받았다. 양 원제는 전술한 이유에 의하여 강릉에 도읍하였다. 강릉은 건강과 같은 정치지위가 없었고 또한 양호한 방어형세도 없었다. 그리하여 서위가 남침하여 일거에 강릉을 함락시켰다. 양원제 및 그 강릉의 신하는 모두 서위에 의해 몰락하였다. 당시의 여론은 원제(元帝)의 패배가 실제로 건강으로 천도하지 않은 결과라고 생각했다. 진이 양을 대신하여 일어났고 건강을 도읍으로 하였다. 수 문제가 진을 평정하고 건강의 정치지위를 매우 싫어하여 그 곳을 평지로 만들었다. 당대에 변란이 있을 때마다 또한 사람이 동남의 왕기가 모인 건강을 이용하는 것에 대하여 매우 두려워하였다. 각각 이곳에 주를 세우고 부(府)를 설치하여 이를 기초로 이 지역을 장악하였다. 오대 양오(楊吳)는 다시 이곳에 성을 쌓고 도성으로 하였다. 남당(南唐)도 또한 계속하여 이곳을 도성으로 하였다. 남송은 비록 임안에 도읍하였지만 건강을 행도로 하였다. 송나라 사람은 이곳을 대단히 중시하였고 정초(鄭樵)는 송대 이전의 도읍을 논하면서 단지 건강·낙양·장안만이 도성의 조건을 구비하였다고 인식하였다. "주가 성립한 이래 하남의 도성은 오직 장안과 낙양이다. 혹 강을 건너거나 업(鄴)에 거주하는 것은 장구(長久)한 계책이 아니다. 한진 이래 강남의 도성은 오직 건업이다. 혹 상류에 거하거나 강릉·무창에 거주하는 것은 또한 장구한 계책이 아니다. 이런 까닭으로 도성을 정하는 군주는 오직 이 세 도성으로 정하였고, 도성을 의논하는 신하 또한 단지 이 세 도성으로 의논하였다."[80] 건강이 비록 좋은 지리조건을 갖고 있다고 하지만 한말 이전에는 명성이 없었다. 그리고 오대 이후 명성이 떠들썩하였으니 그의 정치지위는 완전히 육조시대에 기원하는 것이다.

역사상 군사중심에 건도한 왕조는 천자가 위험한 곳에 있었으므로 민심의 사기를 격려할 수 있을 뿐 아니라 또한 강한 외적에 대해 경계하는 것이 있었으므로,[81] 항상 적극적이고 진취적인 정책을 취하였다. 오나라는 경제적 요구에 의하여 건강에 건도하였다. 정치중심과 군사중심의 분리는 오래도록 지속되어 변방을 소홀히 하기 쉬웠다. 또한 적의 경계에서 멀리 떨어졌기 때문에 쉽게 편안하려는 마음이 생겨 소극적으로 물러서서 지키는 정책을 취하였다. 오나라의 형주 군사화 정책 및 동진의 장수에게 형주의 군권을 맡기는 정책은 모두 소극적인 방어의 태도이며, 유송 이래 점차 장수에게 형주의 군권을 맡기던 정책은 무너졌다. 형주는 세력이 없어 다시는 상류의 군사중심이 되지 못하였고, 남조는 군사상에서 마침

---

80) 『通志』 권41, 「都邑略書」.
81) 薩孟武, 「中國歷史上之國都」 『大陸雜誌』 5-7.

내 부진하였다. 진에 이르러 땅이 더욱 협소하여 궁핍함을 떨어버리릴 힘이 부족하여 마침내 북방의 수(隋)에게 멸망당하였다.[82] 그러나 육조가 군사상에서 채택한 소극적이고 보수적인 태도 때문에 문화방면에서는 적극적 발전이 있었다. 문치지역에 위치한 건강 도성은 전국 각지의 재부의 기초 위에서 장기간의 편안함을 통해 잉태된 불이 마침내 천고(千古)에 눈부시게 비칠 찬란한 육조문화의 꽃을 피웠다.

『大陸雜誌』 제66권 제4기

---

82) 張敦頤, 『六朝事迹編類』(世界書局), 「總叙門 1・六朝保守」.

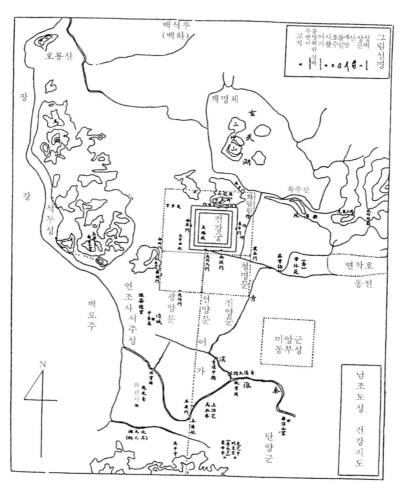

△ 南朝建康總圖

(朱偰：《金陵古蹟圖考》)

제2장
육조 건강성의 흥성과 쇠락

　'황기(黃旗)[1]와 자개(紫蓋)[2]의 운세는 동남에 있다'는 말은 왕기(王氣)가 강동에 있음을 일컫는 것이다. 이것은 진실(晉室)이 남도한 이후에 비로소 크게 유행한 견해이지만, 일찍이 전국시대에 풍수를 보는 방사(方士)들이 이미 동남이 왕기를 품고 있다는 사실을 제시하였다. 그 때문에 초(楚)의 위왕(威王)은 석두성에 금을 묻어 왕기를 눌렀으며, 이로 인하여 이곳을 금릉읍이라 칭하게 되었다. 그 후 진시황 역시 이곳에 천자의 기운(氣)이 있음을 믿은 까닭에 산언덕을 끊어 왕기를 단절시켰다.[3] 한말 이전에는 금릉땅에 왕기가 있다고 칭해지기는 해도 역사적으로는 실체가 드러나지 않았었는데, 손오가 이곳에 수도를 정한 이후에야 바로 이곳이 중국 역사상 비로소 크게 빛을 발하게 되었다. 수(隋) 통일 이전에는 6개 왕조의 수도였고, 당대(唐代) 이후에는 또 양오(楊吳)·남당·명초(明初)의 수도였다. 양오·남당은 5代 10국 분쟁시기의 소국이기에 논외로 하고, 명초에는 비록 남경의 건설에 힘을 쏟았지만 머지않아 북평(北平)으로 수도를

---

1) 황제를 뜻하는 깃발.
2) 황제가 타는 마차의 자주빛 덮개.
3) 『景定建康志』(臺北, 大化書局, 1980) 권5, 총 746~747쪽.

옮겼다. 따라서 건강성의 역사를 말한다면 손오에서부터 동진남조에 이르는 연속하여 6대의 도성이었으며, 전후 모두 321년이 되고 이때가 가장 빛나고 흥성한 시대였다. 본문에서는 건강성의 건설과 쇠락의 시대를 오나라의 기초단계, 동진·유송·남제(南齊)의 건설기, 양대(梁代)의 극성기, 양말(梁末)의 쇠퇴기(衰退期), 진말(陳末)의 멸망기로 분기를 나누어 토론을 전개하고자 한다.

Ⅰ. 기초단계 - 오나라

춘추시대 장강 유역에는 3개의 주요한 국가가 있었다. 즉 장강 중류의 초(楚)나라와 하류에 세워진 오(吳)나라와 월(越)나라이다. 오국은 고소(姑蘇)를 도성으로 하였는데 후세의 건강은 바로 그 구역 내에 있었다. 오(吳)와 초(楚)의 교전은 그치질 않았고, 주(周) 원왕(元王) 4년(기원전 472) 월(越)이 오를 멸하고 월과 초가 대치하는 형세가 형성되었다. 월국의 대부 범려(范蠡)는 초나라에 대항하기 위하여 진회하 남쪽 1리반되는 곳에 성을 쌓았는데, 둘레가 2리 80보였다. 이것이 후세에 "월성(越城)"이라 불리고 속칭 "월대(越臺)"[4]라 하는 것으로, 이것이 건강 일대가 처음으로 역사의 기록에 등장한 것이다.

주 현왕(周 顯王) 35년(기원전 334) 초가 월을 멸하고 옛 오나라와 월나라가 있었던 자리를 모두 병합하여 후세의 석두성 자리에 금릉읍을 설치하였다.[5] 진(秦)이 천하를 통일한 후에 전국을 36군으로

---

4) 『建康實錄』(光緒 28년 甘氏校刻本, 中央研究院傅斯年圖書館藏) 권1, 1쪽.

나누어 초의 금릉읍을 말릉현으로 고쳐 장군(障郡) 관할 하에 두었
다.6) 한초(漢初) 장군은 형왕(荊王) 유가[劉賈]의 봉토[封地]였다. 한 고
조(漢 高祖) 11년(기원전 196)에 회남왕(淮南王) 영포(英布)가 반란을 일
으켜 유가를 살해하였다. 난이 평정된 후 형국(荊國)의 땅은 유가의
조카 비(濞)가 오왕에 봉해지면서 오왕의 봉토가 되었는데, 오왕(吳
王) 비(濞)는 뒤에 또 모반으로 주살되었기 때문에 나라는 없어졌
다.7) 오국의 땅은 또 일찍이 경제(景帝)의 아들 비(非)에게 분봉되어
강도국(江都國)이 되었다.8) 무제(武帝) 원봉(元封) 2년(기원전 109) 장군
(障郡)을 단양군(丹陽郡)으로 고쳤다. 원봉 5년 13주 자사를 두어 단양
군은 양주에 속하게 되고 한말까지 바뀌지 않았다.

한 헌제 건안(建安) 25년(221)은 중국역사에서 매우 중요한 연대
이다. 이 해부터 위(魏)나라의 조비(曹丕), 촉(蜀)나라의 유비(劉備), 오
(吳)의 손권(孫權)이 앞다투어 황제를 칭하거나 왕을 칭하고 3국이
정립하는 국면이 표면화되었다. 조비가 먼저 한(漢)을 대신하여 제
위에 즉위하였고, 다음 해(222) 유비는 촉에서 황제를 칭하며 건국
하였다. 강동에 있던 손권은 유비의 칭제소식을 듣고, 곧 머무르고
있던 공안(公安)에서 악(鄂)으로 옮겨 무창이라고 개명하였다. 성을
쌓아 촉에 대항하는 동시에 위(魏)나라의 번국임을 칭함으로써 도
움을 청하고, 이에 위문제는 책명으로써 손권을 오왕으로 삼았다.
그러나 위·오의 연맹은 오랫동안 지속될 수 없었는데, 위문제 황
초(黃初) 3년(223) 가을에 위나라가 병사를 파견하여 오(吳)나라를 침
범하자 손권은 병사를 일으켜 지키면서 황무(黃武)로 개원하여 위
나라의 속국관계에서 이탈하였다. 이것이 손오가 건국되는 시초였

---

5) 『建康實錄』 권1, 1쪽.

6) 『後漢書』 권22, 「郡國志」 4.

7) <옮긴이 주>; 니시지마 사다오, 『중국의 역사—진한사』(최덕경·임대
희 옮김), 혜안, 2004, 160~163쪽 참조.

8) 『漢書』 권14, 「諸侯王表」 2·江都易王非.

다. 그리고 바로 황룡 원년(229)에 이르러 손권은 비로소 정식으로 황제자리에 즉위하고 같은 해 9월 다시 도성을 무창에서 건업으로 옮겼다.

삼국 이전 강남지역 최대의 도시는 일찍이 춘추시대의 수도였던 고소(姑蘇) - 오현(吳縣) - 였다. 따라서 교통노선의 개발도 이곳이 중심이었다. 수로가 있어 북쪽의 경구(京口)로 통하고 남으로는 회계로 통하였다. 건업은 즉 이러한 수운선 바깥에 있었다. 손권이 건업으로 천도한 이후 건업성 내외의 교통의 개발에 힘을 쏟음으로써 건업의 도성규모가 확정되었다. 도성의 건설에 있어서 건업도성의 규모의 기초를 세운 손오의 공헌은 매우 컸다. 동진 이후 역대로 비록 개작이 있었지만 대체적으로 손오가 세웠던 옛 기초 위에서 규획과 개축이 이루어졌다.

1. 도 성

오대제(吳大帝)는 애초에 무창에 도읍을 정하였었기 때문에 무창에 성을 쌓고 궁실을 건설하였다. 황룡 원년 건업으로 천도할 때 그곳에 아직 거처할 궁실이 없었기 때문에 전에 있던 장군부를 궁으로 삼아 태초궁(太初宮)으로 고쳐 부르고, 또 태초궁 둘레에 도성을 창건하였는데 이것이 건강 축성의 시초이다.

> 겨울 10월에 무창(武昌)으로부터 도착하였다. 건업에 태초궁(太初宮)이라고 이름 붙이고 그곳에 거하였다. 궁은 곧 장사(長沙) 환왕(桓王)의 옛 군부여서 고치지 않았다. 지금 현의 동북 3리에 있다. … 애초에 오(吳)나라는 건업의 궁지(宮地)로 나라의 궁원으로 삼았다. 건업 도성은 둘레가 20리 19보이다.[9]

---

9) 『建康實錄』 권2, 1쪽.

중국 도성은 통상 궁성·황성10)과 외곽11)의 세 부분으로 나누어
지는데, 손오의 도성은 외곽이 없고 20리 19보의 도성은 후세에 말
하는 황성(皇城) 혹은 자성(子城)에 해당할 뿐이다. 그 성벽은 대나무
울타리를 이어서 축조하였고, 남쪽으로 단지 하나의 성문을 열었는
데 "백문(白門)"이라 칭하고 동진(東晉) 이후 비로소 선양문(宣陽門)으
로 개칭하였다. 『여지지(輿地志)』에는 "도성의 둘레는 20리 19보이고
본래 오나라의 옛터이다. 진(晉)이 강남에 세운 것은 다만 선양문이
있고 … 선양문은 본래 오나라에서 세웠는데 원성문(苑城門)에 대하
여 세간에서는 백문(白門)이라 하고 진(晉)에 와서 선양문(宣陽門)이
되었다"라고 기록되어 있다.12)

2. 궁 원

손오의 건업성 내의 궁원(宮苑)은 아직 후세와 같은 독립적 단위
로서 형성되어 있지 않고 궁실과 원원(園苑)이 성 내에 분산되어 설
치되어 있었다. 오대제(吳大帝) 시기에 태초궁(太初宮)·남궁(南宮)·원
성(苑城)·서원(西苑)을 세웠고, 손호(孫皓) 때에 또 소명궁(昭明宮)을
축조하였다.

1) 태초궁

오대제는 건업으로 천도하고 곧 원래에 있던 장군부 저택을 궁실

---

10) 또는 자성(子城)이라 부른다.
11) 또는 나성(羅城)이라 부른다.
12) 『建康實錄』 권7, 함화 5년 注, 10쪽 ; 『資治通鑑』 권144, 「齊紀 10」:
    화제 중흥 원년, 총 4499쪽. 胡注에서 "백문은 건강성의 서문이다. 서방
    은 색이 흰빛이므로 이렇게 칭한다"라는 설이 있으나 정확하지 않다.

로 삼고 태초궁이라 칭하였다. 『건강실록』에 이르길 "(황룡 원년) 겨울 10월에 무창으로부터 도착하였다. 건업에 태초궁이라고 이름 붙이고, 그곳에 거하였다. 궁은 즉 장사환왕(長沙桓王)의 옛 군부였기 때문에 고치지 않았다"[13]라고 한다. 장사환왕은 즉 손책인데, 『건강 실록』은 이 장군부를 손책이 세운 것으로 기록하고 있다. 그러나 「강표전(江表傳)」에 실린 손권의 조(詔)에 "건업궁은 짐이 경(京)에서 와서 장군부사를 지었을 뿐이다"[14]라고 하여, 오히려 손권이 경구 (京口)에서부터 건업으로 치소(治所)를 옮긴 후 장군부를 세웠다는 것을 명확히 하고 있다. 손권은 병사를 일으키기 시작하여 여러 차례 치소(治所)를 옮겼는데, 건안 16년(211)에 이르러 비로소 건업으로 치소를 옮겼다. 손오 정권의 기초를 창업하였던 손책은 일찍이 건안 5년(200)에 칼에 찔려[刺殺] 죽었기 때문에 후에 태초궁이라 칭하는 저택은 손책이 지은 것은 아닐 것이다. 『건강실록』의 고증은 상세 하지 않고 확실치도 않다. 주설(朱偰)의 『금릉고적도고』 역시 살피지 않고 그 잘못을 따르고 있다.[15] 손책이 죽은 후 손권은 그의 사업을 계승하고 조조는 손권을 토로(討虜) 장군으로 삼고 회계 태수에 임 명하여 오(姑蘇)에 주둔하도록 표를 올렸다. 건안 14년 유비는 또 한 왕실에 표로써 손권을 행(行)거기(車騎)장군으로 임명하여 줄 것과 서주목을 담당하게 할 것을 청하였다. 16년 손권은 경구에서 건업 으로 치소를 옮기고 장군부사를 창건하였는데, 즉 후의 태초궁이 다. 태초궁은 장군부였기 때문에 그 규모가 협소한 것임을 짐작 할 수 있다.

---

13) 『建康實錄』 권2, 1쪽.
14) 『三國志』 吳書, 권2, 「吳主傳」의 주에서 「江表傳」을 인용.
15) 朱偰, 『金陵古蹟圖考』(上海, 商務印書館, 1936), 51·59쪽.

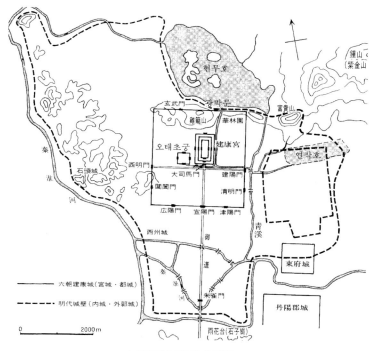

△ 남조도성 「건강」복원도

오대제는 먼저 건업을 도성으로 하고도 궁실을 새로 지으려 하지 않았는데 실질적인 이유는 당시 3국이 병립하여 모든 일에 있어서 군국(軍國)을 중시하였기 때문에 건설할 틈이 없었다. 이에 변변치 못한 설비를 이용함으로써 이전의 장군부를 궁실로 삼았다. 그러나 적오 10년(247)에 이르러 태초궁의 건축재료가 썩어서 개축하지 않을 수 없었다. 그러나 오대제는 군사가 휴식하지 못하고 인민의 부역이 이미 무거우므로 다시 각지에서 징수하고 요구하여 찾는 것을 원치 않았다. 따라서 무창궁의 목재와 기와를 철거하여 아주 먼 건업까지 운송하여 이것으로써 태초궁을 개축하도록 명을 내렸다.

[적오(赤烏)] 10년 … 2월, 손권이 남궁에 갔다. 3월 태초궁을 수리하여 여러 장수와 주군(州郡)이 모두 일하였다.16) 손권이 조서를 내려 "건업의 궁은 이에 짐이 경(京)으로부터 와서 장군부사를 지은 것뿐이다. 목재와 기둥이 미미하고, 모두 썩어서 항상 무너질까 두렵다. 지금 아직 서쪽을 회복하지 못하였으니 무창궁의 목재와 기와를 옮겨 다시 그것을 수리하도록 하라"라고 했다. 유사가 진언하기를 "무창궁은 이미 28년이나 되어 사용함을 감당치 못할까 두렵습니다. 마땅히 여러 곳에 명을 내려 모두 다 베어오게 하십시오"라고 하였다. 손권이 말하기를 "위대한 우왕(禹王)은 비루한 궁을 아름답게 여기셨다. 지금 군대의 일이 아직 끝나지 않았고, 여러곳에 많은 부세가 있는데 만약 다시 재목을 모두 다 베어오게 한다면 농사일을 방해하는 것이다. 무창궁의 재목과 기와를 옮겨 마땅히 사용할 수 있다"라고 하였다.17)

개축 후의 태초궁은 규모가 여전히 매우 적었는데『건강실록』에 그 둘레가 500장이라 하고 있지만, 비교적 일찍 나온 책인『태강삼년지기(太康三年地記)』에는 오히려 "오나라에는 태초궁이 있어 방(方)이 300장인데 손권이 일으킨 곳이요, 소명궁은 방(方)이 500丈으로 손호가 만든 것이다"18)라고 되어 있다.『태강삼년지기』에서 이르는 말이 보다 확실하다고 생각한다. 태초궁은 방(方) 300장으로 비록 규모가 크지 않으나 이미 궁실의 규모를 갖추고 있어, 궁의 동·서·북쪽에는 각각 하나의 문이 열려 있고 남쪽으로는 5개의 문이 있었다. 궁전의 당(堂)과 우(宇)에 이르러서는 정전(正殿)인 신룡전 이외에 임해전 등의 부속건물이 있다.

(적오 11년) 3월 태초궁이 완성되었는데 둘레가 500장(丈)이다. 정전(正殿)은 신룡전(神龍殿)이라 하고, 남으로는 5개의 문을 열었다. 가장 가운데 문을 공거문(公車門)이라 하고, 동문은 승현문(昇賢門)·좌액문(左掖門)이라 하고, 서문은 명양문(明陽門)·우액문(右掖門)이라 하였다. 정(正)

---

16)『三國志』吳書, 권2, 「吳主傳」.
17)『三國志』吳書, 권2, 「吳主傳」의 주에서 「江表傳」을 인용.
18)『三國志』吳書, 권3, 「嗣主傳」의 주에서『太康三年地記』를 인용.

동쪽문은 창룡문(蒼龍門)이라 하고, 정(正) 서쪽문은 백호문(白虎門)이라 하였으며, 정북문(正北門)은 현무문(玄武門)이라 하였다. 또 임해전(臨海殿) 등도 지었다.19)

2) 남궁·서원

태초궁의 남쪽에는 태자궁이 있는데 "남궁(南宮)"으로 칭한다. 적오(赤烏) 10년 2월에서 11년 3월까지가 태초궁을 개축한 기간인데, 오대제는 이곳에서 잠시 거처하였다. 『건강실록(建康實錄)』에 이르길 "10년 봄에 남궁에 가서 태초궁을 재건하였다"고 하고 또 주에서 『여지지(輿地志)』를 인용하여 "남궁은 태자궁이다. 송에는 흔락궁(欣樂宮)을 두었고 그곳은 지금 현성(縣城) 2리 반에 있다. 오나라 때에는 태자궁이 남쪽에 있었기에 남궁이라 불렀다"20)라고 한다.

태초궁의 서남쪽 남궁의 서쪽에는 또 "서원(西苑)"이 있었다. "진(晋) 건강궁성 서남쪽에 지금의 운독(運瀆) 동쪽의 내지(內池)를 구부리고 깎아 즉 태초궁 서문 밖 연못을 만들었는데, 오(吳) 선명태자(宣明太子)가 세운 서원(西苑)이다."21) 손권의 장자 이름은 등(登)인데 일찍 죽어 "선태자"22)로 시호를 추증받았다. 서원은 즉 손등이 살아 있을 때 건축한 정원이다.

3) 원 성

태초궁·남궁·서원은 모두 도성 서남쪽에 치우쳐 있었고 도성 중앙에는 북쪽으로 치우친 곳에 다른 원성(苑城)이 있었다. 원성 가운데에는 창고가 있어 "원창(苑倉)"이라 칭하였는데, 이는 손오 때

---

19) 『建康實錄』 권2, 16쪽.
20) 『建康實錄』 권2, 15쪽.
21) 『建康實錄』 권2, 16쪽.
22) 『三國志』 吳書, 권14, 「吳主五子傳」.

성내에서 저장하는 곳이었다. 동진(東晉) 성제 때에 궁실을 건설하고
원성이 있는 곳에 신궁을 건설하였는데, 원창(苑倉)을 여전히 보존하
여 두고 "태창(太倉)"이라 개명하였다.

> 건강의 궁성 즉 오원성(吳苑城)은 성 안에 창고가 있는데 이름하여
> 원창(苑倉)이라 한다. 그러므로 이 도랑(수운으로 쓰인다)을 열어 창고가
> 있는 곳으로 옮긴다. 때로 사람들이 또한 창성(倉城)이라고도 한다. 동진
> 함화(咸和) 년간에 오원성을 수리하여 궁으로 만들었는데 오직 창고만은
> 허물지 않았다. 그래서 태창(太倉)이라고 이름하였는데 서화문(西華門)안
> 의 길 북쪽에 있다.23)

4) 소명궁

손오는 삼국이 정립되어 나라를 세움에 있어서 모든 제왕들이 군
국을 중시여겼다. 손호에 이르러 이전의 제왕들의 정책방향을 고쳐
정사를 우려하지 않을 뿐만 아니라 오히려 크게 토목공사를 일으켜
궁원을 일으켜 세웠다. 보정(寶鼎) 2년(267) 손호(孫皓)는 2천석 이하
의 관리를 동원하여 직접 입산하여 재목의 벌채를 감독하게 하고
태초궁의 동쪽에 별도로 소명궁을 건설하였다. 소명궁의 규모는 태
초궁에 비하여 커서 넓이가 500장이고 건축의 구조는 정교하고 장
식이 화려하였다. 또 형세에 있어서 광활한 동산을 건설하고 인공
적으로 만들어진 산과 누관(樓觀)을 늘어놓았는데 그 비용으로서 억
만에 달하는 돈이 소비되었다.

> [보정(寶鼎)] 2년 여름 6월, 태초궁의 동쪽에 신궁을 지었다. 제도(制
> 度)를 더욱 넓혀 2천 석 이하의 관리는 모두 몸소 산에 들어가 나무를
> 베는 것을 감독하였다. 또 영지(營地)에 올라 크게 동산을 열고, 토산(土
> 山)을 세우고 누관(樓觀)을 지어 주옥으로 장식하였다. 기이한 돌로써 좌
> 로는 만기(彎埼), 우로는 임형(臨硎)을 지었다. 또 성의 북쪽에 도랑을 열

---

23) 『建康實錄』 권2, 8쪽.

고, 뒤의 호수의 물을 끌어 궁 안으로 흘러 들게 하여 당전(堂展)을 감아
돌게 하였다. 기교가 지극하고, 공사비는 만 배에 이르렀다. … 12월, 신
궁성은 둘레가 오백 장인데, 소명궁(昭明宮)이라 하였다. 임형과 만기의
문을 열고, 정전(正殿)을 적오전(赤烏殿)이라 하였고, 후주가 옮겨와 이곳
에서 살았다.[24]

소명궁 완성 후 13년에 오나라는 진(晋)에 의하여 멸망하였다. 그
러나 진무제는 오나라
를 평정하고도 아직 손
오의 도성과 궁실을 파
괴하지 않고 건업성을
처음과 같이 온전하게
보존하였는데, 진인(晋人)
들은 승리를 뽐내는 심
리 하에서 남방도성의
흥성과 번화함을 노래
하는 많은 사부(辭賦)를
지었다. 그 가운데 유문
(庾聞)·조비(曹毗)의 「양
도부(揚都賦)」는 가장 유
명한 것인데[25] 애석하게
도 이미 소실되어 전해
지지 않고 있다. 다행

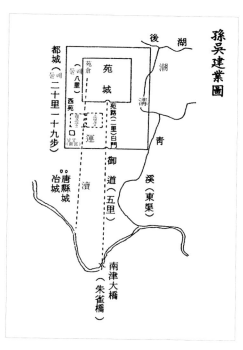

〈지도 1〉 孫吳建業圖[26]

---

24) 『建康實錄』 권4, 8~10쪽. 소명궁의 규모는 앞서 인용한 『太康三年地
    記』의 설에 의거한다.
25) 『晉書』 권92, 「文苑傳」.
26) ① 본문에 붙인 건강지도는 朱偰『금릉고적도고(金陵古跡圖考)』에 붙
    어있는 지도에 바탕하여 보정(補正)을 더한 것이다.
    ② 『건강실록』 권2에는 오원성(吳苑城, 즉 진나라의 대성) 안에 창(倉)

히 좌사(左思)의 「삼도부(三都賦)」가 여전히 완전한 작품으로 남아 있
는데, 삼도부를 칭송하는 것은 모두 근거가 있다. 일반 사부가의 문
사를 과장하는 것과는 달랐다. 위권(衞權)[27]은 좌사의 작품을 극히
찬양하여 "내가 삼도의 부를 보니 말이 화려하지 않고 반드시 규칙
을 따르고 물품이 특별한 종류일 때는 그린 듯이 그려내고, 문사는
옥처럼 아름다워 진실로 귀하다.… 그 산천(山川)토역(土域)과 초목(草
木)조수(鳥獸)가 기이하고 진기하여 모두 훌륭하고 정교한 까닭에 그
뜻을 어지러이 흩날린다"[28]라고 하였다. 이로써 삼도부의 서술은
믿을 수 있다. 좌사의 사(辭)에는 부유하고 화려한 모습의 건업성의
면모가 생생히 드러나 있다.

　　"신룡전"이라는 화려한 전(殿)을 높이고 화려한 방패로 사냥을 하는
듯하며, "임해전"의 높고 험함을 일으키고 "적오전"의 빛남을 장식한다.
동서를 잇고 남북으로 가파른 것은 창문이 휘장을 두른 것처럼 연이어
복도가 서로 지난다. 문과(閣閨)들은 진기하여 그 이름을 내는데 왼쪽으
로는 만기(彎碕)라 하고, 오른쪽으로는 임형(臨硎)이라 한다. 기둥을 아로

이 있었는데 원창(苑倉)이라 불렸다고 한다. 그 지점은 뒷날의 서화문
(西華門)안쪽 길의 북쪽에 있었다. 또한 일컫기를, 오나라는 운독(運瀆)
을 열었다고 하는데, 창성(倉城)에서 시작하여 진회하에 다다랐다고 한
다. 『건강실록』 권9에 진태자궁은 대성의 서남쪽에 있었는데, 서남쪽으
로는 운구(運溝)에 부딪혔다고 하였다. 따라서, 운독(運瀆)이 원성(苑城)
이나 대성(臺城)의 서반부에 치우쳐 있었던 것을 알 수 있다. 朱偰의 지
도에는 운독이 조구(潮溝)에서 기원하여, 원성의 동반부를 거치고 있으
며, 전혀 원창을 거치고 있지 않는데 이는 불확실한 것이다. 그러나, 운
독의 확실한 노선은 또한 알 수 없다. 따라서, 지금은 겨우 점선으로 대
략의 노선만을 표시해 둔다.
③ 朱偰의 지도 가운데, 원창과 태초궁의 위치는 불확실하다. 본 지도
에서는 수정을 더하여 소명궁과 남궁을 함께 그려넣어 대략의 위치를
표시한다.
27) <옮긴이 주>; 본서에는 瓘으로 되어 있으나 오자일 것이다.
28) 『晉書』 권92, 「文苑傳」.

새기고, 대궐문과 기둥은 운기(雲氣)로 그리고, 선령(仙靈)으로 그려져 있다. 비록 이 집이 지나치게 화려하다고 하나 일찍이 조금도 평안하지 않았으니 기우는 궁에서 이 집을 생각하니 필경 자갈돌을 엮어서 구슬을 이룬 것과 같을 것이다. 문은 높고, 입구는 네모나며, 주작기둥이 쌍으로 서 있고 치도(馳道)는 고르고 평평하다. 푸른 홰나무가 서 있고, 서로 물에 닿아 있어 어두운 그림자가 무성하고, 맑은 물이 흐른다. 절이 7리나 늘어서 있고 동양로(棟陽路)를 끼고 둔영(屯營)이 즐비하며, 해서(解署)가 무수히 흩어져 있다. 횡당(橫塘) 사하(査下) 등의 마을집도 융성하고, 장간(長干)은 연이어 있고, 날아갈 듯한 기와가 어지러이 맞대고 있다.29)

　상술한 바에 따라 건업성의 궁실은 화려하고 "신룡전(神龍殿)" · "임해전(臨海殿)" · "적오전(赤烏殿)"은 모두 태초궁 · 소명궁 가운데 전(殿)의 명칭이며, 단청이 채색되어 있고 조각과 장식이 정교하고 화려하였음을 알 수 있다. 그리고 궁성 남쪽으로는 진회하(秦淮河) 위의 주작교에 이르는 치도(馳道)가 있고, 어도(御道) 양측으로는 군영(軍營) 및 사도(司徒) · 대감(大監) 등 관청이 줄지어 있었다. 길가에는 푸른 홰나무가 그늘을 드리우고 뒤섞여 흐르는 도랑을 관리하여 상당히 정제되어 보기 좋았다. 『문선(文選)』 주에 이르길 "오나라는 궁문에서 남쪽 원로(苑路)로 나오면 관청이 줄지어 있는 길이 7리나 된다. 마치 관청을 흩어 놓은 듯한데, 오나라에는 사도 · 대감 등 여러 관청이 많이 있다"30)라고 되어 있다. 그리고 진회하 남쪽의 횡당(橫塘) · 사하(査下) · 장간(長干)은 평민이 모여 사는 곳으로 "횡당은 회수 남쪽에 있고, 최근에 가옥들이 침수되므로 강을 따라 긴 제방을 쌓았으므로 횡당이라 부르고, 북으로는 책당(柵塘)과 접해 있다. 사하 · 사포(査浦)는 횡당 서쪽에 있는데, 강을 사이에 두고 산 정상에서 남으로 10여 리로 사포(査浦)에 이른다. 건업 남쪽 5리에는 산강(山崗)이 있다. 그 사이는 평지여서 관리와 백성이 섞어 산다. 동

---

29) 『增補六臣注文選』(臺北, 華正書局, 1974) 권5, 17～18쪽, 총 106쪽.
30) 『增補六臣注文選』권5, 17～18쪽, 총 106쪽.

쪽의 장간(長干)에는 대장간(大長干)·소장간(小長干)이 있고 모두 서로 이어져 있다. 대장간은 월성 동쪽에 있고 소장간은 월성 서쪽에 있는데 땅의 장단에 따라 대소장간이라 부른다."[31]

　요컨대 손오 때 건업의 대체적인 윤곽은 진회하 북쪽은 궁성과 관청이 있었고, 남쪽에는 관리와 백성이 섞여 사는 주택지역이었다.

〈지도 2〉 서진 형세도

31)『增補六臣注文選』권5, 17~18쪽, 총 106쪽.

Ⅱ. 성립단계 – 동진 · 유송 · 남제

서진은 통일 30년 만에 바로 곧 오호의 난으로 말미암아 남천하여 건강에 수도를 정하였다. 그 후 유송·남제·양·진 모두 건강을 수도로 정하였기 때문에 건강은 계속 발전하여 양조에 이르러 가장 번성하였다. 동진·유송·남제라는 3대는 건강성의 건설기이고, 이 시기 가운데 동진 성제 함화(咸和) 년간의 건설계획이 가장 중요하다.

1. 동진(東晉)

건업성은 서진이 오나라를 평정할 때는 비록 보전되었지만, 끝내 서진 말기의 전화를 면할 수 없었다. 혜제 때 파저(巴氐)[32] 이씨(李氏)가 무리를 이끌고 촉(蜀)에서 난을 일으켰는데 조정에서는 여러 번 정벌하였으나 승리하지 못하였다. 혜제 태안 3년(303) 진왕조는 「임오조서(壬午詔書)」로써 형주의 군대를 촉(蜀)에 보내 난을 평정하려 하였으나 인민이 원정을 두려워하여 조서에 응하지 않고 도망하였다. 의양만(義陽灣) 장창(張昌)이 피역자(避役者)를 모아 약탈하고 도둑질하는 것이 형주(荊州)·강주(江州)·서주(徐州)·양주(揚州)·예주(豫州)의 5주(州)에 두루 미쳤고, 또 장군 석빙(石氷)을 파견하여 양주를 공격케 하였다. 석빙은 건업을 공격하여 궁실을 불사르고, 후에 손오 때의 궁실을 다시 건축하여 거주하였다. 당시의 광릉탁지(廣陵

---

32) 파촉 부근에 살던 민족, 후에 한중 하동에 이주하여 오호의 하나로 손꼽히게 되었음. 巴는 지역명으로서 파지역의 저족 이씨.

度支) 진민(陳敏)은 바로 광릉에서 대군을 거느리고 석빙을 격파하였다. 석빙의 난은 평정되었지만 석빙이 파괴하고 다시 세운 건업궁실도 전란을 겪었기 때문에 모두 없어져 남은 게 없다.

진민은 석빙의 난을 평정한 공로로 광릉상으로 승진하였다. 그는 세상의 분란한 국면을 보고 강동에 할거하려는 야심을 갖게 되었다. 영흥 2년(305) 역양(歷陽)에서 기병하여 반란을 일으켜 나아가 강동을 약탈하고 건업을 공격하여 취하였다. 진민이 건업에 들어왔을 때 손오의 궁실은 이미 그가 석빙의 전역을 평정할 때 폐허가 된 상태였기에, 진민은 태초궁의 기초 위에 부사(府舍)를 건조하였다.

　　태안(太安) 2년 여름 5월, 의양만(義陽灣) 장창(張昌)이 군사를 일으키고 연호를 신봉(神鳳) 원년이라 칭하였다. 장군 석빙(石冰)으로 하여금 양주를 침범하게 하여 여러 부(部)를 다 함락시켰다. 석빙은 건업궁을 수리하고 그곳에 거했다.[33]

　　태초궁은 본래 오나라의 궁이었는데, 진나라가 오나라를 평정한 후 석빙이 난을 일으켜 불을 질러 다 없어지게 되었다. 진민(陳敏)이 석빙을 평정하고, 양주에 의거해 태초궁의 옛 터에 부사(府舍)를 만들었다. 중종(中宗) 초에 강을 건너 이곳에 거하였다.[34]

이때 남방에서는 장창·석빙·진민(陳敏)의 난이 연이어 일어나고, 북방 또한 질서가 안정되지 못하였다. 먼저 8왕이 서로 다투었고 이어서 흉노 등의 오랑캐가 계속하여 침입하였다. 영가(永嘉) 원년 낭야왕 사마예는 도독 양·강남제군사에 임명되어 광릉에 주둔하였다. 그는 사마 왕도(王導)의 건의를 따라 강을 건너 건업에 진을 치고 진민의 나머지 무리를 평정하였다. 아울러 진민이 태초궁터 위에 건축하였던 저택을 부사로 하고 손오의 도성을 재건하였다.

---

33)『建康實錄』권5, 1쪽.
34)『建康實錄』권5, 2쪽.

(영가 원년) 7월, 낭야왕(瑯琊王), 사마예(司馬睿)가 안동장군(安東將軍)·도독 양주 강남제군사가 되었다. 왕도(王導)의 계책을 사용하여 강을 건너 건업에 진을 치고 진민의 남은 무리를 토벌하였다. 강남을 모두 소탕하자 오나라의 옛 도성을 수리하고 그곳에 거주하니 태초궁을 부사(府舍)로 삼았다.[35]

건무 원년(317) 장안이 함락되고 민제가 살해당하니 낭야왕 예(睿)는 건강에서 정식으로 즉위하였다. 이가 동진 원제이다. 중원은 비록 전복되었지만 진(晉) 정권(政權)은 여전히 강남에서 면면히 이어질 수 있었다.

1) 원제의 구제도 답습

동진 초 강남에서 나라를 세울 때 군사는 쉬지 못하고 경제는 곤궁하여 공사(公私)가 모두 경제적 형편이 곤란하였는데, 아래에 서술한 것으로 당시의 곤궁한 상황의 일면을 볼 수 있다.

애초에 원제(元帝)가 건업을 진으로 하기 시작했다. 공사(公私)가 궁핍하였는데 매일 한 마리의 돼지를 잡아 진수성찬을 만들었다. 최고는 저민 고기로, 특히 맛있었는데 번번이 황제에게 올리니 무리가 아직 감히 먹어 맛보지 못했다. 이때에 그것을 "금연(禁臠)"이라 불렀다.[36]

당시의 국력은 이와 같이 빈약하여 자연히 도성과 궁실을 건설할 힘이 없었다. 원제는 이에 변변치 못한 설비를 이용하여 영가(永嘉) 원년 초 도강 때의 제도를 답습함으로써 진민이 태초궁터에 의지하여 건축한 건물을 궁으로 삼았다. 따라서 손오의 옛성으로 도성을 삼고 겨우 종묘·사직만 설치할 수 있었다.

---

35) 『建康實錄』 권5, 2쪽.
36) 『晉書』 권79, 「謝安傳附謝混傳」.

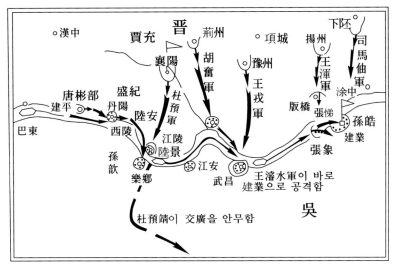

<지도 3> 晉의 吳 평정 전투도

손오는 비록 건업을 도성으로 한 지 50년에 달하였지만 종묘사직
을 세우지 못했다. 동진은 이에 답습할 바가 없음에 별도로 새롭게
창건할 수밖에 없었다. 원제가 새로운 종묘사직을 세우는데 있어
서, 그 장소는 곽박(郭璞)이 점을 쳐서 선정하였다. 『건강실록』에는
태묘(太廟)·태사(太社)의 위치에 대한 서로 다른 두 가지의 기록이
있다. 첫째는 『도경(圖經)』의 설을 인용한 것으로 "진초에 종묘를 두
었는데, 옛 도성 선양문 바깥에 있었다. 곽박이 복(卜)을 쳐서 그것
을 옮겨 왼쪽에는 종묘, 오른쪽에는 사직으로 하였는데 지금의 현
동쪽 2리에 떨어져 있다"[37]라고 한다. 여기서 말하는 현이란 당대
의 현성으로 그곳은 야성(冶城)의 동쪽에 있다. 또 "대장엄사(大莊嚴
寺)가 태양문(太陽門) 바깥 태사 서쪽 약포(藥圃)에 있다"[38]라고 하여

---

37) 『建康實錄』 권5, 6쪽.
38) 『建康實錄』 권8, 17쪽.

태사가 선양문 밖에 있었음을 알 수 있다. 두 번째로 태묘는 진회하 가까운 곳에 있었다고 한다. "효무제가 즉위한 후 묘(廟) 동쪽으로 회수가 가까이 있고, 서쪽으로는 도로가 접하고 있는 것을 항상 싫어하여 그 해에 이르러 수축하였다. 낙양의 예에 따라서 고치고 선양문 내로 들어오게 하였다"[39]라고 하는데 두 가지 설 가운데 어느 것이 맞는지는 알 수 없다. 그리고 『여지지』에는 진회하에는 태묘만(太廟灣)이 있었다고 한다.

　　양(梁) 천감(天監) 13년, 주작문 동북쪽 회수가 굽어서 여러 차례 수해를 입어 근심이 있었다. 또 배가 돌아 지나갈 때 태묘만에 부딪혔다. 이에 직통으로 가는 길 가운데 주자주(舟子洲)를 만들고, 사방의 여러 군의 뛰어난 선비가 계책을 올려, 근심이 없어지게 되었다.[40]

　　태묘·태사는 모두 진회하 가까이 있고, 선양문 인근은 아니다. 『경정건강지(景定建康志)』·『지정금릉신지(至正金陵新志)』·『육조고성도고(六朝故城圖考)』의 책들의 그림에도 모두 태묘의 위치는 도성문 밖으로 나타나 있는데 그 실상은 확실치 않다.

　　종묘사직 외에 원제는 또 태흥 2년(319)에 남교(南郊)를 지었는데, 그곳도 곽박이 점을 쳐서 정한 곳이다. "이 해에 남교를 지었는데 궁성 남쪽 5리에 있고 곽박이 점을 쳐서 그것을 세웠다."[41] 원제는 건강성을 확장하지는 않았지만 종묘와 남교를 세웠는데 두 가지 모두 곽박이 그 일의 책임을 맡았다. 사가들은 곽박의 사람됨을 칭하길 "오행·천문·복서에 밝아서 재난을 물리쳐 화가 복이 되게 하는데 통달함에 있어서 막힘이 없어 비록 경방(京房)·관로(管輅)라고 하더라도 능가할 수 없다"[42]라고 하였다. 이와 같이 음

---

39) 『建康實錄』 권9, 29쪽.
40) 『太平寰宇記』(文海出版社) 권90, 「江南東道 2·昇州」, 총 680쪽.
41) 『建康實錄』 권5, 12쪽.
42) 『晉書』 권72, 「郭璞傳」.

양오행과 역학방술에 밝은 사람이 종묘교사(宗廟郊社)의 땅을 정하였으므로 자연히 전통유가의 규범과 착안을 따르지 않았다. 따라서 태묘·태사는 도성 밖에 세워졌고 아울러 전통도성 규범인 "앞에는 조정, 뒤에는 시장, 왼쪽에는 종묘, 오른쪽에는 사직(前朝後市 左祖右社)"과 묘(廟)와 사(社)가 도성 내에 있어야 하는 원칙에도 부합되지 않았다.

2) 성제의 새로운 계획

원제(元帝)·명제(明帝) 두 황제의 참담한 시기가 지나고 성제 함화(咸和) 2년(327) 소준(蘇峻)의 난(亂)이 일어나기 전에 이르면 어느 정도 재부를 축적할 수 있었다. 그 정도를 보면 "관에는 포 20만 필, 금은 5천 근, 전 억만이 있는데 다른 물품도 이러하였다"[43]라고 하여, 원제 초(元帝 初) 도강한 직후의 곤궁에 비하면 조금 안정되었다고 할 수 있다. 그러나 이 해 역양(歷陽)에서 소준이 기병하고 건강을 공격하여 궁실을 불태워 동진 초 이래 20년의 축적이 결국은 또다시 아무 것도 없게 되었다. 함화 4년(329) 소준의 난이 평정되었지만 건강성은 만신창이가 되고 궁실은 폐허가 되었다. 진 왕실은 다시 경제궁핍의 곤경에 빠졌다.

> 적이 평정되자 … 왕도는 산적한 일을 잘 처리하였다. 비록 수입의 증가는 없지만 일년의 경영은 여유가 있었다. 어떤 때에 금고와 창고가 텅 비어 있었고, 창고 안에는 오직 베가 수천 단(端)이 있을 뿐이었는데, 팔려고 해도 팔리지 않아 나라에 쓰임을 주지 못했다. 왕도가 그것을 근심하여, 이에 조정의 현명한 자들과 더불어 모두 베옷으로 홑옷을 지어 입었다. 이에 사인(士人)들이 일치하여 다투어 그것을 입으니 베가 마침내 값이 뛰어 올랐다. 주인으로 하여금 팔게 하니 1단(端)이 1금(金)에 이르렀다. 그 당시 중한 바가 이와 같았다.[44]

---

43) 『晉書』 권100, 「蘇俊傳」.

이 시기 국가의 세출이 부족하고, 건강궁실은 또 병화로 불타서
성제는 오원성(吳苑城)의 땅인 건평원(建平園)에 임시로 거처할 수밖
에 없었다.45) 『건강실록』에 이르길 "원성은 즉 오나라의 후원(後苑)
땅이고 일명 건평원이다"46)라고 하였다. 그곳은 가옥설비 등이 매
우 초라하였는데, 왕표지(王彪之)의 서술에 의하면 "소준의 난으로
성제는 난대에 머물렀는데 추위와 더위를 거의 가리지 못하였다"47)
라고 한다. 진실(晉室)이 남도한 이후부터 군사와 재정의 곤란으로
재건할 힘이 없었기 때문에 진민이 태초 궁터에 지은 부사를 궁으
로 삼았는데, 이때에 이르러 또 불타 모두 없어지니 비록 재정이 곤
란하였지만 다시 궁실을 재건할 수밖에 없었다.

　사가들은 진왕조를 가리켜 "국가는 폐하고 가정은 넉넉하다"라
고 칭하였다. 조정은 원래 넉넉하지 않았는데, 소준의 난 후 더욱
곤궁하여 궁성을 축조하기 위해서는 다른 재원을 개척하지 않을 수
없었다. 묘점(茆苫)은 관원이 관으로 임명될 때 20일 내에 반드시 2
천전을 납부케 하여 성을 축조하는 비용으로 충당할 것을 건의하였
는데, 이를 "수성전(修城錢)"이라 부른다. "때로 많은 과실이 있기도
하였지만 묘점의 건의를 받아들여 관인이 임관할 때 2천전을 각각
내어 궁성을 건축하는데 사용하였으며, 동진(東晉)에서 시작하여 진
(陳)에 이르러서야 마침내 폐지되었다."48) 이후 정해진 제도가 되어
비록 왕조가 바뀌었지만 역시 이 제도는 없어지지 않았다. 동진남
조는 남제(南齊) 고제 때 한번 전쟁으로 인하여 수성전을 조서로서
면제해 주었다. "건원 4년 3월 계유(癸酉), 체납된 수성전[逋城錢]을
조서로서 면하고 이후에는 구제(舊制)로서 다시 분명히 보고하라"49)

44) 『晉書』 권65, 「王導傳」.
45) 『晉書』 권7, 「成帝紀」.
46) 『建康實錄』 권7, 12쪽.
47) 『晉書』 권76, 「王廙傳附王彪之傳」.
48) 『建康實錄』 권7, 13쪽.

라고 하여 그 나머지 각대(各代)에는 모두 고치지 않았다.

성제는 함화(咸和) 5년(330) 9월에 소준의 난으로 파괴된 건강성의 중건을 시작하였다. 중건의 내용은 궁성과 도성 두 부분으로 나누어진다. 이때의 건설은 결코 손오 때의 규모에 의지하지 않고 새로이 창조하는 면이 있었다. 공사가 대단히 커서 건강 건도 이래 유래가 없이 2년이 소비되어 함화 7년(332)에 이르러 비로소 완공되었다. 동시에 성제 때는 또 건강성 건설사상 가장 중요한 시기이고, 함화 년간의 규획(規劃)은 뒤이은 남조 4대의 도성의 규모를 정하게 되었다.

① 규획(規劃)설계자

『진서』에는 성제 때의 궁실과 도성의 건설이 누구에 의해 기획·설계되었는지 기록되어 있지 않다. 그리고 건강성과 궁궐의 건설과 배치가 상세한 『건강실록』에도 이것은 언급되지 않고 있다. 오직 『세설신어(世說新語)』의 기록이 있는데 건강성은 왕도(王導)가 기획하고 건설했음을 기록하고 있다.

> 선무제(宣武帝)는 진(鎭)을 남주(南州)로 옮기고 길을 고르고 곧게 만들었다. 사람들이 왕동정(王東亭)에게 말하기를 "승상이 처음에 건강을 경영할 때의 것은 계승할 것이 없습니다. 굽은 길을 만들었으니 바야흐로 이는 부족합니다"라고 하였다. 왕동정이 말하기를 "이것은 승상께서 책략이 있었던 까닭입니다. 강남은 땅이 협소하여 화북지방[중국(中國)]과 같지 않습니다. 도로(阡陌)가 가지런히 펴져 있다면 한 번만 보면 다 눈에 들어올 것입니다. 그래서 여유 있는 곳을 굽혀 굽은 대로 내버려 둔 것입니다. 당신은 예측할 수 없었을 것입니다"라고 하였다.[50]

---

49) 『南史』 권4, 「齊本紀上」.

50) 楊勇, 『世說新語校箋』(臺北, 文光出版社, 1973), 「言語」 2, 122쪽.

그 당시의 사람들은 왕도가 건설한 건강성의 도로와 골목이 구불구불하여 환온(桓溫)이 세운 고숙성(姑孰城)의 도로가 평평하고 똑바른 것만 못하다고 비평하였다. 왕도의 손자 왕현(王絢)－자는 동정(東亭)－은 그 조부를 변호하여 논박하기를 건강의 면적은 좁고 협소하여, 만약 도로를 평평하고 똑바른 큰길로 설계했다면 한눈에 남김없이 훑어볼 수 있었을 것이라 했다. 또한 반대로 만약 길이 구불구불하면 즉 신비하고 헤아리기 어려운 착각을 조성하니, 건강의 도로가 구불구불한 것은 실로 왕도의 교묘한 생각에서 나온 설계라고 한 것이다. 왕도는 동진 초기의 원로중신이었고, 동진 초기의 정치에 큰 공헌을 하였다. 영가의 난으로 중원이 무너졌는데도 동진 정권이 강남에 재건될 수 있었던 것은 왕도의 지략과 선정(善政) 때문이었다. 그는 한편으로는 북방으로부터 남방으로 건너온 인사를 어루만져 편안하게 하고, 또 남방의 명문호족을 예우하여 정국을 안정시켰다.[51] 원제 사후(死後) 명제 때와 성제 전기에 모두 왕도는 유조(遺詔)를 받아서 보정(輔政)대신이 되었고, 그 사이 동진은 비록 왕돈・소준의 난을 겪었지만 끝내 난관을 극복할 수 있었다. 소준(蘇峻)의 난이 평정된 후 건강성이 완전히 파괴되어 조정의 대신들이 모두 예장(豫章) 또는 회계로 천도하여 새로운 수도를 건설할 것을 주장하였으나, 다만 왕도만이 건강을 수도로 할 것을 극력 주장하여 성제는 천도하지 않고 궁실과 도성을 재건하였다. 만약 왕도의 굳건한 안목이 없었더라면 이후 강남 남조의 역사는 다른 모습을 보였을 것이다. 동시에 그는 당시 건강성을 건설할 때의 기획자였다. 이때의 건설은 이후 강남 남조의 각 왕조가 제정한 도성의 규모가 되었다. 즉 왕도는 진왕실의 가장 신임받는 신하이었을 뿐 아니라 남조 4대에도 큰 공헌을 하였다.

---

51) 陳寅恪, 「述東晉王導之功業」 『陳寅恪先生論文集補編』(九思出版社, 1977), 1〜23쪽.

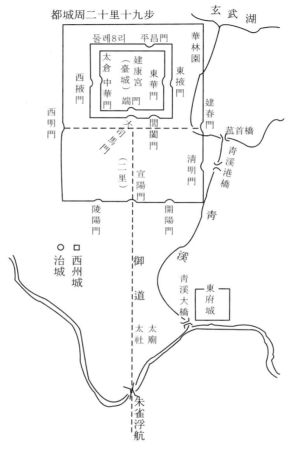

<지도 4> 東晉建康圖[52]

---

52) ① 朱偰,「남조건강총도」에 표시된 동부성(東府城)은 진회하에서 어느
　　정도 거리가 떨어져 있으며, 또한 그 면적도 거의 대성(臺城)과 비슷하
　　다. 실제로 동부성은 지회하에 임해 있으며, 면적은 대성의 1/3에 해당
　　한다. 대성의 둘레는 8리이며, 동부성은 겨우 3리 남짓일 뿐이다.
　　② 동진이나 그 이후의 지도에서 대성의 여러 문들은『건강실록』을 기
　　준으로 그렸다.『경정지』에서 인용한『남조궁원기』는『건강실록』에 비
　　해서 비교적 늦게 만들어졌으므로, 아마도 억측으로 들어간 부분이 많
　　은 듯하므로 채택하지 않았다.

함화 년간의 건설은 왕도가 그 규모와 대계를 담당하였고, 건설의 책임자는 왕빈(王彬)이었다. 『여지지』에 이르기를 "진고대성(晉故臺城)에서 성제 때 소준의 난이 일어나 궁실이 모두 불타 없어지자 온교(溫嶠) 이하가 모두 천도를 논의하였지만 오직 왕도만이 단호히 허락하지 않아야 한다고 다투었다. 함화 6년 변빈(卞彬)으로 하여금 건설케 하였다"[53]라고 한다. 변빈은 왕빈(王彬)이다. 『진서』「왕이(王廙)전」에 "소준의 난이 평정된 후 신궁을 개축하였는데 왕빈이 대장(大匠)이었다"라고 한다.

② 건강성(建康城)

동진 초기에 손오는 둘레 20리 19보의 옛 성을 수축하고, 단지 남쪽에 선양문 하나만을 열었는데, 속칭 "도성(都城)"이다. 성제는 도성을 건설할 때 다섯 개의 문을 증설하여 선양문과 함께 육문이 되게 하였다. "육문(六門)"은 점차 건강성을 대표하는 말이 되었다. 육조인(六朝人)들이 늘 "육문의 안"이라고 칭하는 것은 둘레 20리의 건강성을 가리키는 것이다. 육문의 배치[54]는 선양문(宣陽門)이 남쪽 정문이 되고, 그 서쪽에 능양문(陵陽門)을 세우고, 그 동쪽에 개양문(開陽門)을 새로이 증건하였다. 도성 동쪽에는 두개의 문이 있는데 정동쪽에는 건춘문(建春門), 그 남쪽에는 청명문(淸明門)이 있다. 그리고 서남쪽에는 서명문(西明門)이 있다.

> 6개의 문은 『여지지(輿地志)』에 의하면 … 도성의 둘레는 20리 19보인데, 원래는 오나라의 옛 터로 진이 강남에 지은 것이다. 단지 선양문(宣陽門)만 있었는데, 성제가 신궁을 지어 성을 수리하기 시작하여 능양문(陵陽) 등 5개의 문을 개설하여 선양문과 함께 6개가 되어 지금 육문이라 한다. 남으로 3개의 문이 면해 있다. 가장 서쪽 문을 능양문(陵

---

53) 『太平寰宇記』 권90, 「江南東道 2·昇州」에서 『興地志』를 인용.
54) <옮긴이 주>; 郭黎安, 「六朝建康城門考」『江海學刊』, 1995-2, 참조.

陽門)이라 하였는데, 후에 광양문(光陽門)으로 개칭하였다. 문 안에는 옛 상방(尙方 : 천자가 쓰는 기물을 만드는 곳)이 있어 대대로 상방문이라 하였다. 다음으로 가장 한가운데 선양문이 있었는데 본래 오나라가 연 것으로 원성문(苑城門)과 마주 대하고 있다. 대대로 백문(白門)이라 한다. 진이 선양문을 만들었을 때 세 개의 문도가 있었다. … 다음으로 가장 동쪽문은 개양문(開陽門)이다. 동쪽에서 가장 남쪽은 청명문인데, 문도가 세 개가 있어 지금의 상궁사(湘宮寺)의 도랑문(港門)과 마주보고 있으며 동으로는 청계항(淸溪港)의 다리로 나간다. 정동쪽의 건춘문은 후에 건양 문(建陽門)으로 개칭되었는데 문도는 세 개가 있었다. 상서(尙書) 관사가 이 문 안에 있었다. 바로 동쪽으로는 지금의 흥업사(興業寺)뒤에서 동으 로 청계(淸溪) 고수교(菰首橋)를 건널 수 있다. 정 서남쪽엔 서명문(西明 門)이 있는데, 문도는 3개이고, 동으로 건춘문을 마주하고 있다. 즉 궁성 대사마의 문앞에 가로놓인 길이다. 정북쪽은 궁성을 면하고 있어서 따로 이 문이 없다.[55]

육문 가운데 선양문·청명문·서명문은 각 3개의 문도가 있는데 이것이 주요한 출입구이다. 그리고 6문은 모두 화려하고 훌륭하다. 특히 선양문은 가장 화려하여 문 위에는 이중 누각을 세우고 기둥 에는 화려한 조각을 하고, 문 위에 가로놓인 나무에는 용과 호랑이 의 형상을 조각하였다. 선양문에서 주작교에 이르는 5리의 어도(御 道)도 평평하고 곧아 보기 좋게 닦여졌다. "동진의 선양문은 위로 이중루가 있고 문 위에 가로 댄 나무에는 용과 호랑이가 서로 마주 보는 조각이 새겨져 있다. 모든 두공(枓栱)[56]에도 무늬가 그려져 있 었고, 천정을 채색하였다. 남쪽으로 주작문과 마주보고 있는데 거 리가 5리 정도이다. 어도(御道)라 이름하는데, 어구(御溝)가 열려 있고

---

55) 『建康實錄』 권7, 11~12쪽. 『資治通鑑』 권127, 「宋紀 9」 文帝 원가 30년. 胡注에 "대성 6문은 대사마문(大司馬門)·동화문(東華門)·서화문(西 華門)·만춘문(萬春門)·태양문(太陽門)·영명문(永明門)이다"라고 하 였는데 이 설은 확실하지 않다.

56) 기둥 위의 네모로 올려놓은 나무인데, 대들보를 받쳐준다. 모양을 내기 위해서 여러 형태로 만들어진다. 큰 건물에는 천장의 곳곳에 두공을 설 치하기도 한다.

홰나무가 심어져 있다."[57] 성문은 매우 화려하고 장엄하고 어도는 평탄하고 어구는 물결이 세차게 흐른다. 그리고 어구의 가에는 홰나무 그늘이 드리워져 있다. 이때 건설된 건강성은 실제적인 목적 외에 황도(皇都)의 우뚝 높이 솟아 있는 인상을 조성하였다.

육문의 개설은 건강성 교외 지역 발전에 실질적인 도움이 되었다. 특히 도성 동쪽의 건춘문·청명문의 설치는 성(城) 동쪽의 종산(鍾山) 지역에 이르는 개발에 매우 큰 영향을 주었고, 동진 왕조 역시 동교 지역의 건설에 힘을 쏟았다. 종산은 본래 기암절벽으로 험준하고 초목이 희소하여, 동진으로부터 시작하여 모든 주군(州郡)의 장관이 일을 마치고 수도로 돌아갈 때 반드시 종산에 소나무를 심도록 하였다. 『금릉지기(金陵地記)』에 이르기를 "장산(蔣山)은 본래 숲이 적어 동진왕조는 자사가 일을 마치고 수도로 돌아갈 때 소나무 100주를 심게 하고 군수는 50주를 심게 하였다"[58]라고 한다. 오랜 세월이 흘러 나무가 숲을 이루니, 양대에 이르러 문인들은 종산을 묘사하기를 초목이 울창하여 숲을 이루고 온통 청록색의 푸른 형상이고, 또한 불교의 사찰이 흩어져 있어 건강의 불교 중심이라고 하였다. 그리고 이때부터 귀족 고관들이 조구(潮溝) 북쪽과 성 동쪽의 청계 연안의 매우 좁고 긴 지역을 따라 정원과 주택을 형성하였다. 『경도기(京都記)』에 "동진시대(典午)[59]에 수도의 명문귀족들은 청계의 좌측과 조구의 북쪽에 많이 있었다"[60]라고 한다. 동진의 건강성은 정남쪽의 선양문만이 있었기 때문에 성밖의 동쪽지역과 성내의 왕래가 매우 불편하였다. 이와는 달리 선양문을 바로 대하고 있는 진회하 남쪽과 성내의 연결이 오히려 편리하고 빨라 주

---

57) 『建康實錄』 권7, 11~12쪽.
58) 『太平御覽』 권41, 「地部 6」 鐘山條에서 『金陵地記』 인용.
59) <옮긴이 주>; 典午 : 진대(晉代) 사마의 은어. 진대를 이르는 말로 동진 황실의 성이 사마인데서 붙여진 별칭.
60) 『建康實錄』 권2, 11쪽.

작교를 건너면 어도에서 곧바로 선양문으로 입성할 수 있기 때문에 손오 때 명문귀족들의 저택은 진회하 남쪽에 많이 분포하고 있었다. 동진 초기 왕씨(王氏)와 사씨(謝氏)의 양대 가문 역시 도강 때 남쪽 기슭의 오의항(烏衣巷)에 거처를 정하니, 후에도 귀족들이 의관과 축실, 정원을 조성한 것은 성 동교(東郊) 지역이 아니었다. 귀족이 성 동쪽에 정원과 주택을 건립한 것은 함화 년간에 육문이 건립된 이후의 발전이라고 여겨진다. 이 육문의 수축으로 인해 건강성이 더욱 완비된 도성이 되었을 뿐 아니라 그 후 건강성의 발전에도 결정적인 영향을 끼쳤다.

③ 건강궁(顯陽宮)

성제 때 오나라 원성(苑城)의 땅을 이용하여 궁성을 창건하고 "건강궁" 또는 "현양궁(顯陽宮)"으로 이름하였는데 "대성(臺城)"으로 통칭되었다. 『건강실록』에 이르길 "원성(苑城)은 즉 건강궁이다. 안에는 창고가 있어 원창(苑倉)이라 하고 또한 창성(倉城)이라고도 불렀

〈사진 1〉 진회하의 모습

다. 이에 이르러 원성을 고쳐서 궁으로 만들었는데 창고만은 고치
지 않아 서액문(西掖門) 안에 있었다"[61]라고 한다. 건강궁의 둘레는
8리이고 이중성벽으로 축조되었고 5개의 문이 있다. 남쪽 한가운데
는 대사마문[62]이 있어, 남쪽으로는 도성의 선양문을 마주하고, 북
쪽으로는 궁성의 단문(端門)을 대하고 있다. 대사마문의 동쪽에는 창
합문(閶闔門)이 있다. 동쪽으로는 동액문(東掖門)이 있고, 북쪽에는 평
창문(平昌門) - 속칭 "관작문(冠爵門)" - 이 있다.

> 『도경』에 의하면, 즉 지금의 대성(臺城)이라는 것은 지금의 현성(顯
> 城) 동북 5리에 있는데 둘레가 8리이고, 이중의 벽으로 되어 있다. 『수
> 궁원기(修宮苑記)』에 의하면 건강궁 5문은 남쪽 정 중앙에 대사마문이
> 있는데 속칭 장문이라 한다. 관직을 임명받은 사람은 모두 이 문에 엎
> 드려 소식을 기다렸다. 남으로는 선양문을 마주 대하고 있는데 거리가
> 2리나 떨어져 있다. 길을 따라 어구가 열려 있고 홰나무가 심어져 있다.
> 속칭 궐문이라고 한다. 남쪽에 가까운 동으로는 창합문이 있는데 후에
> 남액문으로 개칭되었다. 문에는 삼도(三道)가 있는데 속칭 천문(天門)이
> 라 한다. 남으로 바로 난궁(蘭宮) 서쪽의 대로가 도성 개양문으로 나 있
> 다. 정 동쪽으로 동액문이 있고, 정 남쪽(마땅히 북쪽이 되어야 한다)에
> 는 평창문이 있는데, 문 위에 작락(爵絡)이 있어 속칭 관작문이라 한다.
> 남으로 남액문을 마주하고 있다. 3중으로 싼 궁의 벽은 남으로 단문과
> 면한다.[63]

건강궁의 둘레는 8리로 규모는 손오의 태초궁과 소명궁보다 훨씬
크지만 건축의 정교함과 화려함은 도리어 손오의 궁실에 뒤떨어진
다. 건강궁 완공 후 8년 함강(咸康) 5년(339)에 성제는 또 궁성을 증축
하였다. 망루를 건축하고 동시에 궁성성벽도 다시 벽돌로 쌓았다.
"이때 처음 벽돌을 이용하여 궁성을 쌓았고 망루를 세웠다."[64] 이로

---

61) 『建康實錄』 권7, 11쪽.
62) 속칭 "장문(章門)"이며 "궐문(闕門)"을 이른다.
63) 『建康實錄』 권7, 13쪽.
64) 『建康實錄』 권7, 23쪽.

써 함화 년간 건축한 궁실은 벽돌이 아님을 알 수 있다.[65]

④ 주작부항(朱雀浮航)

궁성 정남쪽의 대사마문에서 어도를 따라 선양문을 지나면 진회하 위의 주작교에 바로 도달할 수 있다. 이 다리를 지나면 바로 민가가 모여 있는 남안 지역이다. 주작교는 진회하 남쪽과 북안의 교통의 요지인데, 성제는 주작교를 새로 건설하는데 공헌하였다.

손오 때에 이곳은 이미 다리가 세워져 왕래가 있었고, "남진대교(南津大橋)" 또는 "주작교(朱雀橋)"라 불려졌으며, 서진 이래 강남 초기까지 바뀌지 않았다. 원제 말년 왕돈(王敦)이 상류에서 반란을 일으키고, 명제(明帝) 태녕(太寧) 2년(324) 다시 왕함(王含)·전봉(錢鳳) 장

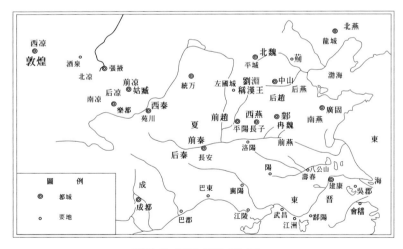

<지도 5> 동진 16국 개념도

---

65) <옮긴이 주>; 건강성의 구조 등에 관해서는, 이 밖에도 郭黎安,「동진 남조 건강성의 구조 및 관련 문제 연구」『중국 역대 도시구조와 사회변화』(서울대학교 출판부, 2003)나 郭黎安,「魏晋南北朝 都城形制試探」『中國古都研究』2(浙江人民出版社, 1986) 참조.

군을 파견하여 건강을 공격하여 취하고자 하였다. 이때 단양윤(丹陽
尹) 온교(溫嶠)가 왕함군을 저지하고자 주작교를 파괴하였다.[66) 이에
진회하에 의지하여 건강을 지킬 수 있었다. 난이 평정된 후 진회하
에 다리가 없어, 임시로 선박을 이용하여 양안을 왕래하였다. 시중
(侍中) 공탄지(孔坦之)가 일찍이 다리를 건너는 세금[過橋稅]의 징수를
건의하였는데, 그 세로서 목재를 구매하여 새로운 다리를 세웠다.
그러나 후에 건설된 주작교는 나무다리가 아니고 배를 이어서 만든
부항교(浮航橋)였다.

함강 2년(336) 주작부항을 세우고 이때부터 진말까지 모두 변하
지 않으므로 부항은 진회하의 특색이 되었다. 이때 고정된 교량을
세우지 않고 부항을 세운 것에 대하여 『건강실록』에는 두 가지 견
해가 있다.

> 왕돈이 반역하자 온교가 그것(주작교)을 불태워 끊어 버린 후 임시로
> 배[舶航]로써 부교(浮橋)를 만들었다. 성제 함강 2년 시중 공탄지가 다리
> 를 건너는 자에게 세금을 징수할 것을 건의하였는데 바로 그것을 받아
> 들여 목재를 갖추었으나 원궁(苑宮)이 애초에 다스림에 여유가 없어 마
> 침내 배를 띄워 서로 이었다. 진(陳)시대에 이를 때까지 뜻밖의 위급한
> 일이 일어날 때마다 그것을 태워버리곤 했다.[67)

> 『지지(地志)』에 의하면 주작교는 본래 오나라 남진(南津)의 대오교(大
> 吳橋)이다. 왕돈의 난에 온교가 그것을 태워 끊어 버리자 마침내 임시로
> 만들어진 배다리[浮航]로써 왕래하였다. 이에 이르러 비로소 두예(杜預)
> 의 하교법(河橋法)을 이용하여 그것을 짓자는 의견이 있었다. 길이가 90
> 보, 넓이가 6장으로 겨울과 여름에 물의 높이에 따랐다.[68)

---

66) 『晉書』 권67, 「溫嶠傳」.
67) 『建康實錄』 권9, 2쪽.
68) 『建康實錄』 권7, 19쪽.

전자는 성제가 건강성을 건설할 때 다리를 세울 여유가 없었기 때문에 난 후에 임시로 사용하던 부항을 계속하여 사용하였다고 하는데, 이 설은 매우 의심스럽다. 첫째, 성제가 궁실을 건설할 때 다리를 세울 여력이 없었다는 것은 사실과 일치한다. 그러나 성제 이후 진말(陳末)까지 250여 년 동안 역대왕조가 모두 재정이 곤란하여 건설할 힘이 없었다는 것은 불가능하다. 게다가 이후 부항이 여러 차례 파괴되어 새로이 건설할 때에도 고정된 교량을 세우지 않은 것은 성제 때 건설된 부항이 별도의 장점을 가지고 있었기 때문이다. 두 번째, 성제 때의 건강궁실은 도성의 규획에서 전대를 능가하였는데 남북안(南北岸)을 도량으로 통하게 하는 교통요도의 건설에 소홀히 할 이유가 없다. 셋째, 왕돈의 난 후 선박으로서 부교를 만든 것은 후대의 부항과 결코 같지 않다. 그러므로 성제 때 특별히 두예의 하교법을 채용하여 주작부항을 만들었다는 후자의 설이 비교적 믿을 만하다.

중국에서 부항의 건축은 유구한 역사를 가지고 있다. 일찍이 진시황 시대에 부교를 건설한 바 있는데, 철로 된 밧줄로 선박을 나란히 배열하고 선박 밑부분에 철로써 큰 밧줄을 고정하여 배를 유실되지 않게 하였는데 이것이 "배를 이어 다리를 만든" 부항이다.[69] 서진초기에 두예는 낙양의 부평진(富平津)에서 배다리[浮航]을 세운 바 있다.

　　두예는 또 맹진(孟津)의 험난한 강을 건넜는데 배가 뒤집어질 염려가 있어 부평진에 하교(河橋)를 건설하기를 청했다. 의논하는 사람들은 은나라와 주나라가 도읍을 정한 바 역대 성현이 짓지 않은 것을 반드시 세울 수 없는 까닭으로 여겼다. 두예가 말하기를 "'배를 조성하여 교량을 만드는 것을 두고, 바로 하교'라고 이르는 것입니다"고 하였다. 다리가

---

69) 李約瑟 著, 張一麔・沈百先 共譯, 『中國之科學與文明』 第10册(臺北, 商務印書館, 1977), 302～314쪽.

완성됨에 황제가 여러 관료들과 함께 모여 잔을 두예에게 주면서 말하기를 "그대가 아니었으면 이 다리는 세워지지 않았을 것이오"라고 하자 두예는 "황제의 총명함이 아니었으면 신 또한 이 미천한 기교를 펼치지 못했을 것입니다"라고 대답하였다.70)

　두예는 맹진(孟津)의 물흐름이 매우 급하여 선박이 강을 건넘에 있어서 쉽게 뒤집혔기 때문에 그 인근의 부평진에 부항을 건설하였다. 건강의 진회하의 부항 건설과 두예의 낙수에서의 부교 설치는 유사한 배경이 있다. 진회하는 비록 험한 급류는 아니지만 파도의 변화가 있어, 동진 이후 여러 차례 큰 파도[濤水]가 석두에서 진회하로 흘러 넘쳤다는 기록이 있다. 예를 들면 목제(穆帝) 영화(永和) 7년 7월 "큰 파도가 석두로 들어와 사망자가 수백명이었다." 해서공(海西公) 태화 6년 6월 "수도에 큰 물로 평지가 수척이나 침수되어 태묘에 이르렀다. 주작대항의 줄이 끊겨서 3척이 큰 강으로 유입되었다." 효무제 태원 13년 12월 "큰 파도가 석두로 들어와 큰배가 부서지고 표류하여 사망자가 있었다." 태원 17년 "큰 파도가 석두로 들어와 큰배가 부서지고 사망자가 있었다." 안제 원흥(安帝 元興) 3년 "큰 파도가 석두로 들어와 상선 만 여 척이 표류하고 끊어져, 죽은 자가 많았다." 의희(義熙) 원년과 4년의 12월 "큰 파도가 석두(石頭)에 들어왔다"71)는 등의 사례가 있다. 이로써 알 수 있는 것은 진회하에는 몇 년에 한 차례씩 심각한 큰 파도가 있었으므로 교량을 제대로 유지하기 위해서는 쉽게 파괴되지 않아야 했다. 따라서 성제 때 다시 원래의 주작교가 있던 곳에 부항을 건조하였다.

　부항은 배를 연결하여 다리를 만든 것이고, 강을 가로질러 세운 것이기 때문에 자연히 진회하 위에 왕래하는 선박의 통행을 방해하였다. 따라서 매일 일정한 시간을 정하여 가운데 수척의 선박을 이

---

70)『晉書』권34,「杜預傳」.
71)『晉書』권27,「五行志上」.

동시켜 부항 중간에 공간을 조성하여 선박을 통행하게 하였다. 이를
"개항(開航)"이라 부른다. 개항 시간 때는 양쪽 연안의 사람과 수레가
자연히 통행할 수 없으므로 반드시 폐항 후에 통행을 재개하였다.
개항 시간이 지나면 다시 여러 척의 열었던 선박을 되돌려서 하나의
다리를 형성하는데 이를 "폐항(閉航)"이라 부른다. 주작부항은 건강
성의 일상생활에서 하나의 중요한 특색을 연출하고, 육조 사서에서
도 "개항"·"폐항"이라는 명사가 빈번하게 나타나고 있다. 예를 들
면『남제서』에 "원(袁)찬(粲)이 대명(大明) 년간(457~464)에 소혜개(蕭惠
開)·주랑(周朗)과 함께 수레를 타고 가다가, 대항(大桁)이 열리는 때를
만나게 되어 잠시 수레를 세워두고 함께 이야기를 나누었다"72)라고
한다. 항(桁)은 항(航)과 같고 주작항의 속칭은 대항(大航)이었다. 그리
고 방어상으로도 부항은 기능을 발휘하였다. 만약 적이 진회하 남쪽
연안에 이르면 개항하여 잠시 그 공세를 방어하였다. 육조 건강의
공격과 수비에서 항상 이러한 책략을 사용하였다.

⑤ 기 타

성제 때에 건강성에 대한 규정은 매우 상세하였다. 궁성에서부
터 외곽의 울타리[籬門] 밖에 심었던 수목까지도 엄격한 규정이
있었다. 이문 밖에 심었던 동백73)은 도성의 내외를 구분하였다.

> 『원성기』에 의하면 성 바깥쪽, 해자의 안쪽에 귤나무를 심고, 그 궁벽
> 안에는 석류나무를 심는다. 그 궁전의 안뜰과 삼대삼성(三臺三省)에는 나
> 란히 홰나무를 심고, 그 궁의 남쪽은 길을 따라 주작문으로 모두 버드나
> 무와 홰나무를 드리운다.74)

---

72)『南齊書』권30,「戴僧靜傳」.
73)『南史』권58,「裵邃傳」. "대동(大同) 년간에 한발과 메뚜기의 피해로 네
  울타리 밖의 오동나무와 측백나무는 모두 말라 떨어졌다."
74)『建康實錄』권9, 10쪽.

동진 이후 진말(陳末)까지 각 시대에는 모두 이러한 규획이 준수되었다. 도성 밖은 귤나무로 둘러싸여 가을과 겨울이 오면 연속적으로 등황색의 열매가 열려 그 경치의 아름다움을 가히 미루어 짐작할 수 있다. 역대의 황제들은 성둘레의 귤과실을 신하들에게 하사하였는데, 소명태자의 「변성의 귤을 하사하여 주셔서 감사드리는 편지[謝勅賚邊城橘啓]」75)와 유효의의 「동궁사성 둘레의 귤을 하사하여 주신 데에 대하여 감사하다는 아룀[謝東宮賜城傍橘啓]」76)이 있다. 진말 후주가 꿈을 꾸었는데 황의를 입은 사람이 성을 포위하였으므로 이를 징계하기 위하여 성둘레의 귤나무를 모두 베어버리려고 하였다.

> "후주(後主)가 꿈을 꾸었는데 황의를 입은 사람이 함부로 입성하였다. 이에 성둘레의 귤나무를 없애 버렸다."77)

성제 함화 년간의 규획 이후 건강성은 이미 정제된 아름다운 도시였고, 성둘레의 귤나무는 그 특색이 되었다. 그러나 진의 후주가 모두 베어 없애버려 하나도 남기지 않았다. 그리고 오래지 않아 건강성도 진실(陳室) 정권의 소멸에 따라 깎여 평지가 되었다.

그밖에 성제는 복주산(覆舟山)의 남쪽에 북교(北郊)를 만들고78) 진회하 남쪽에 태학(太學)을 세웠다.79) 건강궁의 흥성에 따라 도성의 육문이 설치되고 주작부항이 건설되었는데, 성제는 확실히 건강성이 도성의 규모를 갖추는 기초를 닦았다. 이후 역대는 비록 이를 계승하여 화려함을 더하였지만 성제 때의 규획을 뛰어넘지는 못하

---

75) 『全梁文』, 嚴可均 輯 『全上古三代秦漢三國六朝文』(世界書局, 1961) 권 19, 4쪽에 기록.
76) 『全梁文』 61권, 7쪽.
77) 『南史』 권10, 「陳本紀下」.
78) 『建康實錄』 권7, 14쪽.
79) 『建康實錄』 권7, 20쪽.

였다. 건강 건도사에서 볼 때 성제 시대가 진실로 가장 중요한 시기인 것이다.

3) 효무제(孝武帝)의 궁성 재건

성제 때 새로 건설된 궁성은 효무제 때에 이르러 점차 파괴되었다. 사안(謝安)은 태원 3년(378)에 궁실의 중수를 상주하여, 동진 역사상 두 번째의 궁실재건 공사가 전개되었다. 그러나 이때 궁실의 재건은 다만 파손된 부분을 수리 보완하는 데 그치는 것이 아니라 과시하기 위한 의도로 시작한 대개축공사였다. 사안은 매우 일찍이 새로운 궁의 건설을 건의하였지만 상서령 왕표지(王彪之)가 "외구가 아직 평정되지 않았기 때문에 토목공사를 크게 일으키는 것은 부당하다"라고 정정당당한 언변으로 논박하면서 반대하였다. 그러나 사안은 궁실이 장엄하고 화려하지 않다면 후세인들이 당시 집정자의 재능이 부족함을 비웃을 것이라고 여겼다. 그러나 이러한 이유로는 설득력이 부족하여 왕표지가 살아 있는 동안에는 사안의 궁실을 재건하려는 의견은 실행될 수 없었다.

> 사안이 궁실을 다시 짓고자 하였다. 왕표지가 "중흥 초에 동부(東府)에서 즉위하여 특별히 검소하고 비루함이 있었으나 원제와 명제 두 황제가 역시 고치지 않으셨다. 소준의 난에 성제가 난대(蘭臺)에 머물렀는데 머무르심에 거의 추위와 더위를 가릴 수도 없어 이에 수축하여 다시 지으셨다. 한나라와 위나라를 본받아 진실로 검약하고 협소하게 지었으나 또한 비루함에 이르지도 않았다. 풍요함과 간략함의 중간으로 스스로 마땅함을 따라 증보하였을 뿐이다. 강한 적이 다 없어지지 않았으니, 바로 군대를 쉬게 하고, 병사를 길러야 하거늘 어찌 공사를 일으켜 백성을 수고롭고 어지럽게 하랴!"라고 하였다. 사안은 "궁실이 장엄하지 않으면 후세가 (지금의) 사람이 무능하다고 할 것입니다"라고 하자 왕표지가 "천하의 일을 맡아 마땅히 국가를 평안히 하는 것이 조정의 유일한 진실함인데 어찌 집을 잘 고쳤다고 하여 유능하다고 할 수 있겠는가!"하니

사안이 그 뜻을 꺾지 못하였다. 그러므로 끝내 왕표지가 살아 있는 동안
에는 고쳐 짓지 못하였다.[80]

태원 2년 왕표지가 죽고, 다음해 동진은 궁실을 크게 수리하였다.
성제 시대의 건설은 도성의 규획을 중시하고 도성의 규모를 규정한
것이기에 그때 건설된 건강궁은 소박하고 화려하지 않았다. 왕표지
의 묘사에 따르면 "한위를 따라 진실로 검소하지만 그렇다고 초라
하지도 않다. 거의 풍요함과 간략함의 중간에 해당한다"라고 하였
다. 그러나 효무제 때의 재건은 사안이 품고 있던 "궁실이 장엄하
지 않으면 후세인들이 무능하다 일컫는다"라는 자만심리에 따라
건강궁의 기초 위에 3천 5백 간의 화려한 당우(堂宇)[81]와 궁전을 새
로 건축하였다. 건강궁의 주전(主殿)인 "태극전(太極殿)"[82]은 이때 세
워진 것이다. 서광(徐廣)『진기(晉紀)』에 이르기를 "태원 3년 2월 내외
군(內外軍) 6천 명이 건축하기 시작하여 7월에 완성하였다. 태극전의
높이는 8장, 길이는 27장, 넓이는 10장이다. 상서 사만(謝萬)이 감독
하였으므로, 관내후(關內侯)의 작위를 내렸다. 대장(大匠) 모안지(毛安
之)가 관중후(關中侯)가 되었다"[83]라고 한다. 그리고 궁실전당의 건조
는 모두 사안과 장작대장(將作大匠) 모안지(毛安之)의 "오묘한 형상을
모방하고 별들을 본뜬" 설계에서 나왔다. 이번의 건축 공정은 매우
커서 대량의 인력과 물력이 소비되고 매일 6천 명이 동원되어 5개
월 만에 비로소 완공되었다.

　　(태원) 3년 봄 정월 상서복야 사안석(謝安石)은 궁실이 무너졌기 때문에
　　신궁건설을 건의하였다. 황제는 잠시 회계왕의 집으로 나와 거하였다. 2월

---

80) 『晉書』권76,「王廙傳附王彪之傳」.
81) 큰 건물의 천장 또는 큰 건물, 가정(家庭).
82) <옮긴이 주>; 태극전의 양 옆에는 동당(東堂)과 서당(西堂)이 있었는데,
　　이에 대해서는 劉敦楨,「六朝時期之東西堂」『說文月刊』, 1944-4 참조.
83) 『世說新語校箋』「方正帝5」, 260쪽. 劉孝標 注.

공사가 시작되었는데 날마다 사역하는 사람이 6천 명이었다. 사안과 장작
대장(將作大匠) 모안지가 수리를 결의하여 모두 오묘한 형상을 모방하고
별들을 본떠 새로이 만들어 배치시키고 대궐의 성각(省閣)·당우(堂宇)의
이름을 정했다. … 7월 신궁이 완성되었다. 내외전우(內外殿宇)가 대소 3
천 5백간이었다.[84]

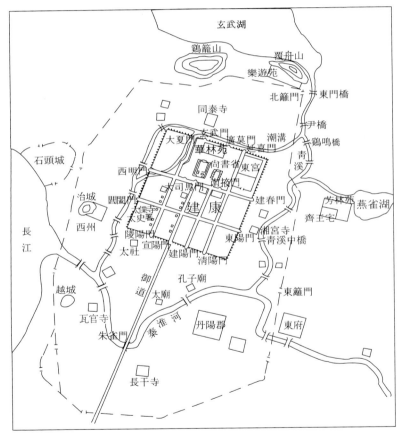

△ **建康都城復元圖**

(郭潮生,「六朝建築」『建築師』54에서 참조)

84) 『建康實錄』권9, 9~10쪽.

　동시에 효무제도 주작대항의 교문인 주작문을 재건하였다. 주작
문에는 3개의 문도가 있고, 문 위에는 중루를 세우고 정교한 장식
을 조각하였다. "또 주작문에 중루를 세우고 모두 화려한 장식으로
수놓고 문에는 세 문도를 열었다. 맨 위에는 주작관이 있고 관 아래
문 위에는 구리로 만든 두 개의 공작이 있다. 가로로 걸친 나무에는
용과 호랑이를 조각하여 좌우 대칭이 되게 하였다."[85] 그 후 효무
제는 또 여러 차례 토목공사를 일으켜 태원 16년(391) 태묘를 넓히
고, 17년(392) 동궁을 건축하고, 21년(396)에는 영안궁(永安宮)을 다시
세우고 청서전(淸署殿)을 세웠다.[86] 청서전은 화림원(華林園) 가운데
세워져 6조에서 가장 유명한 궁전이 되었다.

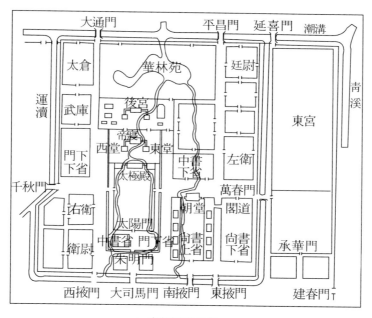

△ 建康宮城復元圖

---

85) 『建康實錄』 권9, 10쪽.
86) 『建康實錄』 권9, 32쪽.

4) 동진 말년

안제 원흥(元興) 원년(402) 환현(桓玄)이 상류의 형주에서 난을 일으켜 흐르는 물을 따라 건강으로 들어와, 다음 해 찬위하고 국호를 초(楚)로 고쳤다. 환현은 찬위 기간 동안 비록 건강에서 분란을 일으켰지만 건강성에 대해서는 약간의 공헌을 하였다. 그는 일찍이 궁성에 동액문(東掖門)·평창문(平昌門)·광막문(廣莫門) 3문을 열고 궁전 각 문에 3개의 문도를 건설하였다.[87] 또 안제는 의희(義熙) 10년(414)에 동부성(東府城)을 건축하였다. 동부성의 땅은 원래 회계왕(會稽王) 사마도자의 저택으로, 저택이 화려하고 정원이 아름다웠다.[88] 그때 어도의 왼쪽에는 서주성(西州城)이 있었고, 영가 이후 양주자사의 치소가 되었는데 사마도자가 양주자사가 되었다. 그리고 그 저택은 동쪽에 있었기 때문에 사람들은 모두 "동부(東府)"라 칭하였다. 진말에 그 사방에 성을 쌓고 해자를 열었는데 둘레가 3리 90보였다.[89] 유송(劉宋) 이후 양주자사와 재상이 동부에서 거하고, 서주(西州)는 마침내 종실제왕이 거처하는 곳이 되었다.[90]

동진 초에 국력이 피폐하고 건설할 틈이 없어 건강은 비록 일국의 도성이었지만 매우 초라하였다. 원제는 진민(陳敏)이 건축한 부사를 궁으로 삼았는데, 둘레가 3백장이고 규모가 협소하였다. 도성은 손오의 옛것을 따라 겨우 한 개의 성문이 있어, 도성 밖 둘레에 울타리[籬門] 56곳을 설치함으로써 건강의 외곽으로 삼았다. 이문은 당연히 대나무 울타리로 만든 것이고, 도성성벽도 대나무 울타리로

---

87) 『晉書』 권99, 「桓玄傳」.
88) 『晉書』 권64, 「會稽文孝王道子傳」.
89) 『宋書』 권53, 「謝方明傳」. "팽성왕 의강(義康)의 치소는 동부에 있었는데 해자에 구덩이를 파다가 옛무덤을 발견했기에 그것을 다시금 개장하였다"하니 동부성에 해자가 있었음을 알 수 있다.
90) 王鳴盛, 『十七史商榷』(臺北, 大化書局, 1977) 권64, 「東府」, 61쪽.

축조되었다하니, 건강성의 초라한 모습을 짐작할 수 있다. 소준의 난으로 건강은 심하게 파괴되었다. 이에 성제는 왕도로 하여금 대계를 규획하는 것을 관할하여 황폐화된 건강성을 재건하게 할 수밖에 없었다. 아울러 규획을 새롭게 하였는데, 도성 육문을 개설하고 주작부항을 건조하여 새로운 건강궁[顯陽宮]성을 건설하였다. 이로써 남조 4대의 궁성이 이루어졌다. 이후 역대로 규모상 증개축은 있었지만 그 틀을 벗어나지는 않았다. 따라서 성제 함화 시기는 실제로 건강 건설사상 가장 중요한 시기라고 하겠다. 효무제 시기에 이르러 과시하려는 의도로 궁성이 재건되고 동궁과 원유가 확충되었는데, 이미 건강은 도성으로서의 규모는 갖추고 있었고, 이 때에는 장엄하고 화려한 외관과 충실한 내용이 첨가되었다. 그 후 환온(桓溫) 역시 도성과 궁성의 성문을 증축하였고 안제 시대에는 또 동부성을 개조하였다.

동진 시기 여러 차례 궁실과 도성을 건설했는데 이는 모두 명신과 뛰어난 인물[俊彦]의 규획과 설계에서 나왔다. 강남 초기의 곽박(郭璞)은 점을 쳐서 종묘사직을 세우고, 성제 때의 왕도는 도성을 규획하였다. 효무제 때의 사안은 궁실을 재건하였는데, 그 규획은 적절하고 지리환경에 부합된 까닭에 건강은 넓은 둘레의 규모를 갖추게 되었다.

2. 유송(劉宋)

건강은 유송 시기에도 여전히 계속 발전하였지만, 송초에는 무제의 재위기간이 짧고, 영양왕이 계승하였으나 곧 폐위 당해 건강의 건설은 문제 때에 와서야 비로소 시작되었다.

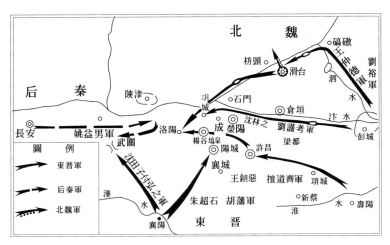

<지도 6> 晉軍의 개별부대와 낙양탈취도

1) 유송 문제가 원유를 축조하였다

유송 문제가 통치한 30년 동안 어질고 근검절약한 정치로 천하가 평온하여, 강남 이래 없었던 훌륭한 치세로서 사가들이 "무릇 백호(百戶)의 향(鄕)과 시장이 있는 읍에는 가무가 있고 도처에 무리를 이루었으니 송세의 가장 흥성한 시기이다"[91]라고 칭할 정도이다. 문제는 국력이 풍부한 상황에서 궁원(宮苑)의 건축에 착수하였다. 일찍이 동진은 위나라와 서진의 낙양을 모방하여 궁성 북쪽에 화림원(華林園)을 건설하였으나 동진은 경제가 곤궁하여 궁실이 여전히 초라하였으므로, 자연히 원유를 크게 열 능력이 없었다. 화림원의 건설에 관련하여 두 곳의 기사가 보이는데, 하나는 『진서』에 효무제가 그 가운데 청서전(淸暑殿)을 건조하고 북상합(北上閤)을 열어 화림원으로 나왔다는 기사다.[92] 두 번째는 『세설신어』의 기록으로 동진

---

91) 『宋書』 권92, 「良吏傳」.
92) 『晉書』 권83, 「王雅傳」.

의 간문제(簡文帝)가 화림원에서 놀았던 일을 간단하게 언급하고 있다.93) 따라서 동진 화림원의 규모는 크지 않았을 것이다. 유송 문제 시기에 이르러 비로소 원유를 경영하는 큰 일이 시작되었다. 화림 원을 증축하는 외에 또 복주산(覆舟山) 남쪽에 낙유원(樂遊苑)을 개축 하였다.

① 낙유원(樂遊苑)

건강성 동북쪽에는 현무호가 있고, 호수 남쪽에는 복주산이 있었다. 그리고 복주산 남쪽에는 동진 때 세워진 북교(北郊)가 있다. 원가(元嘉) 20년(443) 문제는 북교를 다른 곳으로 옮기고, 그곳에 원원(園苑)을 건립하였다. 호수쪽에 제방을 쌓고 망루를 세워 "북원(北苑)"이라 칭하였는데 후에 "낙유원(樂遊苑)"으로 고쳐 불렀다. 후세에 유송(劉宋) 효무제(孝武帝)만이 원(苑) 가운데 하나의 전각을 지었고, 나머지 시대에는 증축하지 않은 것으로 보아 문제 시대의 건축과 조영이 이미 상당히 완비되었음을 알 수 있다. 그러나 애석하게도 누대과 정자는 양말(梁末) 후경의 난 때 파괴되어 남아 있지 않다.

『여지지』에 의하면 현(縣) 동북 8리는 진나라 때의 약포(藥圃: 약초를 심는 밭)를 지었는데 노순(盧循)이 지은 약포가 바로 이 곳이다. 그 땅은 옛 진(晉)의 북교이다. 유송 원가 년간에 교단(郊壇)을 밖으로 옮기고 그 땅을 북원(北苑)으로 만들고, 다시 복주산에 누관을 세우고, 이에 제방을 축조하여 물을 막아 "후호(後湖)"라고 이름하였다. 그 산의 북쪽은 호수에 이르는데 후에 낙유원(樂遊苑)으로 고쳐 불렀다. 산 위에 크게 정자를 설치하였다. 산 북쪽에는 빙정(氷井)이 있었는데 효무제가 얼음을 두는 장소였다. 대명 년간(457~464)에 이르러 또 정양전(正陽殿)을 건설하였다. 양(梁) 후경의 난에 모두 불타 훼손되었다. 진(陳) 천가(天嘉) 2년 다시 수리하고 산 위에 감로정(甘露亭)을 세웠으나 진이 망하자 모두 폐지되었다.94)

---

93) 『世說新語校箋』 「言語第 2」, 95쪽.

② 화림원(華林園)

원가(元嘉) 23년(446) 문제(文帝)는 또 동진 때 건축한 화림원을 수선하였다. 장작대장(將作大匠) 장영(張永)에게 규획을 명하여 원(苑) 가운데 연못을 파고 산을 쌓았으며 전당과 누각을 확충하였다. 그리고 낙양 화림원의 건물의 명칭을 따와서 명명하였는데, 예를 들면 경양산(景陽山)・영요전(靈曜殿)・화광전(華光殿)・봉광전(鳳光殿)・예천당(醴泉堂) 등이다. 화림원은 군신들이 수시로 연회를 베풀던 곳으로 6조 건강에서 가장 주요한 원유(苑囿)이다. 비록 오(吳)나라시대에 이미 이곳이 원지(苑地)였지만 실제로 개축되기 시작한 것은 동진 시대이며 유송 문제의 증축을 거치고, 그 후 양 무제(梁 武帝)・진 무제(陳 武帝)・문제 때에도 증축한 바 있었지만 화림원의 규모의 대부분은 유송 문제 때 제정된 것이다.

> 『여지지』에 의하면 오나라 때의 옛 궁원이다. 진 효무제가 다시 궁실을 고쳐 세우고, 유송 원가 22년 중수하여 그것을 확장하였다. 또 경양산과 무장산 등의 여러 산을 쌓고 못을 파서 "천연(天淵)"이라 이름하고, 경양루를 지어 하늘의 경치를 통하게 하였다. 효무제 대명 년간에 자주빛 구름[紫雲]이 경양루로부터 나와서 이름을 경운루로 고쳤다. 또 금당(琴堂)을 지었는데 동쪽으로는 쌍을 이룬 나무들이 늘어서 있어서 또 연옥당(連玉堂)이라 하였다. 또 영요전 앞뒤에 전(展)을 짓고, 방향당(芳香堂)・일관대(日觀臺)를 지었다. 원가 년간에 채소밭[蔬圃]을 만들고 경양산 동쪽 산봉우리를 만들고, 광화전(光華殿)을 짓고 활을 쏘는 누각을 설치하였다. 봉광전(鳳光殿)・예천당(醴泉堂)・화악지(花蕚池)를 세우고 일주대(一柱臺)・층성관(層城觀)・홍광전(興光殿)을 지었다. 양 무제는 중합(重閣)을 지어 위의 것은 중운전(重雲殿)이라 이름하고 아래의 것은 홍광전(興光殿)이라 하였다. 해맞이를 하거나 달맞이를 하는 누각은 계단과 길이 누각을 아홉바퀴나 두르고 있었다. 오・진・송・제・양・진 육대에 걸쳐서 서로 건설하니 모두 고금의 오묘함을 이루었다. 진(陳) 영초 년간에 다시 청송전(聽訟殿)을

---

94) 『建康實錄』 권12, 29쪽.

지었다. 천가 3년 임정전(臨政殿)을 지었다. 그 산천의 제작과 배치는 대부분 송나라 때 장작대장 장영이 지은 바이다. 그 궁전의 수가 많아 예로부터 사용되지 않았는데 이 때에 이르러서 화림원을 따와서 이름으로 삼았다. 진이 망하자 모두 폐지되었다.[95]

이 외에 문제는 궁성 동서 양쪽에 만춘문과 천추문을 만들었다. "20년 봄 정월에 대성(臺城) 동서쪽에 만춘문(萬春門)과 천추문(千秋門) 두 개의 문을 열었다."[96] 주설(朱偰)이 그린 「동진건강도」 가운데 이미 두 개의 운룡문(雲龍門)과 신호문(神虎門)이 있지만[97] 그 실상은 확실하지 않다. 그리고 궁성 북쪽에 진나라 때 건축된 평창문(平昌門)이 있는데 유송 무제 영초(永初) 년간에 광막문(廣莫門)으로 개칭되었다.[98] 원가(元嘉) 25년(448) 문제는 궁성의 광막문을 고쳐 승명문(承明門)으로 명칭을 바꾸었으며, 또 도성의 서쪽과 북쪽에 창합문(閶闔門)과 광막문을 더 열었다. "여름 4월 을사(乙巳)에 창합문과 광막문 두 문을 새로 만들고 광막문을 승명문(承明門)으로 부르고 개양문(開陽門)을 진양문(津陽門)으로 하였다."[99]

2) 효무제는 전례를 따르다

원가 27년(450) 북위와의 교전으로 인하여 백성과 나라가 피폐하여 유송(宋)의 성세는 이때부터 기울기 시작하였다. 효무제 즉위시 유송의 국세는 이미 쇠퇴하기 시작하였지만, 여전히 문제가 궁원(宮苑)을 건설하던 작풍을 추종하여 정교하고 사치스럽고 화려한 궁실을 건설하였다. "세조가 승계하여 정광전(正光殿)·옥촉전(玉燭

---

95) 『建康實錄』. 권12, 33쪽.
96) 『宋書』 권5, 「文帝紀」.
97) 『金陵古蹟圖考』 第4章附, 「東晉都建康圖」.
98) 『建康實錄』 권7, 18쪽.
99) 『金陵古蹟圖考』 第4章附, 「東晉都建康圖」.

殿)·자극전(紫極殿)의 여러 건물을 다시 건설하고 비단과 조각으로
장식하고 유리로 창문을 만들었다."[100] 대명(大明) 3년(459) 다시 현
무호의 북쪽에 상림원(上林苑)을 건설하였다.[101] 효무제는 궁실 원유
의 건축에 사치스럽고 향락스러웠지만, 그는 건강의 건설에도 주의
하여 도성에 치도(馳道)를 건설하여 남북을 연결하였다. "대명 5년 9
월 초에 치도를 세워 창합문에서 주작문에 이르게 하고, 승명문에
서 현무호에 이르게 하였다."[102] 북쪽의 치도(馳道)는 궁성 북쪽의
승명문에서 광막문을 거쳐 현무호에 이르게 하였으며, 남쪽의 치도
(馳道)는 궁성 남쪽의 창합문(즉 후의 남액문(南掖門))에서 진양문을
거쳐 진회하의 주작항에 도달하게 하여 수도의 교통에 큰 도움을
주었다. 같은 해 효무제는 또 국학(國學)의 북쪽에 명당(明堂)을 건립
하였다.

3. 남제(南齊)

유송(劉宋)을 계승한 후 남제의 고제(高帝)·무제(武帝)·동혼후(東昏
侯)는 건강의 궁실과 성곽을 모두 개축하여 화려함을 더했다.

1) 고제(高帝)의 성벽 개축

남제의 고제가 즉위하여 송 효무제 이래 풍속이 나날이 사치스러
워진 것을 보고 힘써 그것을 바로잡았다. 또한 스스로 간소하고 소
박하게 하여 몸소 천하의 모범이 되었다. 후궁 가운데 구리로 만들
어진 기물과 난간을 모두 철로 만들어 사용하고, 아울러 화려하게

---

100)『宋書』권92,「良吏傳」.
101)『宋書』권6,「孝武帝紀」.
102)『宋書』권6,「孝武帝紀」.

덮은 금화조(金花爪)를 철로 대신케 하였다. 그는 궁실을 건설하거나
화원을 증축하지 않았지만, 오히려 도성 성벽은 재건하는 대공사를
완성하였다. 남제 초기에 이미 건강은 도성의 규모를 갖추고 있었
으며, 궁성이 벽돌로 축조되어 매우 견고하고 궁전도 화려하고 장
관이었다. 그러나 도성은 여전히 대나무 울타리로 만들어져 있었
다. 건원 2년(480) 어떤 이가 간하여 "백문은 삼중의 빗장이 있으나
대나무 울타리는 뚫려 온전하지 않습니다"라고 하였다. 백문은 선
양문이다. 이는 도성의 선양문에 비록 3개의 문도(門道)가 있어 크고
장엄하지만, 성벽은 시종 대나무로 축조되어 약하고 파괴되기 쉽다
는 것을 넌지시 말한 것이다. 남제(齊) 고제는 이 말에 느끼는 바가
있어 도성의 성벽을 재건하였다.

> 진 이래로 건강궁의 외성(外城)은 다만 대나무 울타리를 설치한 것일
> 뿐이었고, 6개의 문이 있었다. 모였을 때 어떤 사람이 백호잔을 들고 말
> 하기를 "백문(白門)은 삼중의 빗장이 있으나 대나무 울타리는 뚫려서 완
> 비되어 있지 못합니다"라고 말하였다. 황제가 그 말에 느낀 바 있어 도
> 성의 벽을 고치도록 명하였다.[103]

『고제기(高帝紀)』에는 "육문과 도성벽을 고쳐 세웠다"고만 하고[104]
흙으로 쌓았는지 혹은 벽돌을 이용하여 성벽을 세웠는지는 설명이
없다. 그런데 당시의 왕검(王儉)이 고제에게 성벽을 개축하지 말 것
을 간하자 고제가 답하기를 "나는 후세로 하여금 더 개축하지 않아
도 되도록 하고자 한다"[105]라고 하여 이번의 성벽 축조가 만세의
기반이 되도록 제작하려는 것을 알 수 있다. 그러므로 절대 대나무

---

103) 『資治通鑑』 권135, 「齊紀 1」, 高帝 건원 2년. 『진지』. "정월 초하루에
　　모여 전정에 백호준을 설치하고 준의 덮개 위에는 백수를 두어 만약 진
　　언을 하는 자가 있으면 이 잔을 들어 술을 마시게 하였다"를 인용.
104) 『南齊書』 권2, 「高帝紀下」.
105) 『南齊書』 권23, 「王儉傳」.

울타리로는 축조하였을리가 없고, 흙으로 쌓은 성벽 역시 충분히 견고하지 않으므로 벽돌로 쌓았을 것이다.

2) 무제의 계속된 궁실수리

남제의 고제를 이은 무제는 영명(英明)한 군주였다. 영명(永明) 11년간은 "시조(市朝)가 안녕하고 안팎이 평온하여" 남제(齊)시대의 치세로 불리며, 원가(元嘉)의 시대와 필적할 만하였다. 따라서 궁실을 건축할 여력이 있었다. 남제 무제는 봉화전(鳳華殿)·수창전(壽昌殿)·요령전(耀靈殿)을 건설하였다.106) 원가·영명 시기는 모두 국력이 융성한 치세로서 유송 문제가 원유를 크게 일으킨 것과 남제 무제의 궁실 수축은 실로 유사한 배경하에서 나온 것이다.

3) 동혼후는 토목사업을 크게 일으키다

동진후가 왕위를 계승한 뒤 어지러운 정치를 방치하고 궁실을 크게 건축하였다. 그의 궁전 건축은 영원 2년(500)에 일어난 한 차례의 궁성의 대화재에 기인한다. 이때의 화재는 동혼후의 궁실을 세우는 공사의 크기와 관계가 있다. 이때 화재로 입은 궁실의 피해는 사서에 따라 설명이 다르다.

> 『남사(南史)』에 의하면 가을 7월 갑진(甲辰) 밤에 궁 안에 화재가 나서 동각(東閣) 안의 명제(明帝)의 옛 전(殿) 여러 구와 태극전의 남쪽만이 보존되고, 나머지는 다 없어졌다.
>
> 또 … 동혼후(東昏侯)가 밖으로 나가 있을 때 화재가 또 나서 선의전(璿儀殿)·요령전(耀靈殿) 등 10여 전과 백침(栢寢)을 태우고, 북으로는 화림, 서로는 비각에 이르기까지 3천 여 간이 모두 없어졌다.107)

---

106) 『南齊書』 권3, 「武帝紀」.
107) 『南史』 권5, 「齊本紀下」.

『남제서(南齊書)』에 … 영원(永元) 2년 8월 갑신(甲申) 밤에 궁 안에
화재가 났다.

또 … (영원 3년) 2월 병인에 건화전(乾和殿) 서쪽 행랑에 불이 났다.[108]

『자치통감』에 … 갑진 밤, 후궁에 화재가 났다. 그때 황제가 나가서
아직 돌아오지 않았는데 궁 안의 사람들이 나갈 수가 없고, 바깥 사람들
은 감히 함부로 문을 열 수 없었다. 문을 열어 보니 죽은 자가 쌓여 있
었고, 30여 간이 불타 있었다.[109]

『남사(南史)』에서는 화재로 3천 여 간이 불탔다고 하니 재해상황
이 참담하다. 『남제서(南齊書)』에는 가볍게 묘사・서술하여 기록이
상세하지 않다. 『통감(通鑑)』에는 30여 간이 파괴되었다고 하여 그
차이가 매우 크다. 남조의 사사(四史)와 『남사』의 기록을 비교하면,
『남사』에는 이 사대사(四代史)가 있는데 기록이 존재하지 않거나, 혹
은 불명의 자료로 기술되어 있다. 그리고 동혼후가 궁전을 크게 일
으켰다는 것에서 판단해 보면, 겨우 30여 간이 불탔다면 이처럼 큰
토목공사를 일으켰다고 하지는 않았을 것이다. 그러므로 『남사』의
설명이 비교적 믿을 만하다. 남제 말기 궁성의 대화재로 수많은 건
물과 궁실이 불탄 뒤 동혼후는 중건하고 수리하는 것뿐 아니라 새
로 건설된 궁실을 화재 전의 건축보다 더욱 사치스럽고 화려하게
만들었다.

조괴(趙鬼)가 「서경부(西京賦)」를 읽으며 말하기를 "좋은 목재는 이미
불타 버렸으니 밝혀 이 영(營)을 건설해야 합니다"라고 하였다. 이에 크
게 방락전(芳樂殿)・방덕전(芳德殿)・선화전(仙華殿)・대흥전(大興殿)・함덕
전(含德殿)・정요전(靖曜殿)・안수전(安壽殿) 등 여러 전을 짓고 또 별도
로 번비(藩妃)로 하여금 신선전(神仙殿)・영수전(永壽殿)・옥수전(玉壽殿)
을 짓게 하고, 모두 금옥으로 장식하였다. 그런데 옥수전에는 비선장(飛

---

108) 『南齊書』 권7, 「東昏侯紀」.
109) 『資治通鑑』 권143, 「齊紀 9」, 東昏侯 永元 2년.

仙帳)을 드리우고, 사면을 수놓았으며 창문 사이에는 모두 신선을 그려
놓았다. 또 칠현(七賢)을 만들어 모두 미녀가 시중들게 하였다. 금은을
파서 글자를 새기고 신령한 짐승들(靈獸・神禽)과 풍운(風雲)과 햇불(華
炬)로써 그것을 장식하였다. 서까래의 끝에는 모두 종(鈴佩)를 달았다.
강남의 옛 물건 중에 고옥률(古玉律)이 여러 개 있는데 모두 피리로써
정하였다. … 모두 사향으로 벽을 칠하고, 비단 장막과 주렴(珠簾)을 두
르니 매우 화려하였다. 집역(繁役)과 공장(工匠)이 밤부터 새벽까지 이르
게 되더라도 오히려 서두르지 않고 여러 사찰의 전(殿)에서 수초를 그
린 천장, 즉 화려하게 채색된 천장이나 신선・짐승을 뽑아내어 전들을
채웠다.[110]

　　동혼후가 건설한 화려하게 장식된 궁전은 남조 사치의 극치였다.
동시에 그는 또 열무당(閱武堂)에 방락원(芳樂苑)을 세우고 누각을 확
충하였다. 역사가들이 칭하길 "금으로 칠하여" 눈부시게 찬란하였
다. 인조산을 만들고 못을 파고 못 위에는 자각루(紫閣樓) 등의 누각
을 세우고, 인조산 위에는 가지각색의 색채를 칠함으로써 장식을
하여 매우 기이하고 화려하였다.[111] 그리고 이때 궁실을 건설하는
데 막대한 재력과 물력을 소비하여 백성들에게 그 비용을 징수하거
나 요구하였으므로, 인민의 생계에 영향을 끼쳤다. 또한 사회의 동
요와 불안을 조성하여 제실(齊室)정권은 곧 동혼후가 정사를 돌보지
않는 가운데 종결을 고하게 되었다.

　　강남 초에 국가가 점차 어려워 성제 함화 년간의 건설과 규획은
도성의 규모를 정하는데만 치중하였고, 궁실의 건축은 매우 빈약하
였다. 진 효무제에 이르러 초라한 궁실의 결함을 보충하였다. 유송
문제는 낙유원(樂遊苑)을 건설하고 화림원을 증축하여 원유의 부족
을 보충하였다. 그리고 유송 효무제는 궁실을 비록 사치스럽게 건
설하였지만 치도(馳道)의 설립으로 건강의 교통에 큰 도움을 주었다.
동진 일대의 건설을 거쳐 송대에 이르러 건강성은 이미 정제되고

---

110) 『南史』 권5, 「齊本紀下」.
111) 『南齊書』 권7, 「東昏侯紀」.

아름다운 도성이 되었다. 당시에 건강에 도달한 여러 나라 사신들의 표주(表奏)는 모두 건강성의 장엄하고 화려함을 찬양하고 있다. 예를 들면 가라타국(訶羅陀國) 사자가 올린 표에서 "성곽은 장엄하고 깨끗하여 불결함이 없고, 사방의 길이 교통하여 넓고 평탄하다. 대전이 늘어선 것의 웅장함이 산과 같고, 장엄하고 미묘함이 천궁과 같다"[112]라고 표현하고 있다. 남제 고제는 도성성벽을 고치고 건강성으로 하여금 하나의 아름답고 견고한 도성이 되게 하였다. 동혼후가 건설한 화려하고 정교한 궁전은 남조 사치의 극치로, 원래 있던 장엄하고 화려한 건강성에 금상첨화의 효과를 주었다.

Ⅲ. 극성기(極盛期) - 양(梁)

양 무제는 남조 4대에서 가장 치적이 많은 군왕이다. 그가 재위한 기간은 마침 북위 정치가 쇠락한 시기로, 남침할 여력이 없었기 때문에 양나라의 변경은 무사하였다. 그리고 무제는 또 정치에 힘쓰고 근검절약하여 그의 통치 전기의 3·40년 동안은 한말 이래 가장 안정되고 부유한 시대였다. "부(賦)의 징수가 미치는 지역과 천하의 통일된 지역은 남으로는 만리가 넘고, 서로는 5천리를 개척하였다. 그 가운데 진기한 재물과 귀한 보물이 있고, 많은 민족들이 모여들었으며 왕부(王府)는 가득 차지 않은 것이 없고 궁궐은 고갈되지 않았다. 3·40년이 이와 같이 번성하였으니 위진 이래 없던 것이다."[113] 창고는 가득 차고 국력이 팽창하여 원가 년간과 영명 년간

---

112) 『宋書』 권97, 「夷蠻傳」.

의 시대를 능가하였다. 양 무제 통치의 성세는 바로 건강성이 가장
번화하고 번영한 시기이다.

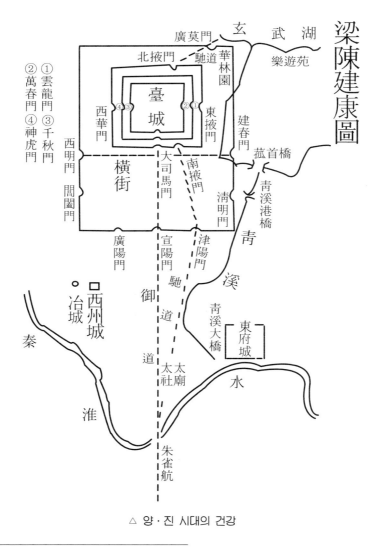

△ 양·진 시대의 건강

---

113) 『梁書』권3, 「武帝紀下」.

양무제 또한 건강성의 증축에 공헌하였다. 그의 주요한 건설은 네 가지이다.

첫째, 도성의 장관과 기세를 증가시키는 건축이다. 천감(天監) 7년(508) 궁성 남쪽에 단문(端門)·대사마문(大司馬門) 외에 신룡궐 (神龍闕)·인호궐(仁虎闕)을 세우고, 또 월성(越城)의 남쪽에 "국문 (國門)"을 만들었는데 이것은 "도성의 문"이라는 뜻이다.[114]

둘째, 진회하 양쪽에 제방을 쌓음으로써 수해를 방지하였다. 진회하는 건강도성의 남쪽을 우회하여 흐르고, 서쪽으로 향하여 장강으로 들어간다. 그리고 항상 파도로 인한 피해가 있었는데 파도는 석두성에서 진회하로 들어와 떠 있거나 정박 중인 선박을 치고 심지어는 주작부항을 부수어 버린다. 또한 파도로 양쪽 연안이 침수되어 하안에 거주하는 백성의 생명과 재산의 안전에 위험을 초래하였다. 천감 9년(510) 양무제는 진회하 양쪽에 제방을 쌓았다. "북쪽 연안은 석두에서 동야(東冶)까지, 남쪽 연안은 후저리문(後渚籬門)에서 삼교(三橋)까지이다."[115] 남쪽 연안에는 평민들의 주택이 많았는데, 이러한 조치로 연안에 거주하는 백성들의 수해문제를 해결하였으니, 사가들이 무제가 정치에 힘쓰고 인자하다고 칭하는 것은 헛말이 아니다.

셋째, 궁벽을 한 겹 더 증축함으로써 궁벽의 방위능력을 강화하였다. 동진에서 남제까지 대성(건강궁성)은 모두 두 겹의 성벽이 있었고, 『양서』·『남사』에 모두 양 무제가 천감 10년 궁성문 위에 3중루를 세우고, 두 개의 문도를 건설하였다고 칭하고 있다. "애초에 궁성문 3중루와 두 개의 문도를 열었다"[116]하여 애초에는 한 겹의 궁벽을 증축할 뜻이 결코 없었다는 것을 알 수 있다. 그러나 『건강

---

114) 『梁書』 권2, 「武帝紀中」.
115) 『梁書』 권2, 「武帝紀中」.
116) 『梁書』 권2, 「武帝紀中」;『南史』 권6, 「梁本紀上」.

실록』에는 이때 한겹의 성벽을 쌓았음을 분명히 제시하고 있다. 즉 "예전에 궁성문 3중과 두 개의 문을 열었다."[117] 또 『건강궁전부(建康宮殿簿)』도 대성에 3중의 성벽이 있다고 한 것으로 보아 양(梁)시대에 확실히 한 겹의 궁벽을 증축하였음을 알 수 있다.

> 운룡문(雲龍門)은 두 번째 궁벽의 동쪽으로 향한 문이다. 진나라 때의 본래 이름은 동화문(東華門)으로 동으로 나가면 첫 번째 궁벽의 동액문(東掖門)이 있고 양(梁)이 그것을 고쳐 서쪽으로 세 번째 벽에 있는 만춘문(萬春門)과 마주한다. 신호문(神虎門)은 두 번째 벽의 서쪽에 있는 문으로 진나라 때의 본래 이름은 중화문(中華門)이다. 서쪽으로 나가면 세 번째 궁벽의 서화문(西華門)이 있다. 서화문은 본래 진의 서액문(西掖門)인데 송이 그것을 고쳐 서화문이라고 하였다. 동으로 들어가면 세 번째 벽에 있는 천추문(千秋門)과 마주하고 있다.[118]

양(梁)시대에 대성에는 3중의 성벽이 있고, 성문마다 모두 두 개의 문도(門道)가 있어 웅장하고 견고하여 수비가 쉽고 공격하기가 어려웠다. 양말 후경이 난을 일으켜 대군 10만으로 대성을 포위 공격하여 반년이 지나서야 겨우 대성을 함락한 것이 바로 이것을 증명한다.

넷째, 궁원을 건설하였다. 천감 12년(513)에 양무제는 태극전을 재건하여 궁실이 13간으로 증가하였다. 또 태묘가 진회하 근처에 있었는데 그 땅이 낮았으므로 태묘의 터를 9척 높였다.[119] 또 무제는 두 개의 원(苑)을 건설하였는데, 하나는 천감 4년(514) 말릉현 건흥리에 "건흥원(建興苑)"을 세우고, 또 하나는 대동(大同) 9년(543) 당현성(唐縣城) 서남 20리 되는 곳에 "강담원(江潭苑)"(또는 "왕유원(王游苑)"으로 칭함)을 개척하였다. 이 원(苑)의 규모는 매우 컸으며 건설하는데 5년

---

117) 『建康實錄』 권17, 10쪽.
118) 『建康實錄』 권20, 6쪽.
119) 『建康實錄』 권17, 11쪽.

이 걸려 태청(太淸) 2년(548) 후경의 난이 일어났을 때도 아직 완공되지 않았다. "무제는 신정에서 수로를 파서 신림포(新林浦)로 통하게 하고, 또 연못을 만들고, 큰 길을 열고 건물을 세워 왕유원이라 불렀으며 완성되기 전에 후경이 난을 일으켰다."[120] 이후 양실(梁室)은 난으로 인하여 피폐되었고, 궁원은 결국 완성되지 못하였다.

양대의 건강성은 장엄하고 견고한 도시였으며, 인구가 번성하고 상업이 번영하였다. 비록 보통(普通) 2년(521)에 궁실의 대화재로 3천여 간[121]이 불탔지만 양(梁)의 부유함과 번성으로 화재 후에도 신속히 회복할 수 있었다.

Ⅳ. 쇠퇴기와 멸망기
- 양(梁)말기 · 진(陳)

양무제 말년에 발생한 후경의 난으로 양무제의 장기간의 평화와 안녕이 파괴되고, 양실(梁室)의 쇠퇴와 멸망이 촉진되었다. 후경의 난으로 건강은 심각하게 파괴되었고, 양(梁)시대 건강의 변화와 부유함은 이때부터 연기와 구름처럼 흩어졌다. 병화(兵火)와 겁탈을 거친 건강을 진초(陳初)에 비록 부분적으로 수리·복원하여 도성으로 삼았지만, 결국 건강성은 기울어가는 해와 같은 처지였다. 진(陳)시대의 여광이 비치면서도 점차 진실정권의 멸망에 수반하여 건강성은 파괴를 고하게 되었다.

---

120) 『建康實錄』 권17, 19쪽.
121) 『梁書』 권3, 「武帝紀下」.

1. 후경 난에 의한 파괴

태청(太淸) 2년 8월 후경이 수양(壽陽)에서 기병한 후 장강을 건너 건강을 바로 공격하였다. 그리하여 그는 양조의 무방비 상황에서 신속히 건강성으로 진입하였다. 그러나 대성은 견고하여 쉽게 파괴하기 어려웠다. 이에 후경은 장기적으로 성을 포위하는 전략을 전개하였다. 태청 3년 3월에 이르러 비로소 대성이 함락되었다. 후경이 건강에 주둔한 지가 반년 정도 되었는데 그 사이에 성을 포위한 채 진행된 전쟁에서 후경의 반군과 양나라의 관군 양쪽은 궁성과 도성 모두에 거대한 파괴를 자행하였다.

후경은 성을 공격하는 계책으로 대성 각 문을 방화하는 전략을 사용하였다. "후경이 여러 가지 방법으로 성을 공격하였는데 햇불로 대사마문과 동화문(東華門)·서화문(西華門) 등을 불태웠다. 성에서는 황급하여 대비하지 못하였으며, 이에 문루에 구멍을 뚫고 물을 뿌려 불을 껐으며 이런 과정이 오랫동안 거듭되어 마침내 멸망당하였다."[122] 다시 사람을 보내 진회하 남안의 백성들이 거주하는 곳에 불을 질러 파괴하였다. "또 남안의 민가와 사찰은 불태워져 모두 없어졌다."[123] 따라서 양나라의 장수 왕승변(王僧辯)이 강릉에서 후경을 토벌하고자 내려와서 본 건강의 상황은 "대항 남안은 한눈에 보아도 연기조차 없다"는 적막한 참상이었다.[124] 후경이 얼마나 철저하게 파괴하였는가를 알 수 있었다.

한편으로 성이 포위된 양나라 관군으로서도 생존을 위해서 건강궁성을 파괴하는 조치를 적지 않게 행할 수밖에 없었다. 동궁이 대성과 인접해 있어서 반란군들이 동궁성벽에 올라서 대성을 수

---

122) 『梁書』 권56, 「侯景傳」.
123) 『梁書』 권56, 「侯景傳」.
124) 『南史』 권80, 「賊臣傳」 侯景.

비하는 양나라 병사들에게 활을 쏘았다. 태자였던 간문제는 몰래
사람을 파견하여 대성을 나와 동궁에 불을 질러 파괴하도록 시켰
다.[125] 대통(大通) 3년(531)에 재건되었던 동궁이 이때 이르러 없
어지게 되었다.[126] 그리고 후경의 난 초기에 백관들은 다만 식량
과 재물을 모으는 것만 알았고, 밥을 하는데 반드시 필요한 땔나
무를 준비하지 않았다. 성이 포위된 지 오래되어 성 내에는 땔나
무가 없었기 때문에 대성 내에 있는 가옥의 재목을 땔감으로 사용
하였다. 또 말의 사료를 비축하지 않아 거적자리를 뜯어 말의 식
량으로 하였다.

> 애초에 궁문을 폐쇄할 때 공경(公卿)들은 먹을 것만을 염두에 두고,
> 남녀 귀천을 막론하고 모두 쌀을 지고 나갔는데, 그것이 40만 곡(斛)이며
> 여러 부(府)에서 거두어들인 것이 전(錢)·백(帛) 50억 만이었는데 모두
> 덕양당(德陽堂)에 모아 두었다. 어류와 소금, 땔나무는 취한 바 대개가
> 부족하였다. 이에 이르러 상서성을 부수어 땔감으로 사용하고 깔개를 거
> 두어 말을 먹였다. 이것을 다 사용하자 또 보리죽을 먹였다.[127]

이러한 궁핍한 상황 하에서 성 내의 수목이 모두 벌채되어 없어
졌다. 후경이 대성을 함락했을 때 성 내에는 다만 문선태후묘에 있
는 나무만 남아 있었고, 기타 수목은 한 그루도 존재하지 않았다.
"이때 도성 아래 왕후(王侯)나 서성(庶姓) 5등의 묘수(廟樹)도 모두 파
괴되고 오로지 문선태후묘 주위의 측백나무만이 홀로 울창하였다."[128]
건강성 내외에는 원래 산림이 무성하였다. 궁성 안에는 석류가 심
겨져 있고 전정(殿庭)과 삼대(三臺)·삼성(三省)에는 회나무를 심어 울
창하고 무성하였다. 이때 성과 궁궐은 평지가 구릉이 되었을 뿐 아

---

125) 『梁書』 권4, 「簡文帝紀」.
126) 『建康實錄』 권17, 19쪽.
127) 『梁書』 권56, 「侯景傳」.
128) 『梁書』 권56, 「侯景傳」.

니라 수목 역시 사용하여 없어졌다. 태청 3년(549) 백제는 양실의 변고를 알지 못하고 옛 관례에 따라 조공사신을 파견하였다. 백제 사신이 건강에 도착하여 성과 궁궐의 파괴된 모습을 보았다. 이전의 양도의 높고 크게 번화했던 것을 생각하며 통곡하고, 실성하지 않을 수 없었다. "태청 3년 백제는 수도가 변란을 입은 것을 알지 못하고 여전히 사신을 파견하고 공물을 헌납하였다. 이르러 성과 궁궐의 황폐함을 보고 비탄에 잠기어 흐느껴 울었다. 후경이 노하여 그들을 가두었는데 후경이 평정되고서야 돌아갈 수 있었다."[129] 이로써 양말 건강이 참혹하게 파괴되어 이미 무너져 내리고 있었음을 알 수 있다.

2. 왕승변 정란에 의한 파괴

후경이 대성을 포위·공격할 때 건강성은 온갖 재난을 당하였다. 후경이 대성을 함락하고 나서 심각하게 파괴된 건강성을 대략 정리하였다. 남교로를 닦고 대성과 도성의 선양문·진회하 주작교의 교문을 수리·복구하고, 다시 주작항이 있는 곳에 강을 가로질러 성을 쌓아 "한국성(捍國城)"[130]이라 하였다. 승성(承聖) 원년(552) 강릉에 있던 상동왕(湘東王) 소역은 왕승변·진패선 등을 파견하여 강을 따라 내려와 후경을 토벌하게 하였다. 왕승변은 비록 후경의 반군을 토벌하여 평정하는데 성공하였지만, 군기가 나쁜 그의 병사들이 마음대로 노략질하고 조심하지 않은 관계로 불이 나 대부분의 궁성과 관서가 불에 타 파괴되었다. 그 중에는 대성의 주전인 태극전 및 동당(東堂)·서당(西堂)·비서성(秘書省) 등이 포함되었다. 궁전 가운데

---

129) 『梁書』 권54, 「諸夷傳·百濟」.
130) 『梁書』 권56, 「侯景傳」.

무덕전(武德殿)・오명전(五明殿)・중운전(重雲殿)만이 다행히 난을 면하였고, 관서(官署) 중에는 겨우 문하성・중서성・상서성이 남아 있었다.

> 왕극이 대성문을 열고 무리를 이끌고 궁으로 들어가 마음대로 빼앗았다. 밤에 태극전과 동당・서당・연각과 비서가 모두 불타 없어지고 정기(旌旗)가 무리지어 이어져 있던 것이 거의 남은 것이 없었다. 왕승변은 무주자사 두업에게 불을 끄라고 명하여 가까스로 불을 껐다. 그래서 무덕전(武德殿)・오명전(五明殿)・중운전(重雲殿)과 문하성・중서성・상서성이 남아 있게 되었다.[131]

후경의 난은 평정되었지만 건강성은 도리어 후경의 난 때보다 더욱 파괴되었고, 그 파괴의 정도는 예전에 백제 사신이 비탄에 빠졌던 상황보다 더욱 황폐하였다. 그러므로 원제(湘東王 繹)가 강릉에서 즉위하자 건강으로 환도하지 않으려 하였다. 이것은 서위로 하여금 남침하여 강릉을 공격하여 함락하도록 유도한 셈이 되었으며 양실은 이로써 무너졌다. 양실은 실제로 후경의 난으로 망하였고, 동진 남조 이래 건강의 번성과 화려함 또한 홀연히 사라졌다.

3. 진대(陳代)의 수리와 복구

후경의 난이 평정된 후 원제는 강릉에서 즉위하였다. 왕통(王通)을 건강에 보내어 궁실을 복구하였으나[132] 오래지 않아 서위(西魏)가 강릉을 함락함으로 인하여 원제는 서위로 압송되고, 진패선이 양(梁)을 이어 즉위하였다. 진(陳)은 양말(梁末)의 혼란한 상황에서 나라를 세웠고 진초에 각지에는 여전히 할거세력이 있었기 때문에 군

---

131) 『梁書』 권56, 「侯景傳」.
132) 『晉書』 권17, 「王通傳」.

대는 쉬지 못하고 재정은 곤란하였다. 따라서 난 후의 파괴된 건강을 대규모로 회복할 힘이 없었다. 오직 무제(진패선)는 영정(永定) 2년(558)에 중서령 심중(沈衆)으로 하여금 기부상서(起部尚書)133)를 겸하게 하였고, 소부경 채주(蔡儔)를 장작대장으로 삼아 대성의 주전인 태극전만은 중건하도록 하였다.134) 무제를 이은 문제(文帝) 또한 도성의 회복을 보지 못하였다. 진(陳)의 선제(宣帝) 때까지 20여 년을 경과한 후에 국세가 진작되어 궁실 재건의 여유가 있게 되었다. 선제는 태건(太建) 7년(575)에 궁성의 두 번째 성벽의 운룡문(雲龍門)과 신호문(神虎門)을 새로 짓고, 낙유원 가운데 감로정을 세웠다.135) 그리고 태자가 거처하는 동궁이 태청 2년 파괴된 이후 시종 재건되지 않아 태자는 단지 영복성(永福省)에서 임시로 거처하였는데,136) 태건 9년(577)에 이르러 선제는 비로소 동궁을 재건하였다.137)

선제는 진대(陳代)에 가장 분발진작한 군주이고, 그의 뒤를 이은 자는 도리어 방탕하여 정사를 소홀히 한 후주(後主)이다. 그는 궁중에 임춘각(臨春閣)·결기각(結綺閣)·망선각(望仙閣)의 세 누각을 새로 세웠는데, 그 제작의 정교함과 화려함은 남제(南齊)의 동혼후의 사치를 능가하였다.

　　지덕(至德) 2년 광조전 앞에 임춘각·결기각·망선각 세 각을 세웠다. 누각의 높이는 여러 장으로 십 여 간을 나란히 하고, 그 창문과 옥대·처마·난간 등은 모두 침향과 단목으로 만들고, 또 금옥으로 장식하고, 옥과 비취로 틈을 메워 밖에는 구슬로 만든 발을 드리우고, 안에는 아름다운 침상과 휘장을 두었다. 평소에 쓰는 물건류도 진귀하고 화려하여 고금에 있지 않은 것이다. 미세한 바람이 잠시 이를 때마다 향이 수 리를 가고, 아침해가 처음 비칠 때 빛이 뒷 뜨락을 비친다.

133) <옮긴이 주>; 기부상서 : 진 무제 때 설치한 관직 이름. 남북조 때 종묘와 궁실을 지을 때만 두었음. 隋 이후로 工部로 고침.
134) 『晉書』 권2, 「高祖紀下」.
135) 『晉書』 권5, 「宣帝紀」.
136) 『晉書』 권4, 「廢帝紀」.
137) 『晉書』 권17, 「王通傳」.

그 아래에 돌을 쌓아 산을 만들고, 물을 끌어 못을 만들고, 기이한 나무를 심어 꽃과 약을 섞어 놓았다.[138]

그러나 후주의 방탕함은 겨우 이 세 누각을 세웠을 뿐이고, 비록 정교하고 화려하다 하나 그것은 단지 어려운 상황 속에서 사치를 부린 작품일 뿐이다. 후주가 정사를 돌보지 않고 사치와 환락에 빠져 결국 큰 화를 초래하여 재위 7년 만에 수(隋)에 의하여 멸망하였다.

후경의 난을 겪고 강남의 원기는 크게 상하여 끝내 진대(陳代)에는 회복되지 않았다. 양말(梁末) 건강이 파괴되고 진(陳)이 양(梁)을 이어 건국한 32년간 건강성은 거의 회복되지 않았다. 진말(陳末)에 이르러서도 건강성의 상황은 결코 양말(梁末) 때와 비교하여 조금도 좋아지지 않았다. 후주 정명(禎明) 3년(589)에 수(隋)의 장군 하약필(賀若弼)·한금호(韓擒虎)가 건강을 공격하여 남조 최후의 왕조도 망하였다. 역대로 강남의 동진·송·제·양·진이라는 할거왕조(偏安)의 건강도 남방 왕조의 소멸에 따라 "모두 평정되어 농사를 짓게 되는" 철저한 파멸의 운명을 맞았다.[139] 손오의 건도 후 동진 남조가 경영한 도성은 이때에 이르러 역사의 무대에서 영원히 사라지고, 오대(五代) 때 강남에 할거하였던 양오(楊吳)가 비록 이곳에 성을 쌓고 건도(建都) 하였지만 이미 육조의 규모에 따라가지 못하였으며, 그 기획에 있어서도 새로운 것이 없었다.[140]

『대륙잡지(大陸雜誌)』 제67권 제4기

---

138) 『晉書』 권7, 「沈皇后傳」.
139) 『晉書』 권31, 「地理志下」.
140) <옮긴이 주>; 건강궁의 궁내 배치에 관해서는, 郭湖生, 「魏晉南北朝 至隋唐 宮城制度沿革」『東南文化』, 1990-1·2 참고.

제3장
육조 건강의 경제기초

    수도는 전국의 정치중심지이며, 일반적으로 천하의 공부(貢賦)가 모이는 곳이다. 경사는 일하지 않고 놀고먹는 자, 무위도식자가 많이 모이는 곳이기에 생활물품은 모두 외지의 공급에 의존하였다. 따라서 상업이 성행할 수밖에 없었고 종종 전국의 경제중심지가 되기도 하였다. 그러나 육조시대의 도성인 건강이 번영할 수 있었던 원인은 이것에 그치지 않았다. 그 당시 관원들이 보편적으로 재산을 늘리고 이익을 꾀한 것 혹은 관원들이 외군으로 나가서 그곳에서 수탈하여 온 재물을 수도에 가지고 들어온 것, 교주·광주지역의 풍요함, 이 모든 것들이 건강의 번영을 조성한 요소들이었다. 그러므로 육조 건강의 풍요는 실질적으로 전국 각지의 재부가 모여 이루어진 것이었다. 본문에서는 5절로 나누어 건강 재부의 내원(來源)을 밝히고자 한다.

Ⅰ. 삼오·회계의 재부

육조는 강남에 나라를 세운 뒤 주로 삼오(三吳)·회계(會稽) 지역의 공부에 의존하고 있었다. 이것은 이 시기에 태호 유역과 절동지역이 모든 강남지역 전체에서 가장 풍요한 지역이기 때문이었다.

한말 회계 일대는 풍요한 지역으로 유명하였는데 허자장(許子將)은 "회계지역의 풍요는 손책(孫策)이 탐하던 바이다"[1]라고 하였다. 손오는 원래 강동 6군[2]을 근본으로 하고 후에 다시 정벌하고 개척하여 양주(揚州)·형주(荊州)·교주(交州)의 3주를 차지하게 되었다. 그러나 손오는 여전히 경제가 부유한 양주지역을 그 입국의 경제기초로 삼고 군국이 필요로 하는 물자는 주로 양주의 공부(貢賦)에 의존하였다. 손권이 무창에서 건업으로 천도한 목적은 경제중심지역으로 옮겨가기 위해서였다. 손오 말년에 손호(孫皓)가 무창으로 천도하였으나 양주와 멀리 떨어져 있어 오래 머무를 수는 없었다. 일년 후 다시 건업으로 돌아왔다.

중원이 혼란해지자 진왕조는 남으로 이주하고 동진의 영토는 여전히 서진의 반을 차지하고 있어 마치 광활한 것 같았지만 여러 주 가운데에서 비교적 풍요한 지역으로는 형주·양주 2개의 주가 있었을 뿐이었다. 『송서』에 이르기를 "형주는 남초보다 부유하고 양주는 모든 오(吳)지역의 비옥함을 가졌다. 어염기재(漁鹽杞梓)[3]의 이

---

1) 『三國志』 吳書, 권4, 「劉繇傳」 注에서 袁宏의 『漢紀』 인용.
2) 손책은 한 헌제 건안 5년(200)에 자객을 만나 죽었다. 이때 손씨는 회계·오군·단양·예장·여릉 6군을 가지고 있었다. 손권은 이 6군으로 기초를 삼아 王業을 개척하였다.
3) 물고기·소금·구기자나무·가래나무 등을 일컫는다.

익은 팔방에 미치고 사면포백(絲綿布帛)의 풍요는 천하를 덮는다"[4]
라고 한다. 그러나 형주는 비록 민호가 부유하고 물산이 풍부하지
만 이하 두 가지 요소로 인하여 경제적으로 조정을 부양할 수 없었
다. 첫째는 양주·형주의 산구(山區)는 본래 미개화한 산민(山民)이
많았는데, 양주에는 월민(越民)이 있고 형주에는 만민(蠻民)이 있었다.
손오 시기 내내 산월(山越)의 토벌과 개발에 힘썼으므로 산월은 점
차 승복하여 한화되었고 손오 이후로부터 중국사에서 산월이라는
명칭은 사라졌다.[5] 그리고 형주는 오·동진과 남조를 거쳐 모두 만
민의 노략질에 곤란을 겪었기 때문에 형주 일대는 모름지기 "밖으
로는 도적에 대항하고 안으로는 여러 만(蠻) 때문에 근심하였다"라
고 한다. 개발 속도는 자연히 큰 영향을 받았다. 둘째, 손오 이래
"양주를 근본으로 하고, 형주는 장군이 관할하는 지역으로 했다."
형주는 군사지역이 되어 부세수입의 대부분은 그곳의 군부를 위해
사용되어 형주가 비록 부유하다고 말해지지만 조정에 바칠 수 없었
다. 나머지 각 주는 원래 빈곤하여 조세는 그 지역을 위한 쓰임에만
충당되었다. 어떤 곳에는 심지어 조정의 공급에 의존하였다. 그러
므로, 조정은 겨우 회주(淮州)·해주(海州)와 양주의 공부에만 의존할
수 있었다. 유송 우완(虞玩)의 상표(上表)에서 이 점을 지적하고 있다.

> 강주(江州)·형주(荊州)의 여러 주는 세조(稅租)가 본래 적어 이 무렵
> 부터 군사를 모집하였는데 많이 모자랐습니다. 그 곡백의 수입은 문무의
> 관료에게 나누어 주고 예주(豫州)·연주(兗州)·사주(司州)·서주(徐州)의
> 백성들은 입을 열어 음식을 먹여 주기를 기다렸으며 서북에서는 군인들
> 이 벌거벗은 몸으로 옷을 구하고 있습니다. 수도에 보내는 공부는 내버
> 려 두어 대개 아주 적었습니다. 천부(天府)가 필요로 하는 자금은 오직
> 회주(淮州)·해주(海州)에 있습니다.[6]

---

4) 『宋書』 권54, 「孔季恭等傳」.
5) 高亞偉, 「孫吳開闢蠻越考」 『大陸雜誌』 제7권, 제7·8기.
6) 『宋書』 권9, 「後廢帝紀」.

남제 경릉왕(竟陵王) 자량(子良)도 말하기를 "석두 이외에는 부주(府州)만 겨우 자급할 뿐이다. 방산(方山) 동쪽은 조정의 근본으로 대저 가까운 지역이 중요하므로 구휼하지 않을 수 없다"[7]라고 하였다. 그리하여 양주의 중요성은 제국의 중심으로서의 경성 소재지에 그치는 것이 아니라 동시에 조정의 경제 지주(支柱)였다.

양주가 포괄하는 범위를 보면, 육조시대의 영토는 끊임없이 나누어지고 경역은 변천하여 상세함을 구하기가 어렵다. 손오 시대로 말하면 양주는 지금의 강소·절강·강서 삼성과 안휘남부·복건북부를 포함한다. 유송 이후 형주와 양주를 분할하여 신주(新州: 江州)를 설치함으로써 양주의 땅은 점차 줄어들었다. 양주의 경내는 절강(지금의 전당강)양안이 가장 부유하고 절서는 삼오평야가 비옥한 지역이고 절동은 회계군이 가장 풍요하다. 양자를 합쳐서 "삼오·회계(吳會)"라고 칭한다. 손오가 나라를 세울 때, 군국이 필요로 하는 물자는 삼오·회계지역의 공부에 의존하였다. 동진 및 남조 4대에도 삼오·회계지역을 경제의 기초로 삼았다. 왕희지(王羲之)는 북벌을 반대하며, "작은 땅이지만 오·월의 경영은 천하의 9/10이다"라고 하여 북벌을 지혜롭지 못한 거병이라 인식하였다.[8] 육조 사람들은 삼오·회계지역을 양한의 관중·하동지역에 비유하였다. 서한은 도읍을 장안으로 삼았으니, 관중이 가장 부유해 "천하의 재부는 관중이 반을 차지한다"고 하였다. 동한은 도읍을 낙양에 두고 또한 삼하의 풍요함에 의존하고 있었는데, 육조시대에 삼오·회계 지역을 중요시한 것은 마치 양한시대에 관중·하동지역을 중요시 한 것과 같다. 유송시기 범태(范泰)는 "지금의 삼오·회계지역에 대한 중요성은 양한의 관중·하동지역을 훨씬 더 능가한다"[9]라고 했다. 남제 경릉왕 자량도 말하기를 "삼오의 오지(奧地)는 땅이 오직 하(河)·보

---

7) 『南齊書』권26, 「王敬則傳」.
8) 『晉書』권80, 「王羲之傳」.
9) 『宋書』권60, 「范泰傳」.

(輔)인데, 여러 가지 물자 가운데 여기에서 나오지 않는 것이 없
다"10)라고 하였다. 진(陳) 시기에는 "군국에 필요한 물자는 모두 '동
쪽지역(東境)'에 의존한다"라고 하였다. 도성 건강의 위치로 말하면
진회하를 돌아 동쪽으로 나아가 파강독(破岡瀆)을 지나 삼오의 수운
을 따라가면 삼오·회계지역에 도달하는데 그리하여 삼오·회계를
'동쪽지역(東境)'이라 했다. 건강에서 삼오·회계로 가는 것은 '입동
(入東)'이라 하고 삼오·회계에서 건강에 이르는 것을 '출서(出西)'라
칭했다. 양주는 근본적으로 번영한 곳이고 그리하여 양주자사의 지
위와 명망이 대단히 높아 '신목(神牧)'이라 칭했다.11) 또 양주의 변
방지역(奧區)인 삼오·회계지역은 그 군수의 지위도 일반군수와 다
르다. 회계군·오흥군·오군 태수나 단양윤은 만호(萬戶) 이상의 군
태수와 마찬가지로 질봉(秩奉)이 2천 석이었다고 하지만, 만호 이상
의 군태수는 6품관이고 전술(前述)한 삼군태수 및 단양윤은 오히려
5품관이었다.12)

　삼오·회계는 또한 "일년 동안 곡식이 잘 익으면 여러 군이 굶주
림을 잊는다"라고 하는 것처럼 곡물의 주요산지였다. 따라서 도성
인 건강에 거주하는 많은 관리의 가구, 상인·군인 모두 이 지역의
양식공급에 의존하여 삼오의 조운은 건강의 생명선이 되었다. 만약
이 조운선이 끊기게 되면 건강성은 식량의 궁핍을 면할 수 없었다.
진의 손은(孫恩)이 동토(東土)에서 난을 일으킬 때 조운이 끊기자 수
도는 양식이 모자라 심지어 겨와 상수리나무의 열매를 군사들에게
공급하였다.13)

　조정은 삼오·회계 공부에 의지하였으므로 이 지역의 부역은 특

---

10) 『南齊書』 권40, 「竟陵王子良傳」.
11) 육조 양주는 도성 소재지가 되어 양주를 "神州"·"神甸"이라 불렀고,
　　양주자사를 "神牧"이라 하였다.
12) 『隋書』 권26, 「百官志上」.
13) 『資治通鑑』 권112, 「陳紀 24」, 安帝 元興 元年, 총 3535쪽.

별히 무거웠을 뿐만 아니라 국가의 세출이 늘어나면 이 지역의 부(賦)도 아울러 증가하였다. 남제 이후부터 또한 당역전(塘役錢)이란 항목이 많았는데, 당역(塘役)은 회계지역이 호수나 바다와 가까이 있었기 때문에 반드시 제방을 수축하고 바닷물을 막거나 호수를 막을 때, 또는 교량과 도로를 수축하고 보수할 때 인민이 담당해야 하는 지방공익의 의무노동이었다. 그러나 제에 이르러서는 오히려 인민이 부담해야 할 당역의 노역을 돈으로 계산하여 거두어들여 조정에 보냈는데 그래서 별개의 부세가 되었다.

> 회계지역은 호수와 바다에 연하여 민정(民丁)은 사서(士庶)를 막론하고 모두 당역을 짊어졌다. 왕경칙(王敬則)은 (당역의) 공력(功力)이 많이 남아 있었기 때문에 모두 그것을 계산하여 돈으로 거두었다. 대고(臺庫)에 보내기가 편리했기 때문에 황제가 이를 허락하였다. 경릉왕 자량이 말하기를 "신이 옛날 회계에서 관직에 있으면서 산물과 풍속에 대해 소홀히 하여 당정(塘丁)이 올려보낸 것도 본래 관으로 들어가지 않았습니다. 제방이나 호수 때문에 길이 막히게 된다면 다리나 길을 뚫도록하고 인부들에게 균등히 가격을 정하여 민이 스스로 이용하도록 해야 합니다. 만약 갑(甲)이 훼손시키면 즉 그 해에 고치게 하고, 만약 을(乙)이 완성하면 그 해에는 역이 없게 됩니다. 지금 군은 이 가격을 부과하고 모두 대(臺)에 돌려보냈습니다. 조부(租賦) 외에 다시 조(調)를 만드십시오"하니 황제가 받아들이지 않았다.[14]

진대에 삼오·회계 백성은 곧 부역의 무거움에 곤란을 겪었는데 왕희지는 매번 상소를 올려 간쟁하였다.[15] 송 효무제로부터 징수가 신속하게 되었다. 다시 대사(臺使)를 파견하여 군에 재촉하고 다그쳤다. 파견된 대사의 수는 대사끼리 길에서 서로 마주칠 정도로 매우 많아 백성은 심지어 자신의 몸을 훼손함으로써 징역을 피하고자 했고 부인이나 아이를 팔아 부세로 충당했다.[16] 부역이 무겁기 때문

---

14) 『南齊書』 권26, 「王敬則傳」.
15) 『晉書』 권80, 「王羲之傳」.

에 일반 호족·부실의 많은 사람들이 사적(士籍)에 올려 부역의 책임을 회피하였고 따라서 빈곤한 백성들에게 부역의 책임이 모두 넘겨졌다.

> 산음(山陰)이라는 하나의 현에 과호(課戶)가 2년 동안에 그 백성들의 재산이 3천에 이르지 않는 자는 거의 반인데, 깎아내고 깎아내더라도 여전히 3분의 1 남짓이다. 무릇 재물이 있는 자는 사인들이었는데 그들은 부역을 면제받았으며 그 극빈자가 모두 헐벗은 집[露戶]의 역민(役民)이었다. 삼오(三五)[17]는 관에 속하고 모두 오직 분정하여 온갖 방법으로 조를 거두어들이는 것이 일반적이었다.[18]

백성은 원래 이미 곤궁하여 스스로 존립하기도 힘들었으며 부역의 무거움은 그들로 하여금 살아가기 더욱 어렵게 하였다. 그리하여 농민은 곧 적(籍)을 버리고 도망하여 부역을 피했다. 그들 가운데에서 어떤 자는 산호(山湖)로 도망하여 무리지어 도적이 되고, 어떤 자는 도시에 도망하여 숨어서 상업을 경영하기도 하고, 어떤 사람들은 세가·호족에 의탁하여 전객(佃客)이 되기도 하였으며 심지어는 양주 이외의 지역까지 도망하였다. 예를 들면, 광주(廣州)는 곧 피역자가 은닉하는 장소였다.[19] 동진남조의 민란은 거의 모두 삼오·회계 지역의 부역이 무거운 것과 관련이 있다. 예를 들면, 손은이 난을 일으켰는데 그 무리들은 모두 삼오(三吳)사람들이었다.[20] 또 진 안제(晉 安帝) 때에는 오중(吳中)에서 왕흠의 난이 일어났다.[21] 유송(劉宋)의 삼오(三吳)지구는 도둑이 많았는데 정선지(鄭鮮之)는 상

---

16) 『南齊書』 권40, 「竟陵王子良傳」.
17) 『九品官人法硏究』 색인.
18) 『南齊書』 권46, 「陸慧曉傳附顧憲之傳」.
19) 『晉書』 권73, 「庾亮傳附庾翼傳」. "그때 東土에 부역이 많아서 이에 백성들이 바닷길을 따라 廣州로 들어왔다."
20) 『資治通鑑』 권115, 「陳紀 37」, 안제 의희 6년, 총 3629쪽.
21) 『宋書』 권81, 「顧琛傳」.

서하여 이르기를 "삼오(三吳)의 중심 내에 있는 여러 현이 자주 패한 것은 모두 노역 때문이었다."[22] 남제(南齊)의 부춘(富春) 지역의 당우지(唐寓之) 또한 역을 피하여 온 백성 3만 명을 모아 난을 일으켰다.[23]

육조의 삼오·회계지역은 조정의 경제적 명맥이었고 건강은 이 지역의 양식 공급에 의존하였으므로 삼오(三吳)·회계지역은 실로 조정의 근본이었다. 삼오·회계지역을 통제할 수 없도록 하거나 혹은 건강과 이 지역의 교통을 단절시키는 것은 곧 건강의 생명선을 끊는 것이나 다름이 없었다. 이로 인해, 육조시대의 내우외환을 일으키는 쪽에서는 항상 삼오 지역을 동요시키도록 유도하였으며 조정에서 방어할 때에도 역시 삼오·회계 지역을 보유하고 건강과 삼오·회계지역을 소통시키는 것을 기본책략으로 삼았다. 동진 시기, 소준이 난을 일으켜 건강을 차지할 때에 치감(郗鑒)은 곧 동토와 건강의 도로를 단절하도록 건의하여 건강으로의 보급로를 차단하였는데 이로써 소준을 곤란하게 하였다.

> (치감은) 이에 장군 하후장(夏侯長) 등을 몰래 파견하여 평남장군 온교에게 이르기를 "지금 도적이 천자를 끼고 동쪽에 위치한 회계로 들어오고자 하니 마땅히 먼저 영루(營壘)를 세워 요해를 지키고 그가 넘어오는 것을 방어하라. 또 적의 식량운송을 끊은 연후에 경구를 진정시키고 청벽(淸壁)으로써 적과 대처하라. 그렇게 하면 도적이 성을 공격해도 무너지지 않고 들판을 약탈할 수도 없을 것이다. 또한 동도가 끊기면 식량의 운송도 저절로 끊겨 백일이 지나지 않아 반드시 스스로 궤멸할 것이다"라고 하였다. 온교가 깊이 그러하다고 여겼다.[24]

---

22) 『宋書』 권64, 「鄭鮮之傳」.
23) 『資治通鑑』 권136, 「齊紀 2」, 무제 영명 3년, 총 4269쪽.
24) 『晉書』 권67, 「郗鑒傳」.

　유송의 공조(孔璪)는 공의(孔顗)에게 회계를 근거로 반란을 일으키라고 하였는데, "만약 오군 오예(五銳)를 끼고 삼오(三吳)지역에 소란을 일으키면 반란은 성공할 것이다"[25]라고 하였다. 또 양말 서사휘(徐嗣徽)·임약(任約)이 북제군을 끌고 들어가 노략질하고 석두성을 점거하자 무제는 위재(韋載)에게 대책을 물었다. 위재는 다음과 같이 답하였다.

　　제군이 만약 병사를 나누어 먼저 삼오로 통하는 길을 점거해서 동경을 약탈하면 이때 일은 실패한 것입니다. 그러나 지금 회남에서 후경이 옛 누각을 축성하고 이로써 동도를 통하여 운송하고 별도로 경병(輕兵)에게 명하여 그 식량운송을 끊어서 나아감에 포로가 없고, 후퇴함에 재용이 없게 한다면, 제나라 장수의 우두머리는 열흘 안에 그만둘 것입니다.[26]

　삼오·회계지역과 육조정권은 이와 같이 밀접한 관련이 있었으므로 삼오·회계지역의 손상과 파괴는 곧 조정에서 필요한 공부의 수입과 도성의 번영에 영향을 미친다. 양말 후경은 건강을 점거하는 한편 병사를 파견하여 삼오(三吳)를 공략하고 마음대로 포악한 짓을 함으로써 삼오(三吳)지역은 황폐해졌다. 건강이 후경의 난 이후 파괴되고 진의 국력이 쇠미하여 일어나지 못하게 된 것은 실로 양말 삼오가 파탄된 후 복원될 수 없었던 것과 연관이 있었다.

---

25) 『宋書』 권84, 「孔覬傳」.
26) 『陳書』 권18, 「韋載傳」.

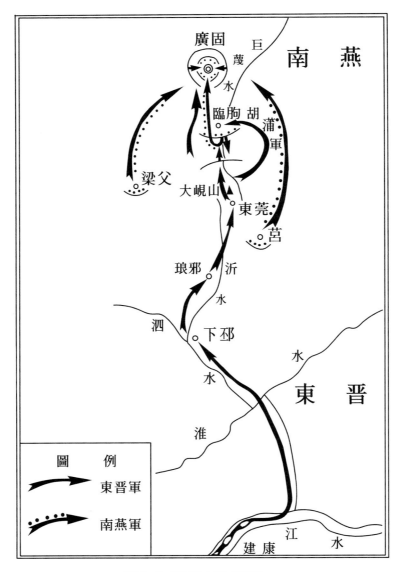

<지도 1> 유유의 남연 토멸전

Ⅱ. 외군에서 들어온 재무

동진 남조시기에는 경관(京官)을 제외한 주군현 수재(州郡縣 守宰)의 급료로는 녹봉 이외에 해당지역에서 나오는 산물인 '잡공(雜供)'이 있었다. 『남제서(南齊書)』에 이르기를 "송대 이래 주군의 질봉(秩俸) 및 잡공급은 대부분 토지의 수확량에 따랐으므로 정해진 준칙은 없었다"[27]라고 한다. 실제로 동진 때에도 이와 같았다. 이외에 그들은 임기를 만료하여 새로 부임하는 관료와 교대할 때에 일정액 외의 수입이 있었다. "군(郡)의 관리가 임무를 교대할 때에 송고영신(送故迎新)의 법이 있었다. 돈과 음식은 모두 백성으로부터 나왔는데, 이는 모두 규정에 정한 바이다."[28] 육조시대에는 관료들 사이에 착취하고 뇌물을 받는 풍조가 많았다. 외군수재(外郡守宰)는 조세 등을 마음대로 수탈하였기 때문에 녹봉에만 의지하는 경관(京官)은 빈한한 반면 외군목재(外郡牧宰)는 부유한 경우가 많았다.

조정에서는 외군(外郡)의 자록(資祿)이 넉넉하였기 때문에 대신들을 매번 외군의 관리로 임명함으로써 그들의 공로에 보답하였다. 예를 들면 유송의 무제(武帝)는 부량(傅亮)의 노고를 기리기 위해서 그를 동양(東陽)태수로 삼을 예정이었는데 부량은 간곡한 사양의 뜻을 상주하며 이르기를 "엎드려 듣자옵건대 동양태수로 임명하려는 황은의 뜻을 받고는 가계는 부족하오나 분에 넘치는 녹봉이옵니다. 다만 생계만 꾸릴 수 있다면 다행입니다"[29]라고 했다. 외군의 가장 큰 장점은 관리의 녹봉이 많은 것에 있었다. 또 경관(京官)은 녹봉이

---

27) 『南齊書』 권22, 「豫章文獻王嶷傳」.
28) 『隋書』 권26, 「百官志上」.
29) 『宋書』 권43, 「傅亮傳」.

적어 조정은 가정이 빈곤한 경관(京官)에게 산업을 증식하게 하려고 매번 그들로 하여금 외군에 나아가 단기간 관직을 역임하도록 했다. 예를 들면 남제(齊) 무제는 왕안(王晏)이 가정 형편이 매우 가난함에 그를 강주자사로 임명하고자 했다.[30] 양 무제(梁 武帝)도 소개(蕭介)가 청빈함에 하경용(何敬容)에게 부탁하며 말하기를 "소개는 매우 가난하여 군수로 보내는 것이 좋지 않겠소"[31]라고 하였다. 남제 시기에는 조를 내려 이러한 원칙을 분명히 하였다.

> (영명 11년) 9월 계축 조(詔)에 "동서이성부국(東西二省府國)의 장로(長老)는 쌓은 재물과 녹봉이 적어 진실로 가엽게 여겨진다. 부(部)를 선택하여 재능과 품성을 살피고, 연월을 비교하여 방수(邦守)나 읍승(邑丞)으로 추천하여 마땅함을 따라 헤아려 처리하되 빈곤한 자를 우선으로 삼아라"라고 하였다.[32]

남제의 왕곤(王琨)도 "외방의 작은 군은 마땅히 빈천한 이에게 내주어야 한다"[33]라고 주장하였다.

대다수의 외군(外郡)의 관원들은 임기가 만료되어 도성으로 돌아올 때에는 모두 그들이 외군에서 수탈해서 온 재부를 가지고 경사(京師)로 되돌아 왔으니 이를 "환자(還資)"라고 칭한다. 환자 가운데에는 금전 이외에 해당지역의 토산기물(土産器物)도 포함되어 있는데 경성으로 가지고 와서는 판매하여 이익을 취하였다.

> (사)안이 젊어서부터 명망이 있었는데 당시 애모(愛慕)하는 이가 많았다. 향인이 현을 지키는 것을 중도에서 그만 두고 돌아와 사안을 방문하였다. 사안이 가지고 온 자금을 묻자, 대답하기를 "포규선(蒲葵扇)이 5만"이라고 하였다. 사안이 이에 그 가운데 것을 취하여 그것을 잡으니

---

30) 『南齊書』 권42, 「王晏傳」.
31) 『梁書』 권41, 「蕭介傳」.
32) 『南齊書』 권4, 「鬱林王紀」.
33) 『南齊書』 권32, 「王琨傳」.

경사(京師)의 사서(士庶)가 다투어 사려고 하여 가격이 수배로 올랐다.34)

최위조(崔慰祖)의 아버지는 양주의 자산가이고 집안의 재산은 천만을 헤아리는데 종족에게 나누어주었다. 칠기에는 날짜를 써넣었는데 그 날짜를 쓴 그릇은 원근에 유통되었다.35)

왕균(王筠)은 임해군 태수로 나가 군에서 수탈한 환자(還資) 가운데에는 짚신이 두 척의 배를 가득 채웠는데 다른 물건도 이와 비슷했다.36)

아울러 외군목수의 수입은 넉넉하였는데 예를 들면, 남제의 왕수지(王秀之)는 진평(晉平) 태수로 1년간 있었는데 녹봉이 충만하자 경사로 돌아가고자 요청하였다. 당시의 사람들은 그가 탐욕해지는 것을 구하지 않았기 때문에 "진평태수 왕수지는 부유해 지는 것을 두려워하여 돌아오고자 요청하였다"37)라고 하였다. 그러나 오랜 임기를 마치고 돌아가는 사람들의 경우에 환자(還資)는 실로 볼만하였다. 송의 옹주자사(雍州刺史) 장흥세(張興世)는 임기를 끝내고 수도로 돌아올 때 3천 만38)의 환자를 가지고 돌아왔다. 남제(齊)의 예장왕(豫章王) 억(嶷)은 형주자사가 되어 환자 3천 여 만39)을 얻었다. 양의 신안 태수 장솔(張率)은 가동(家僮)을 보내어 쌀 3천 석을 실어 고향으로 돌아왔다.40)

외군은 다만 자사와 군수만이 영리를 위해 수탈을 꾀하는 곳이 아니었다. 또한 경성의 번객·요속들 가운데에는 빈한한 자가 많았는데, 그들도 외군으로 나가 모두 재물을 모으려는 생각을 품었다. 그러므로 이익을 좋아하고 뇌물을 탐하였다.

---

34) 『晉書』 권79, 「謝安傳」.
35) 『南齊書』 권52, 「文學傳－崔慰祖」.
36) 『南史』 권22, 「王曇首傳附王筠傳」.
37) 『南齊書』 권46, 「王秀之傳」.
38) 『南齊書』 권51, 「張欣泰傳」.
39) 『南史』 권42, 「豫章文獻王嶷傳」.
40) 『梁書』 권33, 「張率傳」.

　　광주(廣州)는 산과 바다를 끼고 있어 진기한 것이 산출되어 하나의
네모난 방에 재물이 여러 대에 걸쳐 쌓일 수 있었다. 그러나 풍토병이
많아 사람들이 그것을 두려워하였다. 오직 빈한하여 자립을 할 수 없는
경우는 장사(長史)로 보충되기를 구하였다. 그러므로 전후의 자사는 모두
금전 재화를 탐내는 경우가 많았다.[41]

　　양주·익주는 토경(土境)이 풍부하여 전후 자사가 재산을 축적하지
않은 바가 없어, 많은 자는 만금에 이르렀다. 빈한한 관료들은 경읍(京
邑)의 빈사(貧士)들이었는데 군현으로 나가 모두 재물을 얻었다.[42]

　빈객(賓客)·요좌(僚佐)가 재물을 탐내는 것이 소재지의 군수·자
사를 훨씬 뛰어넘는 경우도 있었다. 백성이 만약 구하는 바가 있으
면 모두 요좌를 통하여 목수(牧守)에 이르렀는데 돈을 바치지 않으
면 목수와 통할 수 없었다. 예를 들면 양의 소자각(蕭子恪)이 옹주자
사가 되자, 그 빈객 가운데에 강중거(江仲擧)·채원(蔡遠)·왕대경(王
臺卿)·유중용(庾仲容) 4인은 모두 뇌물을 받아 재산을 축적하였는데
당시의 사람들이 노래하기를 "강(江)은 천만, 채(蔡)는 오백만, 왕은
새로운 수레, 유(庾)는 큰 저택[43]"이라고 하였다. 소자각은 어리석어
서 오히려 이 4인만큼 재산을 쌓지는 못하였다.

　도성을 나와 재물을 일으킨 군수·자사 및 그 빈객(賓客)·요좌(僚
佐)는 각종의 방식으로 환자를 축적했는데 봉록 이외의 잡공은 각
지역마다 동일하지 않았기 때문에 남제의 예장왕 억(嶷)은 규제를
세워 사방에 반포할 것을 청하였다.[44] 그러나 그 실효가 어떠하였
는지는 알 수 없다. 또 군현의 송영전(送迎錢)도 각지의 빈부 차이에
따라서 많은 차이를 보이는데, 예를 들면 진의 오군의 송영전은 수
백 만이나 되었다.[45] 양대에 이르러 비로소 송영전의 조목을 규정

---

41)『晉書』권90,「良吏傳-吳隱之」.
42)『宋書』권81,「劉秀之傳」.
43)『南史』권52,「梁宗室下-南平元襄王偉傳附蕭子恪傳」.
44)『南齊書』권22,「豫章文獻王嶷傳」.
45)『晉書』권90,「良吏傳」, 등유가 오군태수가 되었다. "군이 항상 (군수

하고 백성들이 자금을 내어 빠짐없이 모았다.[46] 이외 그들은 또한
지역사정에 따라 서로 다른 방식으로 재물을 취했다. 예를 들면 양
주·익주의 땅은 풍부해서 수재는 인민에게 재물을 요구하고 심지
어 수재승위(守宰丞尉)는 "년중에 때때로 촌리(村里)를 몸소 돌면서
재물을 요구하였는데 백성들은 그것 때문에 고통을 받았다."[47] 청
주수재는 "바다에서 고기를 잡고 소금을 구워 벌어들인 재화를 취
하거나 혹은 백성의 맥지(麥地)를 강제로 빌려 홍화(紅花)를 심고 부
하(部下)와 교역함으로써 이익을 구하였다."[48] 신안군·임해군 등의
태수는 곧 그 땅의 특산물인 꿀과 바위를 멋대로 팔수 없게 하여
그 이익을 거두어 들였다.[49] 광주자사는 해외무역을 많이 경영하여
거부가 되었으며 그래서 "광주자사가 성문을 한번 지나가면 3천 만
을 얻었다"[50]라는 말이 있었다. 형주·익주는 만이(蠻夷)가 많아 무
릇 만이의 범죄는 편벌(鞭罰)을 받지 않도록 하고 재물로서 속죄하
였다. 이를 "탐(睒)"이라고 부른다. 형주·익주의 자사는 탐으로써
많은 부를 얻었는데 유송의 환굉(桓闊)은 "피탐자사(被睒刺史)"라는
비난을 받았다.[51] 육조는 불교가 융성한 시대로 사원의 재산은 넉
넉했다. 군수는 심지어 사원의 재산도 강탈하였는데, 예를 들면 송

　　　　를) 보내고 맞으매 錢 수백만을 받았는데 등유가 군에 가고는 한 푼도
　　　　받지 않았다."
46) 『隋書』 권26, 「百官志上」.
47) 『南史』 권52, 「梁宗室下－始興忠武王憺」.
48) 『南史』 권70, 「循吏傳－王洪範」.
49) 『梁書』 권26, 「傳昭傳」에서 전소가 임해 태수가 되었다고 한다. "郡에
　　　밀령이 있다. 전후 태수가 모두 스스로 견고히 지키면서 마음대로 그 이
　　　익을 거두었다. 주문유가 백성과 더불어 그것을 함께 하였다."
　　　『南史』 권59, 「任昉傳」, "(신안)군에 밀령과 양해가 있었는데 옛날 태수
　　　가 캐어 내자 많은 물건을 무릅쓴 때문에 때에 없어지게 되자 吏人이
　　　모두 백여 년 동안 그것을 보지 않았다."
50) 『南齊書』 권32, 「王琨傳」.
51) 『南史』 권25, 「桓護之傳附桓闊傳」.

의 왕승달(王僧達)은 오군(吳郡)태수가 되어 서대사(西臺寺)를 강탈하여 전(錢) 수백 만을 얻었다.52)

　육조 경관이 외군으로 나가서 재물을 취하는 것이 조정에서는 공공연히 허가된 일이었다. 그런데도 소수인은 청빈하고 검약한 생활을 하였다. 예를 들면 범신(范縝)은 진안태수가 되어 오직 공록에만 의지하였을 뿐이었다.53) 저진(褚珍)은 산음령이 되어 단지 녹봉만을 받고 별도의 조(調)를 받지 않았으며 퇴임할 때에 재물을 취함이 없이 경사로 돌아와 현에 머무르면서 채소를 심고 자급자족하였다.54) 그러나, 육조시대의 뇌물을 탐하고, 가렴주구하는 풍조 하에서 이와 같이 청렴하고 검약함을 스스로 지킨 사람은 새벽 별처럼 적었다. 그리하여 남제의 배소명(裴昭明)은 시안내사(始安內史)를 끝내고 돌아왔으나 집을 장만할 돈이 없자 남제의 무제는 칭찬하며 말하기를 "배소명은 군의 일을 마치고 돌아왔으나 집이 없으니 과인의 독서가 부족하여 옛사람 가운데에서 누구와 비교할지 모르겠노라"55) 라고 하였다.

　환자는 조정에서 묵시적으로 허용되었을 뿐만 아니라 군주조차도 이러한 비합법적인 수입을 바라고 있었다. 외군수재가 임기를 끝내고 수도로 돌아오면 모두 일부분의 환자를 황제에게 바쳤다. 어떤 수재는 심지어 환자 전부를 헌상하여 황제의 환심을 얻었다. 남제(南齊) 유전(劉悛)은 "광주·사주에서 임기를 끝내고 환자를 모두 바쳤는데 집에는 저축된 것이 없었다"56)라고 할 정도였다. 최혜경(崔慧景)은 주(州)에서 일을 끝내고 올 때마다 환자를 모두 바쳤는데 수백만이나 되니 세조는 그것을 가상하게 생각했다.57) 소혜

52)『宋書』권75,「王僧達傳」.
53)『南史』권57,「范縝傳」.
54)『南史』권28,「褚裕之傳附褚珍傳」.
55)『南齊書』권53,「良政傳」.
56)『南齊書』권30,「劉悛傳」.

휴(蕭惠休)는 광주로부터 임기를 끝내고 돌아와 환자를 모두 바치자 무제는 그 두터운 뜻에 감동하여 그와 나누어 갖고자 하였다.

영명 4년, 광주자사가 되었다. 임기를 마치고 환자를 모두 바치자 황제는 중서사인 여법량(茹法亮)에게 이르기를 "소혜휴(蕭惠休)를 묻노니, 나는 일전에 칙을 내려 경으로 하여금 사사로운 녹봉으로 헌상할 것을 채우지 말라고 하였다. 지금 전후의 다른 사람보다 그 정이 두터움을 특별히 알 수 있다. 묻노니, 그러므로 사사로움을 침범하는 것이 부당한가? 나는 그것을 나누어 받고자 한다"라고 하였다.58)

남조의 많은 황제들은 이익을 탐하였으므로 만약 외군수재가 환자를 바치는 것이 적으면 불쾌하게 생각했다. 예를 들면 송의 효무제 때에 공수지(孔琇之)는 임해태수가 되어 재직하면서 청렴하였는데 수도로 돌아올 때 겨우 말린 생강[乾薑] 이십 근을 바치자 황제는 헌상액이 적은 것에 대해 싫어하였다.59) 유송 효무제, 유송 명제, 남제 울림왕, 동혼후는 심지어 각종의 서로 다른 방법으로 수재로 하여금 환자를 모두 바치도록 압력을 주었다.

(송)효무제 말년에는 탐욕하여 2천 석 자사가 임기를 마치고 환도할 때 헌상액을 한정하고, 또한 도박을 해서 그것을 취하였다. 다하여 없어지면 이에 그만두었다.60)

(환굉은) 익주자사로 나아가 환자가 역시 수천 금이었다. 먼저 헌상물을 보내면서 환자의 반을 바쳤다. 명제는 오히려 그 액수가 적음을 탓하였다. 이에 환굉이 도성으로 와서 정위를 방문하여 스스로 적었다고 하니 먼저 조를 내려 옥관으로 하여금 환굉을 구류시키게 하자 이에 환자의 모두를 바친 연후에 풀려났다.61)

57) 『南齊書』 권51, 「崔慧景傳」.
58) 『南齊書』 권46, 「蕭惠基傳附蕭惠休傳」.
59) 『南齊書』 권53, 「良政傳－孔琇之」.
60) 『南史』 권25, 「桓護之附桓閎傳」.
61) 『南史』 권25, 「桓護之附桓閎傳」.

　　(조호(曹虎)는) 만년에 뇌물을 좋아하고 재물을 아끼면서 옹주에서 전
5천만을 얻었다. … 황제는 조호가 예전부터의 오랫동안 신임 받아오던
장수로서 그 재물의 이익마저도 겸하고 있다고 의심하였다. (조호는) 새
로 임명되었지만 아직 인사하러 오지 않은 동안에 살해되었다.[62]

　　외군수재는 각 지역에서 수탈하여 온 재물을 가지고 경사로 돌아
온 후 그 일부분으로 황제는 쌈짓돈 같은 비자금을 마련할 수 있게
되었고 그 나머지의 환자는 관원들이 경사에서 사치스러운 도시생
활을 누리는데 쓰는 비용이 되었다. 많은 관원들은 모두 환자를 가
지고 건강에 원택(園宅)을 조영하였는데 "남조의 금가루, 진회하의
풍월"이라는 건강의 생활면모는 실질적으로는 사방의 재부가 모여
서 이루어진 화려함과 번영이었다.

Ⅲ. 장원(莊園)의 수입

　　한조 이래로 중국의 농업은 대토지경영으로 발전하였다. 한대의
관료 호족은 이미 광대한 전원(田園)을 보유하고 있었다. 한말의 붕
란(崩亂)으로 삼국이 분립되고 강남의 손오가 영병제도(領兵制度)를
실시함으로써 황족·문신·무장은 모두 광대한 토지와 많은 전객
을 얻었다.[63] "동복(僮僕)은 군(軍)이 되고 폐문(閉門)에는 시장이 만들
어지고 소와 양이 원습(原濕)-높고 건조한 땅과 낮고 습한 들-에

---

62) 『南齊書』 권30, 「曹虎傳」.
63) 唐長孺, 「孫吳建國及漢末江南的宗部與山越」 4·「孫吳的領兵制度」
　　 『魏晋南北朝史論丛』(1955, 三聯書店).

가득차 있고 전지(田池)가 천리에 펼쳐져 있었다."[64] 손오의 멸망 이후 오 대족의 세력은 아직까지 영향을 받지 않고 여전히 삼오지역에서 광대한 전원(田園)을 점유하고 있었으며 많은 동복과 전객을 소유하고 있었다. 진실(晉室)이 남도한 후, 삼오지역과 건강지역에 인구가 증가했지만, 오인(吳人)의 세력이 이미 견고한 상태라 남으로 이주한 북방세족들은 논밭 따위의 재산을 늘리기 위해 하는 수 없이 절강을 건너 오인(吳人)의 세력이 비교적 약한 회계군과 임해군 사이의 절동지역에 이르러 사업을 일으켜 재산을 늘렸다.[65] 북에서 온 세족과 오의 대족은 비록 건강에서 정치활동을 했을지라도 산업은 삼오·회계를 중심으로 하는 절동·절서 지역에 분산되어 있었다. 그들은 이 지방에서 벌채를 금지하고 못을 점유하고 논밭 따위의 재산을 늘렸다. 예를 들면 유송(劉宋)의 사혼(謝混)은 재보(宰輔)가 되어 "전업은 10여 처, 동복들이 천명이나 되었다"라고 한다. 그의 조카 사홍미(謝弘微)도 또한 "원택(園宅)이 10여 소(所)가 또 회계·오흥·낭야의 여러 곳에 있었으며, 태부(太傅)·사공(司空) 염(琰)이 사업을 하여 노동(奴僮)은 수백인이나 있었다"[66]라고 한다. 사영운(謝靈運)의 부조(父祖)는 회계에 이미 광대한 전서(田墅)가 있었고 사영운에 이르러 더욱 탁축(拓築)하려고 하였다.

　　회계 동곽(東郭)에는 회종호(回鍾湖)가 있었는데 사영운은 그것으로 밭을 만들려고 하였다. 태조는 주군(州郡)에게 실행하도록 명령했다. 이 호수가 동곽에서 가까웠으므로 호수에서 산출되는 바를 유용하게 사용하여 왔으므로 백성이 그것을 애석하게 생각했다. (맹)기가 허락하지 않도록 주장하자 사영운이 회종호를 얻지 못하였다. 사영운은 다시금 비황호(岯煌湖)를 밭으로 만들 것을 요구하였다.[67]

---

64) 『抱朴子』(世界書局),「外篇－吳失」권34, 160쪽.
65) 陳寅恪,「述東晋王導之功業」『陳寅恪先生論文集報編』(臺北, 九思出版社, 1977), 14~16쪽.
66) 『宋書』권58,「謝弘微傳」.

육조의 귀척·대신·호족은 각종 방식을 통하여 산업을 개척하여 사람을 이주시켰다. 그러므로 삼오·회계의 백성들의 사유지는 적었고 반면에 호족의 장원은 많았다. 『송서』에 이르기를 "산음현의 지리적 영역은 협소하고 백성은 많지만 토지(田)는 적었다." 또 "산음현의 호족은 부유하고 토지는 많았다."[68] 산음현은 회계군의 군치(郡治)인데 다른 각 현도 산음현과 같았다. 예를 들면 공영부(孔靈符)는 영흥(회계군)에서 전야가 "둘레 33리, 수륙지(水陸地) 265경으로 두 개의 산을 두르고 있으며 또 과수원도 9군데 있었다"[69]라고 한다.

> 회계군은 여러 부호들이 많이 있었는데 왕의 법도를 따르지 않고 또한 총신(寵臣)과 근신(近臣)이 궁성에 참반(參半)하고 산호를 봉략(封略)하고 백성들을 다스리는 데에 방해를 하였다. … 회계의 토양은 전체가 비옥하고 민물(民物)이 번성하고 왕공(王公)비주(妃主)의 저택이 서로 마주 볼 정도로 많았다. 소란(撓亂)이 그곳에 있게 되면 크게 백성의 근심이 되므로 자식(子息)이 번성하고 자람에 감독과 책무가 끝이 없었다.[70]

건강에 인접한 양주부근을 제외한 지역, 예를 들면 남서주(南徐州), 남예주(南豫州) 등지에도 건강 왕공 귀인의 장원이 있었다. 진(晋)의 조(刁)씨가 경구(京口)에서 해를 끼쳤다. "토지가 만경(萬頃)이고 노비가 수천인 이었다."[71] 진(陳)의 위재(韋載)는 강승(江乘-남서주)에서 토지가 10여 경이 있었고[72] 송의 사혼(謝混)은 낭야에서 경작지를 만들고 별장(墅)을 세웠다. 남제의 경릉왕 자량(子良)은 선성현·임성현·정릉현(남예주)이라는 삼현에 둔전을 하고 산과 못을 막았다.[73] 유

---

67) 『宋書』 권67, 「謝靈運傳」.
68) 『宋書』 권54, 「孔季恭傳」.
69) 『宋書』 권54, 「孔季恭傳附孔靈符傳」.
70) 『宋書』 권57, 「蔡廓傳附蔡興宗傳」.
71) 『晉書』 권69, 「刁協傳附刁逵逵傳」.
72) 『陳書』 권18, 「韋載傳」.

송(宋) 시대의 대명보(戴明寶), 남제 시대의 환숭조(桓崇祖)는 모두 강
서에 전업(田業)이 있었다.[74] 양(梁)의 배지횡(裵之橫)은 작피(芍陂)에서
전서(田墅)를 크게 경영하고 동복(僮僕) 수백 인으로 하여금 농사에
종사하도록 하였다.[75] 도성 부근에도 고관대작의 전원이 있었다.
유송(宋)의 심경지(沈慶之)는 누호(婁湖)에서 넓은 전원(田園)을 만들었
다. 그가 항상 말을 타고 전원을 다녔다고 하는 데에서 그 전산(田
産)의 광활함을 알 수 있다.[76] 동진 이래 낭야왕씨는 종산(鍾山)에 양
전(良田) 80경이 있었고,[77] 양의 서면(徐勉)은 건강성 동쪽에 있는 동
전(東田)에 별장을 지었다.[78]

동진 남조의 왕공세족은 관리가 보편적으로 산업을 경영하는 풍
조하에서 그 세력을 끼고 백성을 업신여기며 전지(田地)를 겸병하였
다. 그들은 비록 도성에 거주하며 정치활동에 종사하였을지라도 그
경제세력은 오히려 양주·남서주·남예주 등 건강 인근의 군현에
두루 미치고 더욱이 삼오나 회계의 땅에 부실호족(富室豪族)의 원서
(園墅)가 서로 마주 보며 주요한 경제의 원천이 되었다. 건강의 지위
가 높은 자들은 상술한 각 처에 분포되어 있는 장원의 수입으로써
도성에 모여 거복을 치장하거나 원택을 아름답게 꾸미거나 넉넉한
생활을 하는데 지출하였다.

---

73) 『梁書』 권52, 「止足傳 - 顧憲之」.
74) 『南史』 권40, 「黃回傳」, "선양문에서 어떤 사람과 더불어 서로 다투었
    다. 江夏王 의공의 馬客이라 속여 칭하여 채찍 200대를 맞았다. 尙房에
    보냈다."
    『南史』 권47, 「荀伯玉傳」.
75) 『梁書』 권218, 「裵邃傳附裵之橫傳」.
76) 『宋書』 권77, 「沈慶之傳」.
77) 『梁書』 권7. "(王)籑舊墅가 寺側에 있을 때 양전 80경을 가지고 있다.
    즉 진 승상 王導가 내린 田이다."
78) 『梁書』 권25, 「徐勉傳」.

Ⅳ. 상업이윤

　삼국에서 남북조에 이르기까지 서로 다른 정권이 대립함으로 남
북간의 교역권 형성에 장애가 되었다. 그래서 남북은 각기 단절되
어 자립적인 상업구역을 이루었다. 그 가운데 남방은 화폐가 상당
한 정도로 유통됨으로 인하여 "양나라 초기에는 오직 경사(京師)와
삼오(三吳)·형주·영주·강주·상주·양주·익주는 전(錢)을 사용
하였다. 그 나머지 주군은 곡백(穀帛)으로 교역했지만 교주·광주 지
역은 전부 금은(金銀)이 화폐가 되었다"79)라고 한다. 또 장강의 수운
이 편리하였고 삼오 수운이 계통적으로 막힘없이 잘 통하여 상업은
비교적 남방에서 발달했다. 남방정권의 세출도 모두 상세(商稅)의 수
입에 의존하고 있었다. 진이 남도할 때 남으로 온 북쪽 사람을 "교
민(僑民)"이라 했다. 호적에 기재되지 않았기 때문에 부역의 징세를
내지 않았다. 동시에 많은 인민이 호족세가에 의탁하여 과역(課役)
을 피하였다. 그래서 남방정부의 부세수입은 자연히 크게 감소되
어 상세의 수입에 의존하지 않을 수 없었다. 그리하여 북위의 견침
(甄琛)이 말하기를 "지금 가짜 화폐가 많이 나돌고 있어서 관세와
전세가 여전히 높은데 북위의 이 넓은 땅에서 오직 곡식이나 옷감
의 운송만을 받으려 하니 참으로 불편하구나"80)라고 하였다.
　상업을 경영하는 사람들로 말하자면 관원은 면세의 우대를 받을
수 있기 때문에 관리가 상업을 경영하는 풍조가 많았다. 그 밖에 농
민은 한편으로는 남조의 화폐가 불안정했던 영향을 받아 생계가 곤

---

79) 『隋書』 권24, 「食貨志」.
80) 『魏書』 권68, 「甄琛傳」.

란하였으며, 또 한편으로는 부역이 무거워서 도망하여 상인이 되었
다. "부역이 고통스러워 농부는 줄어들고 상인이 늘었다. 상인의 일
은 편안하여 상업이 점차 확산되었다"라는 것은 남방에서의 보편
적 현상이었고,[81] 상업의 발달이 촉진되었다. 상업발달 지역으로
말하자면 형주·익주·강주·광주 모두 무역이 번성하였다. 예를
들면 양(梁) 무릉왕(武陵王) 기(紀)는 익주자사가 되어 "촉에서 17년,
남으로는 영주(寧州)의 월수군(越雟郡)을 개발하고, 서로는 자릉(資陵)
·토욕혼(吐谷渾)과 통하였다. 안으로는 농사·누에·염·철의 산업
을 운영하고, 밖으로는 상업으로 먼 지방의 이익을 통하여 그 재용
(財用)을 증식시킬 수 있었다"[82]라고 한다. 거부(巨富)로 말하자면 유
윤(劉胤)은 강주에서 "재화를 크게 늘려 판매하여 벌어들인 돈이 백
만이나 되었다"[83]라고 한다. 형주는 곧 옹주·민주·교주·양주 등
의 행상들이 모이는 땅이었다.[84] 또 광주는 해외무역의 전초기지가
되고 해외각국의 진기한 보물이 멀리서 왔다. 양주의 상업이 가장
번영함으로써 남방 경내의 도시는 대체로 장강과 절강 사이의 구역
에 집중되었는데, 예를 들면 경구·건강·오군·회계 지역은 인구
가 가장 조밀하고 무역도 또한 가장 흥성하였다.

  건강은 장강의 수운과 삼오의 수운이 계통적으로 연결되는 접점
에 있어 남방최대의 상업중심지가 되었다.[85] 건강은 또한 육조의
도성으로, 그 시기 상업을 경영하는 사람들 가운데에는 경사에 거
주하는 관료가 많았다. 이 밖의 부상대고(富商大賈)도 이곳에 거주하
였으므로, 건강성의 어도 좌우에는 부유한 사람의 주택이 분포되어

---

81) 川勝義雄,「侯景の亂と南朝の貨幣經濟」『東方學報』권32, 1962.
82) 『南史』권53,「武陵王紀傳」. <옮긴이 주>; 여기에서 寧州는 建寧郡으
   로 표기되어 있는 사료도 있다.
83) 『晉書』권81,「劉胤傳」.
84) 『南齊書』권25,「張敬兒傳」.
85) <옮긴이 주>; 郭黎安,「試論六朝建康的水陸交通」『江蘇社會科學』,
   1995-5 참조.

있었다. 또한 건강은 인구가 많았다. 양대의 전성기에는 28만 호(약 140만 명)가 있었는데, 이들 생활에 필요한 수요품을 공급하기 위해 상업행위가 흥성하였던 것이다. 『수서』에 묘사된 건강(建康) 지역은 "인물이 본래 많았다. 소인(小人)은 대개 장사에 종사했으며 군자(君子)는 관록(官祿)에 의지했다. 시전(市廛)이 줄지어 있는 것이 이경(二京)과 동등하였다"[86]라고 한다. 건강 지구와 삼오·회계 지구 및 장강 상류의 익주·형주·강주·상주 등의 여러 주는 수운이 왕래하고 교통이 편리하여 상업이 흥성하였다. 건강에서 진회하나 파강독을 따라 삼오의 수운망에 이르기까지 상선(商船)이 끊이지 않았다. 진(晉)의 저예(褚裒)는 몸소 건강에서 동으로 나올 때 고객선(估客船)을 탔다.[87] 유송의 고침(顧琛)은 경성에서 오군까지 "해가 지고, 방산에 이르렀다. 이때에 상려(商旅) 수십 선이 모두 기슭에 정박하였다"[88]라고 한다. 방산은 파강독에 있는 중요한 진구(津口)였다. 진의 강주자사 유윤(劉胤)이 상업을 경영함에 장강에 행상인이 줄을 이어 있어 심지어 강주에서 건강에 이르는 조운을 방해하였다.[89] 유송의 계양왕(桂陽王) 휴범(休範)은 스스로 심양에서 반란을 일으켰는데 "무리가 2만, 말이 500필이었다. 분구(盆口)를 출발하여 모두 상려(商旅)의 배에 올라탔다"[90]라고 한다. 이로써 장강에 떠다니는 상선의 수량이 적지 않았음을 알 수 있다. 장강을 따라 건강에 이르는 상선은 항상 우저(牛渚)에 잠시 정박하였는데 육조시대의 민가들은 자주 이곳을 노래하였다. 예를 들면 "우저의 물가에 잠시 정박하여, 갑판 위에서 내려오기가 싫구나. 물이 깊어 나의 옷을 적시고, 더러운 것을 어디에서 씻을까", 또 "어디선가 바람이 세차게 불어오며, 우저

86) 『隋書』 권31, 「地理志下」.
87) 『世說新語交箋』(臺北, 文光出版社, 1973), 「雅量 6」, 275쪽.
88) 『南史』 권55, 「顧琛傳」.
89) 『晉書』 권81, 「劉胤傳」.
90) 『南齊書』 권1, 「高帝紀上」.

의 물가에 돛이 높이 올라가 있네, 돛은 우산처럼 펼쳐져 있고, 배
가 마치 한 쌍의 말이 달리는 것과 같구나"[91]라고 묘사하였다.

건강성 남쪽의 진회하 위에 상선의 그림자가 서로 바라볼 정도로
많아 "공사상려(貢使商旅)의 배가 만을 헤아렸다"[92]라고 한다. 온교
가 나이가 어릴 때에 자주 진회의 상인과 도박에 참여하기를 좋아
하였다.[93] 방산진(건강성의 동남방) 및 석두진(건강성 서남방)은 진
회하에 있는 중요한 진구(津口)이고 무릇 행상들이 이곳을 지나면
반드시 십분의 일의 화물세를 거두어 들였다. 각지의 바다와 육지
의 진기한 보배와 곡백기물(穀帛器物)이 건강에 모이고 건강의 일지
구에는 많은 시장이 섰다. 일반적으로 매매교역 역시 모두 세금을
내야 했다.

진이 도강(渡江)한 때부터 모든 노비·마우·전택을 매매함에 있어 문
권(文券)이 있으면 전(錢) 1만당 4백을 관에 들이는데, 파는 자가 3백 전,
사는 자가 1백 전을 냈다. 문권이 없는 자는 물건의 수량에 따라 또한
100의 4를 거두고 이름하기를 '산고(散估)'라 했다. 송·제·양·진을 두
루 거쳐 이와 같은 것이 관례가 되었다. 이로써 사람들이 다투어 장사를
하고 농사는 하지 않으므로 균수(均輸)로 하여금 징계하도록 했다. 비록
이것으로써 평계를 삼았으나 그 실리(實利)는 (그의 재산을) 삭탈하는데
있었다. 또 도성의 서쪽에는 석두진, 동에는 방산진이 있는데, 각기 진주
(津主) 한 사람, 적조(賊曹) 한 사람, 직수(直水) 다섯 사람을 두고 금물(禁
物)과 도망자나 반란자를 검찰하였다. 그 갈대·숯·어류·땔나무 같은
종류를 가지고 진을 건너는 자는 십분의 일세를 관에 들였다. 동쪽 길에
는 금지하는 물품이 없어서 방산진의 검찰은 매우 간단하였다. 회수 북
쪽에는 큰 시장(大市)이 백여 곳이 있고, 작은 시장(小市)은 십여 곳이 있
었는데 큰 시장에는 관사를 두어 세금을 거두어들이는 것을 엄중히 하였
다.[94] 이때 (상인들은) 그것을 매우 고통스럽게 여겼다.

---

91) 『全晉詩』(世界書局) 권8, 「懊儂曲」 중 9, 「歡聞歌」 중 6, 532·538쪽.
92) 『宋書』 권33, 「五行志四」.
93) 『世說新語交箋』 「任誕 23」, 561쪽.
94) 『隋書』 권24, 「食貨志」.

상세의 수입은 동진 남조 세수입의 주를 이루었으며 사방의 행상이 모이고 각지의 상품이 모여들어 건강이 번화하고 흥성할 수 있었던 중요한 요인이 되었다.

V. 교주 · 광주의 부(富)의 원천

육조시대의 교주(交州) · 광주(廣州)는 대략 영남(嶺南)의 땅(지금의 광동 · 광서 및 월남의 중 · 북부를 포괄한다)과 해남도를 포함하고 있다.

영남의 땅은 일찍이 진(秦)대에 즉 중국의 영역으로 들어왔다. 시황제 33년 "일찍이 포망인 · 데릴사위 · 상인들이 제멋대로 땅을 약탈함에 계림 · 상군 · 남해에 그들을 병사로 보내 변방을 수비하도록 하였다." 당시 이 지역은 모두 이(俚)인 · 월(越)인 등의 토착민이 살고 있었으므로 개척하기가 지극히 곤란하였다.95) 그러나 후에는 이지역이 도리어 재부의 보고가 되었다. 한(漢)의 무제는 진(秦)대의 남해 삼군의 땅에 남해군(南海郡) · 창오군(蒼梧郡) · 울림군(鬱林郡) · 일남군(日南郡) · 합포군(合浦郡) · 구진군(九眞郡) · 교지군(交阯郡) 등의 칠군(七郡)을 두었다. 또 해남도(海南島)에는 별도로 담이군(儋耳郡) · 주애군(珠崖郡) 두 군을 설치하였다. 소제(昭帝) 때에 담이군을 폐지하고 주애군에 병합하였다. 원제(元帝) 때에 주애군의 토착민이 반란을 일으키자 가연지(賈捐之) 등의 의론에 따라 토벌병을 보내지 않고 주애(珠崖)군을 폐지하였다. 이것이 유명한 "한이 주애를 포기

---

95)『淮南子』(中國子·學名著編印基金會), 권18,「人間訓」.

하였던" 사건이었다. 삼국시대에 손권은 황무 5년에 교주의 남해
군·창오군·울림군 삼군을 두고, 따로 광주를 세웠다. 적오 5년 주
애군을 회복하였다. 서진은 오를 멸망시키고 주애군을 없애고 합포
군에 병합시켰다. 이후 진(陳)대까지 큰 변화는 없었다.

  영남에는 일찍이 진대로부터 이미 군을 설치되었지만 그 땅에
는 토착민이 많았다. 당대에 이르러 점차 개화가 이루어졌다. 그
러나 그 땅의 물산(物産)과 부원(富源)은 중국과 남해 제국의 교역에
서 특수한 지위를 가지고 있었는데 한대 이래로 이것은 분명해졌
다. 손오 이래로부터 교주나 광주의 재부는 남방에서 입국한 육조
에 더욱 중요해졌다. 교주와 광주와 같은 지역은 예로부터 궁벽한
곳이었지만, 그 땅의 산물은 모두 중원에는 없었던 것이 이것은
진·한 제국이 남방으로 넓혀 가려고 한 동기가 되었다. 진시황제
가 남월을 개척한 주요한 원인으로는 "월(越)의 무소의 뿔·상아·비
취·진주구슬의 이익을 얻기 위함"[96]이었다. 한 원제 때에 가연지
가 주애군을 포기하자는 의론에서도 "주애에는 진주·무소·대모
(瑇瑁)[97]가 없어서 그것을 포기하더라도 애석할 것이 없으며, 공격
하지 않았으니 위엄이 손상될 것도 없다"는 이유에서였다.[98] 『사
기』「화식열전」에 그 지역의 산물을 기록하기를,

    강남은 녹나무(枏)·가래나무·생강·계수나무·금(金)·주석·연(連)·
    단사(丹沙)·무소·바다거북(瑇瑁)·진주구슬·코끼리와 가죽이 생
    산된다.[99]
    구의(九疑)산과 창오(蒼梧)에서 담이에 이르기까지 강남과 대체로 풍
    속이 같으나, 양월(楊越)사람들이 많았다. 번우(番禺)─광동성 광주부에

---

96) 『淮南子』(中國子學名著編印基金會), 권18, 「人間訓」.
97) 거북과 유사.
98) 『漢書』 권64, 「賈損之傳」.
99) <옮긴이 주>; 성균관대학 동양사연구실, 「『사기』「화식열전」 역주1」
   『중국사연구』 18, 2002, 363쪽 참조.

있음-에 역시 도회지로, 진주구슬·무소뿔·바다거북·과일·갈포가 모이는 집산지였다.100)

『한서』「지리지」에 이르기를,

> 월지(粵地)-현 광동성-는 견우(牽牛)·무녀(婺女)의 나눠어진 뜰이다. 지금의 창오군·울림군·합포군·교지군·구덕군·남해군·일남군은 모두 월이 나눠진 것이다. … 가까운 바다에는 무소뿔·상아·바다거북·진주구슬·은·동·과일·갈포가 많이 모이고, 중국의 상인들은 이것으로 부를 획득함이 많았다. 번우는 그 한 도회지이다.

위의 『사기』「화식열전」과 『한서』「지리지」에 열거된 것을 보면 교주·광주의 산물은 실질적으로는 모든 것이 해당지역에서 산출되는 것이 아니고 대부분은 해외무역에서 온 것이었다. 교주와 광주는 본래 진주구슬·대패(大貝)·단칠(丹漆)·과일과 갈포를 산출하였다. 이른 시기의 문헌 가운데에는 이곳의 거주민들이 진주를 채취한 기록이 있다. 만진(萬震)의 『남주이물지(南州異物志)』에 이르기를,

> 합포에는 백성들이 진주를 캐는 일을 좋아하였고, 어린아이가 십여 세가 되면 물에 들어가 진주를 채취하는 것을 가르쳤다. 관에서는 백성들이 진주를 채취하는 것을 금지하였으나 교묘하게 진주를 채취하는 자는 물 밑바닥에 쭈그리고 앉아 조개를 갈라서 거기에서 품질이 우수한 진주를 채취하여 그것을 삼키고 나왔다.101)

서애(徐哀)의 「남방초물장(南方草物狀)」에 이르기를,

> 무릇 진주를 캐는 자는 늘 삼월에 오생기도(五牲祈禱)를 하였는데 만약 제사에 실수가 있으면 곧 바람이 바닷물을 소용돌이치게 하거나 혹

---

100) <옮긴이 주>; 성균관대학 동양사연구실, 「『사기』「화식열전」 역주2」 『중국사연구』 21, 2002, 300쪽 참조.
101) 『太平御覽』(臺北, 常務印書館, 1968) 권803, 「珍寶部 2」, 총 3699쪽.

은 큰 물고기가 조개의 좌우에 있었다.102)

또 바다거북과 대패도 산출하였다. 『남방이물지(南方異物志)』에 이르기를 "바다거북은 거북이와 비슷하고 남해에서 산다"103)라고 하였다. 유흔기(劉欣期)의 『교주기』에 "대패는 일남(日南)에서 나는데 마치 술잔과 같다. 소패는 패치(貝齒)이다. 독을 치료하는 데에 좋고 자색을 갖추고 있다"라고 하였다. 『남주이물지』에 "교지의 북남해에는 큰 무늬 조개가 있는데 바탕은 백색이고 무늬는 자색이며 맵시가 자연스럽고, 다듬지 않아도 빛이 나고 색이 찬란하였다"라고 한다. 또 『광주지(廣州志)』에 "조개는 무릇 8가지가 있는데 자주색이 나는 조개가 품질이 가장 우수하고, 교주에서 산출된다"104)라고 한다. 바다에서 보배를 산출하는 것 외에 또 단칠(붉은 옷 칠)도 풍요했다.105)

비록 교주와 광주에서 진주·패류(貝類)가 산출되지만 그것의 일부는 해외 여러 나라로부터 온 것이었다. 예를 들면, 『광주지』에 "바다거북의 형태는 거북과 비슷하고, 남해 거연주(巨延州)에서 난다"거나 또 "대패는 거연주에서 나고 행상과 무역한다"라고 하였다.106) 무소뿔·코끼리·산호·유리·향료 등의 산물은 해외무역에서 온 것이다. 중국은 남해와 해외 여러 나라와 무역하였는데, 한대로부터 이미 그 단서를 열었다. 한나라는 역장과 응모자를 파견하여 남해 여러 나라로 나아가 진주·유리·기석이물(奇石異物)을 구매하게 했다.

---

102) 『太平御覽』 권803, 「珍寶部 2」, 총 3699쪽.
103) 『太平御覽』 권807, 「珍寶部 6」, 총 3618쪽.
104) 『太平御覽』 권807, 「珍寶部 6」, 총 3718쪽.
105) 『晉書』 권85, 「劉毅傳」.
106) 『太平御覽』 권807, 「珍寶部 6」, 총 3618·3718쪽.

　　역장(譯長)이 있어 황문(黃門)에 속하였는데 응모자(應募者)와 함께 바
다에 들어가 명주·옥유리·기석이물을 구입하여 황금과 여러 가지 비
단을 가지고 왔다. 나라에 이르러서는 식(食)을 공급함에 짝을 이루었다.
만이(蠻夷)의 상선은 물자를 운송하여 이르렀는데 역시 이익을 얻었으며,
사납게 살인하였다. 또 풍랑을 만나 익사하기도 했으며 아니면 수년에
걸려 돌아왔다. 큰 진주는 둘레가 2촌 이하에 이른다. 평제 원시 년간에
왕망은 정사를 관장하고 덕을 비추고자 하여 황지(黃支)의 왕(王)으로 하
여금 살아 있는 무소를 헌납하도록 하였고 … 황지의 남쪽에는 이미 법
은 있으나 국가는 아니어서 한(漢)의 역사(譯使)는 이로부터 돌아왔다.[107]

　　육조에 이르러 교주와 광주의 해외무역은 다시 번성하게 되었고
역사기록에서는 외국의 큰 배가 매년 수차례 혹은 십여 차례 이른
다고 기록하고 있다.

　　천감 초에 … (왕승유는) 남해태수로 나갔다. 군에는 고량의 노예와
선박이 매년 수 차례 이르러 외국의 상인이 교역을 하였다. 옛날 주군
은 가격을 반으로 하면 사고, 사서는 곧 팔아서 그 이익이 수배에 이르
렀다.[108]

　　광주의 해변에는 오래 전부터 풍요해서 외국의 선박이 이르렀는데 자사
가 간섭하는 바가 많아지자 매년 선박은 3번 정도 이르렀다. 소매(蕭勱)가
이르러, 점차 조금도 범하지 못하게 하자 매년 10여 차례 이르렀다.[109]

　　『고승전』 기록으로 보면 중국에 온 외국의 승려는 상인의 큰 배
에 타고 여러 곳에서 왔다. 이로 보아 당시에 광주의 해외무역은 상
당히 번성하였음을 알 수 있다. 예를 들면, 서진 때에 천축승려 기
역(耆域)이 천축국에서 부남에 이르렀고 교주와 광주에 도달하였
다.[110] 동진의 법현(法顯)은 불법을 얻기 위해 서쪽으로 가서 사자국

---

107) 『漢書』 권28, 「地理志下」.
108) 『梁書』 권33, 「王僧孺傳」.
109) 『南史』 권51, 「吳平侯景傳附子勱傳」.
110) 『高僧傳』(『大藏經』 제50册, 대북중화불교문화관대장경위원회영인, 1957)

에 이르렀고 후에 상인의 배를 타고 바닷길로 귀국하였다.[111] 석무
담(釋無曇)은 남천축국에서 배를 타고 광주에 이르렀다.[112] 유송시대
의 구나발마(求那跋摩)가 상인인 축난제(竺難提)의 배를 타고 표류되
어 광주에 이르렀다.[113] 천축승 가발마(伽跋摩)는 육로로 건강에 이
르렀으며 후에 서역 상인의 배를 타고 바닷길로 돌아갔다.[114] 양대
의 부남(扶南)승 승가파라(僧伽婆羅)는 선박으로 건강에 이르렀고[115]
부남왕은 또한 사신을 파견하여 광주에 이르러 무역하며 말하기를,

> 신이 전에 사신을 파견하면서 잡물을 보내어 광주에서 무역을 하게
> 하였는데, 천축도인(天竺道人) 석나가선이 광주에서 신의 배를 타고 부남
> 에 오려고 하였습니다. 그런데 바다 가운데에서 풍랑을 만나 임읍(林邑)
> 에 이르렀는데 국왕은 신(臣)의 교역품과 석나가선(釋那伽仙)의 사재(私
> 財)를 탈취하였습니다.[116]

교주와 광주의 목재(牧宰)는 해외무역을 통하여 얻은 이익으로 부
를 쌓았기 때문에 "광주자사는 성문을 한번 지나가면 3천만을 얻었
다"라고 하였다. 그러나 이곳은 변방지역이기 때문에 관리들은 매
번 이곳에 임관되어 오는 것을 좋아하지 않았고 다만 재산을 늘리
려는 자만이 이곳에 이르러 재산을 모았던 것이다.[117]

멀리 경사의 관원도 사신을 파견하여 교주와 광주에 이르러 무역
하게 하여 폭리를 취하였다. 예를 들면 진의 의양성왕(義陽成王) 사
(嗣)는 삼부사(三部使)를 교주와 광주지역에 이르게 하여 상업활동을

　　권10,「耆域傳」, 총 3880쪽.
111)『高僧傳』권2,「曇無讖傳」, 총 336～337쪽.
112)『高僧傳』권3,「釋法顯傳」, 총 338쪽.
113)『高僧傳』권3,「求那跋摩傳」, 총 341쪽.
114)『高僧傳』권3,「僧伽跋摩傳」, 총 342쪽.
115)『續高僧傳』(『大藏經』제50冊 권1),「僧家婆羅傳」, 총 426쪽.
116)『南齊書』권58,「東南夷傳」.
117)『晉書』권90,「良吏傳－吳隱之」.

하였다.118)

육조시대 교주와 광주의 해외무역에서 중국이 수입하는 상품은 무소뿔·상아·대패·유리·명주·향료·노예 등이 있었다. 울림군(鬱林郡)은 심지어 해외무역이 흥성함으로 인하여 "산호시(珊瑚市)"가 생겨났다. 『술이기(述異記)』에 이르기를 "울림군에는 산호시가 있는데, 해객이 산호를 교역하는 곳이다"119)라고 한다.

수입의 대종을 이루는 명주와 진기한 보배 이외에 또한 노예, 향료도 당시 중요한 수입품이다. 육조시대 한족이 아닌 노예는 교주와 광주로부터 들어왔는데 첫째는, 해당 지역의 토착민이고 그 내원은 매매에 의하거나 혹은 반란을 진압하면서 노획한 포로들이었다. 예를 들면, 『양서』「왕승유전(王僧孺傳)」에 남해군을 말하면서 "군에는 항상 고량군의 노예와 바다의 선박이 매해 여러 번 이르렀다"라고 하였는데 고량군은 광주에 속하였다. 또 『남사(南史)』에 이르기를 "이인(俚人)이 복종하지 않고 바다에서 매우 포악하였다. (소)매(蕭勱)는 반란을 토벌하고 획득한 생구와 보물을 군상(軍賞) 외에는 모두 대(臺)에 돌려보내도록 했다"120)라고 하였다. 구양위(歐陽頠)는 광주자사가 되어 "동고(銅鼓)와 노예[生口]를 많이 보내고 진귀한 물건을 헌상하였으며 저축한 물품이 많아 자못 군국에 도움을 주었다"121)라고 한다. 둘째는, 남해 여러 나라에서 온 곱슬머리에 몸이 검은 이국인이었는데 '곤륜(崑崙)'122)이라 칭했다. 육조시기에 중국에는 곤륜노가 팔려서 중국으로 유입된 수가 많았다. 그래서 중국인은 피부색이 검은 사람을 형용하여 "곤륜"이라 했다. 예를 들면,

---

118) 『晉書』 권37, 「宗室傳」.
119) 『太平御覽』 권807, 「珍寶部 6」, 총 3717쪽.
120) 『南史』 권51, 「吳平侯景傳附子勱傳」.
121) 『南史』 권66, 「歐陽頠傳」.
122) 『舊唐書』 권197, 「南蠻傳」. "林邑 이남으로부터 모두 머리를 말고, 몸을 검게 하였다. 일반적으로 崑崙이라 불렀다."

진 효무제의 어머니인 문리태후가 어렸을 때에 그 몸이 검은 색이
어서 궁인들은 그녀를 "곤륜"이라 칭했다.123) 유송 효무제는 일명
백주(白主)라고 하는 곤륜노를 총애했다.124) 남제의 왕곤의 어릴 때
의 이름이 곤륜이었다. "부는 역(懌)으로, 지혜롭지 못했다. 시중드
는 비가 곤을 낳자 이름을 곤륜이라 했다."125) 이 비(婢)가 아마도
곤륜노일 것이다.

한말 이래 불교가 성행하게 되어서 불교에 공양하기 위해 향료의
수요가 많아지자 남해 여러 나라의 특산물인 향료는 중요한 수입품
이 되었다. 『양서』「제이전(諸夷傳)」의 기록에 의하면 임읍(林邑)과
부남(扶南)에서는 침목향이 산출되고 중천축에서는 소합(蘇合)이 산
출되고, 계빈(罽賓)126)에서는 울금향이 산출되고 낭아에서는 벌침파
율향(筏沈婆律香)이 산출되었다. 그리고 여러 나라의 조공품안에도
향료가 주요한 품목이 되었다. 예를 들면, 중대통(中大通) 원년 반반
국(盤盤國)은 사신을 파견하여 침단 등의 향료 수십 종을 헌상하였
다. 중대통 6년에는 첨당(詹糖) 등의 향료를 바쳤다. 대동(大同) 원년
에 단단국(丹丹國)은 향약을 공물로 바쳤고, 보통(普通) 3년 파리국(婆
利國)은 잡향(雜香)을 바쳤다. 천감 초년 중천축(中天竺)도 잡향을 바
쳤다.127) 관련자료의 결핍으로 육조시기 남해지역의 향료무역에
대한 상황을 알 수가 없으나 단지 중국은 중천축을 통해서 로마(大
秦)에서 산출되는 소합향과 계빈에서 산출되는 울금향(鬱金香)을 구
매했음을 알 수 있다.

---

123) 『晉書』 권32, 「孝武文李太后傳」.
124) 『宋書』 권76, 「王玄謨傳」.
125) 『南齊書』 권32, 「王琨傳」.
126) <옮긴이 주>; 계빈의 정확한 위치에 대해서는 여러 가지 견해가 있으
    나 현재의 아프가니스탄, 간다라지방, 카시미르지방, 인더스 상류유역
    을 포함하는 지역으로 당시의 쿠산제국을 의미한다.
127) 『梁書』 권54, 「諸夷傳」;『南齊書』 권58, 「東南夷傳」.

중천축국은 … 그 서쪽으로는 로마(大秦)·안식(安息)과 함께 바다에
서 교역하였는데 로마의 진기한 물산인 산호·호박·금옥과 진주구
슬·옥·울금향·소합향 등이 많았다. 소합향은 향즙을 달여서 합친 것
으로 자연물이 아니다. 또 로마인들은 소합을 채취하여 먼저 그 즙을
짜서 향기름으로 사용하였다. 이에 그 앙금을 여러 나라의 상인에게 팔
았는데 이것이 돌고 돌아 중국에까지 이르렀으니 대향(大香)은 아니다.
울금향은 계빈국에서만 산출되는데 빛깔이 황색으로 세밀하고 부용의
화려한 속은 연꽃과 비슷하다. 국인(國人)이 먼저 취하여 불사(佛寺)에
올림으로써 날로 향이 쌓여 말라버릴 정도가 되니 이에 치워 없애려
하고 상인은 절에서부터 이것을 사들여서, 타국에서 전매하였다.[128]

육조 건강 지역은 생활이 사치하고 금은(金銀) 장식품이 무성한
풍조가 생겨났으며 특히 황금을 소중하게 여겼다. 금은 매우 잘 펴
지므로 종이조각보다 얇게 만들 수 있었는데 그것을 "금박(金箔)"이
라 한다. 그것을 기물에 붙여서 장식하는 것은 "첩금(貼金)" 혹은
"장금(裝金)"·"포금(包金)"이라 칭하였다. 금박은 보편적으로 건축물
및 물품의 장식용으로 사용하였는데 귀족과 부상의 거실(巨室)과 기
물(器物)은 금으로 장식되었다. "육조의 금가루[六朝金粉]"는 육조시
대의 화려함의 표상이 되었다. 그리고 육조시대의 황금이 번쩍일
수 있도록 교주와 광주가 실질적 기초를 제공하였다. 육조시대에
각지에서는 전(錢) 혹은 곡백(穀帛)을 화폐로 이용하였는데 오직 광
주만이 전부 금·은으로써 교역의 매개를 삼았으니[129] 이곳에 대량
의 금과 은이 있었음을 알 수 있다. 교주·광주의 금·은은 반 이상
이 남해 여러 나라로부터 왔다. 『양서』「이만전(夷蠻傳)」에 이르기를
임읍은 금을 산출하였는데 "그 나라에는 금산(金山)이 있었는데 돌
은 모두 적색이었다. 그 가운데에서 금을 얻었다. 금은 밤에 바람에
날리기도 하였는데 그 모양이 마치 반딧불 같았다"라고 한다. 부남
·중천축은 금·은을 산출하였고, 단단국·간타리국(干陀利國)은 모

---

128) 『梁書』 권54, 「諸夷傳」.
129) 『隋書』 권24, 「食貨志」.

두 일찍이 사신을 파견하여 금은 보물을 헌상하였으니 남해의 여러
나라가 금은의 생산량이 풍부했음을 설명해 준다. 금과 은은 무역
을 통하거나 기타 방식으로 중국에 유입되었는데 그 가운데에서 가
장 눈에 띠는 1차 수입은 유송 문제가 임읍을 토벌하고 얻은 전리
품이었고, 이는 황금 수십만 근을 헤아렸다.[130]

이상과 같이 육조의 도성인 건강에서 사용되는 사치스럽고 화려
한 물품은, 진기한 보물과 금은으로부터 불교사찰에 공양하는 향
옷(薰衣)의 향료, 심지어 사역하는 노예까지 교주와 광주 및 그 지
역의 해외무역으로부터 온 것이 매우 많았다. 그러므로 사서에서
는 "교주와 광주의 부귀는 왕부(王府)에 가득 쌓인다"라고 하였다.

> 남이잡종(南夷雜種)에 이르기까지 작은 섬으로 나누어 건국하였는데
> 사방은 진기하고 이상한 것이 많았다. 산과 바다를 덮을 정도로 보물이
> 눈에 가득차고 상선이 멀리 나아가 남주(南州)[131]에 운송을 맡긴 까닭에
> 교주와 광주의 부유함은 왕부에 가득 쌓였다.[132]

중국은 대체로 사직품(絲織品)을 수출함으로써 이러한 물품과 교
환하였는데 남제 무제 때에 장경진(張景眞)은 "사금(絲錦)을 곤륜의
선박에 건네주면서 재물을 늘렸다"[133]라고 한다.

종합하여 말하면, 육조의 입국은 양주 삼오·회계의 공부에 의존
하고 건강성에 거주하는 왕공귀인도 이 지역에서 광대한 장원을 보
유하고 산업을 증식하고 이익을 가졌다. 장원의 수입은 그들이 건

---

130) 『梁書』 권54, 「諸夷傳」. 또 일설에는 수만 근이라고도 한다. 『南齊書』
　　　권58, 「東南夷傳」을 참조.
131) 즉, 고숙(姑孰): 건강성 서남의 남주진(南州津).
132) 『南齊書』 권58, 「東南夷傳」. 남주 즉 고숙은 건강 서남의 門戶이다. 이
　　　곳은 소위 남주 계통이란 건강성 서남방면의 津渡는 남주진을 말하는
　　　것이다.
133) 『南齊書』 권31, 「苟伯玉傳」.

강에서 사치스러운 소비생활을 하는 자본의 하나였다. 그리하여 삼오·회계지역은 조정의 경제적 지주일 뿐만 아니라 건강 재부의 원천이었다. 또 육조시대의 경관(京官)들은 외군 수재로 나가 항상 많은 환자를 가지고 수도로 돌아와서 소비하였고 동시에 건강도 남조 최대의 상업중심지로, 전국의 화물은 모두 이 지역에 모였다. 건강의 사치스러운 생활을 꾸민 진기한 보물과 금은은 모두 교주와 광주 지역의 해외무역에서 온 것이었다. 각 지의 재부와 물질은 서로 다른 경로를 통하여 경사에 모여 건강성은 물질적으로 부유한 도시가 되었으며, 육조시대는 이 기초 위에서 사치스럽고 호화스러운 문화를 발전시켰던 것이다.

『食貨月刊』 復刊 第12卷 제10·11기

　중국은 옛부터 원림(園林)을 건설하였고, 원림은 그 소유자에 의해 2가지 종류로 나눌 수 있다. 하나는 제왕(帝王)의 원유(苑囿)로 그기원은 선진시대까지 소급할 수 있다. 다른 하나는 귀족(貴族)이나 일반개인의 원림(園林)인데 출현한 시기는 비교적 늦다. 한대(漢代)에 이르러서야 비로소 여러 기록을 볼 수 있다. 『삼보황도(三輔黃圖)』에는 한대(漢代) 무릉(茂陵)의 부민(富民)인 원광한(袁廣漢)의 원림을 묘술하며 이르기를,

　　무릉부민(茂陵富民) 원광한(袁廣漢)은 거만(巨萬)을 저장하고 있었고, 가동(家僮)은 8·9백 인이었다. 북산 아래에 원(園)을 축조하니 동서 4리, 남북 5리인데 세차게 흐르는 물을 그 중앙에 대고 돌을 구축하여 산을 만들었다. 높이는 10여 장으로 수리(數里)에 연이어 있었다. 백앵무·자원앙·얼룩소·푸른 외뿔소·기이한 짐승을 길러 그 사이에 두었다. 모래를 쌓은 것이 모래섬을 이루고 세차게 흐르는 물이 파도가 되었다. 그러므로 강기러기와 바다 학·병아리를 배고 연작의 새끼를 낳는 것과 같은 기이한 것들이 연이어 숲과 못에 가득하였다. 기이한 나무와 색다른 풀을 심어 재배하지 않는 것이 없었다. 옥(屋)은 모두 늘어선 것이 연속되어 있고, 이중 누각에는 회랑을 지어 그것을 지나면 그림자를 움직이니 두루 하지 않는 바가 없었다.[1]

라고 하였다. 이렇게 돌을 쌓아 산을 만들고 세차게 흐르는 물을 유입해 인공의 원림을 건조(建造)하는 것은 동진 이후에 이르러 더욱 발달되었다. 동진 남조 삼오지구 귀인왕공의 거택(居宅)에 두루 분포하고 있었다. 그들의 택제(宅第)는 호화로운 화옥(華屋)이 있을 뿐만 아니라 또한 세밀히 설계한 원림(園林)을 포괄하고 있었다. 이러한 종류의 원림은 특별히 백관귀족(百官貴族)이 집거하고 있는 도성 건강에 집중되어 있었는데 이것이 또한 건강성을 구성하는 특색의 하나였다. 동시에 원림은 당시 귀족이 연회를 베푸는 장소였고, 육조문화는 바로 이렇게 정치·사회·경제적으로 모두 우세한 지위를 차지하고 있는 귀족의 생활이 응집되어 이루어진 것이었다. 이 때문에 건강성에 존재하는 많은 수의 원택도 육조문화의 중요한 요소라 할 수 있다.

본문은 모두 삼절로 나누어 우선 건강 원택(園宅)의 발생 배경을 탐구하고 다음으로 육조시대 원림을 구성하고 있는 내용과 특색, 건강성(城) 안의 원택 분포를 탐구하고자 한다.

Ⅰ. 육조시대 원림 구축의 배경

육조는 귀족이 지배하는 시대이고 그들은 숭고한 사회적인 지위를 갖추고 있었다. 정치상에서 모든 청망(淸望)한 요직을 농단하고 아울러 광대한 장원(莊園)을 보유하며 경제력이 부후(富厚)하였다. 이렇게 생활이 넉넉한 귀족은 한편으로는 서진이래 사치한 풍기를 계

---

1) 『三輔黃圖』(世界書局) 권4, 苑囿, 29쪽.

승하여 의복의 화려함을 다투고, 수레와 소의 민첩함을 서로 비교하거나 음식이 잘 익고 아기자기하게 만들어지도록 강구하기도하고, 또 거택의 건축을 화려하게 하려고 애쓰기도 하였다. 다른 한편으로는 위진이래 사회적으로 은일한 풍조를 갈구하던 영향을 받아 그들로 하여금 번거로운 세상의 도시 가운데에 인공미가 풍부한 원림을 건조하도록 하였다.

은일(隱逸)을 숭상하는 풍조는 한말 이래 발생한 정치·사회적 동요와 불안, 그리고 위진시기 노장사상(老莊思想)이 대두함으로써 만들어졌다.2) 동한(東漢) 이래로부터 점점 일단의 지식인들이 당시의 정치적인 암울함에 분노하여, 세상을 피해 몸을 보존하고자 은둔하였다. 한말(漢末)의 병화(兵火)와 전란은 또 많은 사람으로 하여금 산림에 은둔하도록 하였던 것이다. 이렇게 사람들이 세속을 피한 것은 실지로는 "천시(天時)가 바야흐로 곤궁해지면 드러나는 것이 숨는 것만 못하며, 만물이 다스려지는 것을 생각하면 묵묵히 지내는 것이 말하는 것만 못하였기"3) 때문이다. 그 후 서진의 정치는 더욱 험악해져 명사(名士)들 가운데 몸을 보존할 수 있는 자가 적었다. 예를 들면, 장화(張華)·육기(陸機) 등은 모두 재해를 당하였다. 따라서 지혜로운 이들은 몸을 보존하고 시기와 박해를 피하기 위해 은둔하여 나오지 않게 되었다. 이러한 객관형세는 바로 당시의 사상계에서 현학(玄學)이 번성한 것과 서로 부합한다. 현학은 노장사상(老莊思想)을 주로 하여 자연을 숭상하고 질박한데로 돌아가고자 하여서, 은일행위의 이론상의 기초를 부여하였다. 이로 인해 현학이 번창한 때에 은일한 기풍도 성행하였다.4)

---

2) 王瑤, 「論希企隱逸之風」『中古文學史論』(台北, 長安出版社, 1975), 83쪽.
3) 『晉書』 권92, 「袁宏傳」 三國名臣頌.
4) <옮긴이 주>; 이 시기의 시대적인 상황을 이해하기 위해서는 가와가쯔

영가의 난(亂) 이후 진실(晉室)은 남도하였는데 현학의 풍조도 북방 세가 대족을 따라 강남으로 전파되었다. 강남의 수토(水土)는 부드럽고 아름다워, 북방의 산천이 엄숙하고 경건한 것과 달랐다. 더욱이 회계일대의 풍경은 빼어나서 소위 "온갖 바위들이 빼어나고, 온갖 골짜기가 다투어 흐르고, 초목(草木)이 우거져서, 마치 구름에 노을이 가득한 것 같았다"5)라고 한다. 그러므로 은자는 이곳을 골라 거처를 정하는 경우가 많았다. 동진 중기 이후 문학상에서 대량의 산수시(山水詩)가 출현하였고, 산수화(山水畵)가 또한 싹트기 시작했다. 이러한 때에 건강에서는 인공 원림을 구축하는 풍조가 일어나고 있었다. 은자(隱者)가 지향하는 바는 세속을 떠나고자하는 고상함이었기에, 그들이 거주하는 산벽(山壁) 석애(石崖)나 계곡의 시내와 맑은샘[溪澗淸泉]은 인간들이 동경하는 경계가 되었다. 그러나 은거생활은 반드시 물질적으로 소박하고 정신적으로는 홀로 사는 적막함을 참아야 했으며, 몸소 고기를 잡고 나무를 하며 경작해야 했다. 건강 도성 안에서 거주하며 높은 지위와 부유한 생활을 누렸던 고관귀인이 스스로 사회적으로 그들에게 부여한 지위와 권익을 포기하는 것은 어려운 일이었으며 검소하고 노동하는 생활을 할 수는 없었다. 그리하여 그들은 "비록 몸은 이를 수 없으나 마음은 그곳을 동경하고 있는" 상황 속에서 성간(城間)의 주택 내에 인공적인 원림을 건조함으로써 자신이 굳이 번화한 도성을 떠나지 않더라도 임택(林澤)을 방불케 하는 경치를 누릴 수 있도록 하였다. 또 은일하는 정감을 맛보려고 함으로써 그

　　　요시오(川勝義雄),「귀족제 사회의 성립」(이윤화 옮김)『세미나 위진 남북조사』(서경, 2005) ; 요시가와 다다오(吉川忠夫),「육조 사대부의 정신 생활」(이윤화 옮김)『세미나 위진 남북조사』(앞의 책) ; 오찌 시게아끼(越智重明),「남조의 국가와 사회」(강정설·김민수 옮김)『세미나 위진 남북조사』(앞의 책)를 참조.
　5)『世說新語校箋』(香港, 大衆書局, 1969),「言語第 2」, 113쪽.

어떠한 위안을 받은 셈이었다.

무라가미 요시미(村上嘉實)는 육조원림을 처사(處士)나 일민(逸民)이 산림 속에 만든 자연미의 원림과 귀족이 건축한 인공적인 원림이라는 두 종류로 나누었다.6) 실지로 후자는 전자를 모방하여 만들어진 것이다. 처사(處士) 일민(逸民)은 경치가 맑고 고운 산애(山涯)수반(水畔)에 거실(居室)을 짓고 자연의 미를 찾았다. 도시에 거주하는 귀족고관은 곧 그러한 건축을 모방하여 혼잡한 도성 내에 있는 협소한 주택 가운데 인공적인 원림을 건조하였다. 『송서』「은일전(隱逸傳)」은 도시 속의 원림이 곧 산림 은일의 거처를 모방한 것임을 명백히 나타내고 있다.

> 또 바위와 계곡이 아득히 가로막고, 물과 돌이 맑고 화려하다. 비록 다시 문을 높여 팔방이 이어져서 성이 높고 폭이 넓어지더라도 흙을 쌓아 샘을 열어 임택을 방불케 한 것만 같지 못하다. 그러므로 소나무 산과 계수나무의 물가를 아는 자는 소박함을 사랑하는데 그치지 않고, 푸른 계곡과 맑은 못으로써 아름다운 조망을 이루었다.7)

은일(隱逸)을 갈구하는 풍조 속에서 만들어낸 원림은 또 당시에 사치를 다투는 풍조가 그 추세를 조장하여, 귀족이나 부자들의 관우(館宇)는 높고 아름다우며 원지(園池)는 아름다움을 다투었다. 이러한 원택의 가격은 극히 비싸서 일반인이 부담할 수 있는 것이 아니었다. 당시 원택 하나는 약 백만 정도였다. 예를 들면 남제시대의 왕곤(王琨)은 130만에 택(宅)을 사고,8) 주간(朱侃)은 택(宅)을 팔면서 백만을 얻었다.9) 송계아(宋季雅)는 여승진(呂僧珍)의 옆집을 구입하면서

---

6) 村上嘉實,「六朝の庭園」『六朝思想史研究』(京都, 平樂寺書店, 1974), 385쪽.
7) 『宋書』 권93,「隱逸傳」.
8) 『南齊書』 권32,「王琨傳」.
9) 『南史』 권23,「王誕傳·附王瑩傳」.

또한 백만을 지불하였다.10) 서면(徐勉)은 동전(東田) 소원(小園)을 팔면서 백금(百金)을 얻었다.11) 경관(京官)의 봉록은 적어서 원택을 구입할 능력이 없었다. 그래서 경관(京官)은 재부를 구하기 위해 매번 경성 이외의 지방에 단기간 머물렀는데 이것을 "출위외군(出爲外郡)"이라 칭한다. 그 임기가 만료하여 수도로 돌아올 때 그들은 외군(外郡)에서 재부를 수탈해 왔는데 이를 "환자(還資)"라 칭한다. 그들은 늘상 이 환자를 써서 건강에서 택(宅)을 사거나 짓고 원림(園林)을 확장하고 꾸몄다. 송(宋)의 예장태수(豫章太守) 채곽(蔡廓)은 임기를 끝내고 경사로 돌아와 건강에서 두 채의 집을 지었다.12) 옹주자사(雍州刺史) 원의(袁顗)는 임기동안에 재화를 축재하여 경사에 돌아와 원택을 지을 수 있도록 예비하였다.

> (유(劉))호(胡)는 남쪽으로부터의 운송품이 이르지 않았으므로 군사가 궁핍하여, 원의(袁顗)에게 양양(襄陽)으로부터 갖고 온 환자를 바꾸려고 하였다. 원의가 답하기를 "도성의 두 집이 아직 완성되지 않아 바야흐로 그것을 경영하고 꾸려 나가야 하므로 자금을 떼어 낼 수 없다"라고 하였다.13)

특히 육조는 삼오·회계·형주·광주가 가장 부귀했으며 이러한 지방에서 관직을 역임한 사람의 "환자"는 비교적 풍부하였다. 양(梁) 시대의 장찬(張纘)은 원택을 살 능력이 없었는데 소명태자(昭明太子)가 그에게 원택을 주었다. 이 때 장찬이 태자에게 올린 감사하는 서계(書啓) 가운데에서 이러한 상황을 매우 뚜렷이 볼 수 있다.

---

10) 『南史』 권56, 「呂僧珍傳」.
11) 『梁書』 권25, 「徐勉傳」.
12) 『宋書』 권57, 「蔡廓傳·附蔡興宗傳」.
13) 『南史』 권26, 「袁湛傳·附袁顗傳」.

왕기(王畿)는 물산이 풍부한 땅(陸海)이라 1무에 1금(金)을 호가하고,
경수(涇水)나 위수(渭水)는 토양이 비옥하여 호걸이 다투는 곳입니다. 호
치(好畤)에 옮겨 살고자 한다면 반드시 월주(越州)에 나가 관직을 역임하
였던 환자를 다 써야 할 것입니다. 따로 하양(河陽)에 집을 지으려면 형
주 지방의 장관을 하면서 넉넉히 가져온 환자를 다 써야할 것입니다.14)

그래서 육조 건강의 많은 원택(園宅)은 사실상 전국 각지의 재부
가 모여서 이루어진 것이고 건강의 번화로움도 육조정치가 쌓아 놓
은 부산품이었다.

Ⅱ. 건강의 원택

동진 중기 이후 귀인고관이 건강성에서 건조한 택제(宅第)는 모두
두 부분으로 나뉜다. 하나는 방우(房宇)부분이고 하나는 원림부분이
다. 당시 사람들은 원림을 비교적 중시하였는데 예를 들면, 유선(庚
詵)의 거택에 "10무의 택(宅)에, 산지(山池)가 반을 차지하였다"15)라고
한다. 문인의 문학작품 가운데에도 원림부분을 형용한 것이 많다.
육조인은 방우(房宇)와 원림을 합하여 "원지택제(園池宅第)" 혹은 간
단히 "원택"이라 칭하였다. 심지어 "원(園)"이라 칭하기도 하는데 방
우(房宇)와 원림을 대표하는 말이라고 할 수 있다.

---

14) 『全梁文』 권64, 張纘 「謝東宮賚園啓」.
15) 『梁書』 권45, 「處士傳」 庚詵.

1. 원림 부분

건강은 인구가 조밀하고 땅은 협소하며 토지는 한정되어 있어서, 일반 원림의 규모는 크지 않고 한정된 공간에서 변화를 구하였다. 임택(林澤)을 방불하려고 인공적으로 자연을 재창조하였다. 이로 말미암아 원림에는 반드시 가산(假山)·지호(池湖)·수목(樹木)·화훼(花卉)를 구비하고 있었다. 더욱이 가산·수지를 주(主)로 하였다. 어떤 때는 원림을 수리하고 건조하는 것을 "치산지(治山池)"라 하고16) 혹은 "실우산지(室宇山池)"로써 원택을 대신 칭하였다.17)

① 가산(假山)

건강의 원택(園宅)에는 보편적으로 가산이 있었는데 예를 들면, 진시기에 회계왕(會稽王) 사마도자(司馬道子)의 동제(東第)는 "못을 파고 산을 쌓았으며 죽목을 줄지어 심었는데 공용(功用)이 많이 들었다."18) 배지평(裴之平)의 택(宅)은 "산과 못을 축조하고 훼목을 심었다."19) 서백양(徐伯陽)은 "정우(亭宇)를 개축하고 산지훼목(山池卉木)을 가꾸었다."20) 가산은 흙으로 지은 것도 있고 돌을 모아 조성한 것도 있다. 송(宋) 시대의 유면(劉勔)의 택(宅)은 종산(鍾山) 남쪽에서 "돌을 모으고 물을 저장하니 언덕과 비슷하였다."21) 남제의 문혜태자(文惠太子)의 현포원(玄圃園)은 "기이한 돌을 많이 모아 산수(山水)가 지극히 신기하였다."22) 그 원(園)안에 있는 가산은 돌을 모아 만든

---

16)『南齊書』 권37,「劉悛傳」.
17)『南齊書』 권37,「到撝傳」.
18)『晉書』 권64,「簡文三子傳·會稽文孝王道子」.
19)『陳書』 권25,「裵忌傳」.
20)『陳書』 권24,「文學傳·徐伯陽」.
21)『宋書』 권68,「劉勔傳」.
22)『南齊書』 권21,「文惠太子傳」.

것이다. 산석(山石)에 대한 감상(鑑賞)도 이때부터 시작되었다. 양(梁) 시기의 도개(到漑)의 원택(園宅)안에는 기석(奇石)이 있었는데 양무제(梁武帝)는 그와 기석내기 도박을 하였다. 결국 무제가 이겨, 이 기석을 화림원(華林園) 가운데로 옮겼다. 이 돌이 도개의 택에서 화림원까지 운송될 때 건강성을 진동시켰으며 사람들은 "도공석(到公石)"을 보려고 다투었다.

> (도)개의 집 근처에 회수가 있었다. 재(齋) 앞의 산지(山池)에 기이한 돌이 있었다. 길이가 1장 6척이었다. 황제가 내기를 걸었는데 도개는 돌을 걸고, 황제는 『예기』 1부를 걸었다. 도개가 졌다. 아직 진상하지 않아 황제가 주이(朱異)에게 말하기를 "도개가 졌는데 그 돌을 과연 보낼 것이라고 경은 생각하시오"하니 읍하며 말하기를 "신하로서 원래 군주를 섬기는데 어찌 감히 예를 잃겠습니까?"하니 황제가 크게 웃었다. 친애함이 이와 같았다. 돌이 화림원 연전(宴殿) 앞에 설치되자 돌을 옮긴 날 도성의 성 사람들이 모두 구경왔으니 그 돌을 이른바 "도공석(到公石)"이라 하였다.[23]

흙으로 이루어진 가산도 많았는데 예를 들면, 남제의 예장왕(豫章王) 억(嶷)은 저(邸)에서 토산을 일으키고 오동나무와 대나무를 줄지어 심고 "동산(桐山)"이라 했다.[24] 남제 문혜태자의 현포원의 가산도 토축하여 이루어진 것이었다.[25] 그 당시에 가산을 축조하는 기술은 이미 상당히 진보되어 있었는데 비록 인공적으로 이루어졌다 할지라도 진짜와 분간하기가 어려웠다. 진(晉)의 효무제(孝武帝)가 회계왕(會稽王) 사마도자의 저택에 친히 가서 원림을 유람하고는 그 원중(園中)의 가산을 천연적인 산구(山丘)로 오인하였다.

---

23) 『南史』 권25, 「到彦之傳 · 附到漑傳」.
24) 『南史』 권44, 「齊武帝諸子傳 · 文惠太子」.
25) 『南史』 권43, 「齊高帝諸子下 · 武陵昭王曄」.

폐인(嬖人)[26] 조아(趙牙)는 배우[優倡] 출신이다. 우창으로부터 왔다. … 조아가 사마도자의 동제(東第)를 열고 산을 쌓고 못을 파고, 수목과 대나무를 늘어서게 하였다. 경비[功用]가 거만(鉅萬)이나 들었다. … 황제가 일찍이 그 저택을 방문하시고 도자에게 말씀하시기를 "부(府) 내에 산이 있기 때문에 노닐 수 있으니 참으로 좋구나. 그러나 장식함이 크게 지나치니 천하에 검소하게 보이지는 않겠구나"라고 하였다. 도자가 대답을 하지 않고 '예예' 할 뿐이니 좌우의 시신(侍臣)도 감히 말을 하지 못하였다. 황제가 궁으로 돌아가고, 도자가 조아에게 일러 말하기를 "만약 산을 지어 만든 것인 줄 황제가 아셨다면 너는 틀림없이 죽었을 것이다"라고 하자 조아가 "공이 계신데 제가 어찌 죽으리요!"라고 하였다. 건조한 정도가 이토록 심했다.[27]

② 지호(池湖)

성시 중의 원림은 자연적인 것을 좋았으므로 석산(石山)과 토구(土丘)가 있고 또한 수지류천(水池流泉)이 있었다. 그리하여 가산 이외에도 그들은 호수를 파고, 못을 열고, 샘을 끌어들였다. 못과 샘의 규모는 비교적 작았지만, 큰 원림 안에 호수를 파면 그 위에 배를 띄울 수 있었다. 예를 들면 소명태자(昭明太子)는 현포원(玄圃園)의 호수 중앙에 부용을 심고 태자(太子)와 빈객문인(賓客文人)은 "무늬로 조각한 배를 타고 부용을 채취하였다."[28] 송대(宋代)의 완전부(阮佃夫)의 원림 가운데에는 인공의 운하가 있었는데 바깥과 서로 통하였다. "택내(宅內)의 독(瀆)을 열면 10여 리나 나가고 당안(塘岸)은 정결하였다. 가벼운 배를 띄우고 여락(女樂)을 즐겼다."[29] 규모가 비교적 협소한 원림도 인공의 호(湖)와 독(瀆)이 있었다. 예를 들면 양대(梁代)에 심약(沈約)의 교간(郊間)에 있는 택은 그의 「교거부(郊居賦)」에서 형용하고 있는 것에 의하면, "자색의 연꽃이 밤

---

26) 낮은 신분으로 총애를 받는 사람. 첩·시신(侍臣)따위를 이름.
27) 『晉書』 권64, 「簡文三子傳·會稽文孝王道子」.
28) 『梁書』 권8, 「昭明太子傳」.
29) 『宋書』 권94, 「恩倖傳·阮佃夫」.

에 피고 붉은 연꽃이 새벽에 피며 바람이 가볍게 불어와, 그 향기
가 나에게 엄습한다. 바람이 원수(園樹)에서 가루를 일으키고 달은
지죽(池竹)에 젖는다"30)하니, 못이나 호수가 있었음을 알 수 있다.
양(梁)의 서면(徐勉)의 동전(東田) 소원(小園)에는 독과 호수가 있었고
"독에는 줄31)이 풍부하고, 호수에는 마름과 연꽃이 많이 있었
다"32)라고 한다.

③ 화과수목(花果樹木)

육조원림의 산석지반(山石池畔)에는 아름다운 나무와 진기한 과
일이 두루 심어져 있었다. 이것은 한말 이래 원림의 전통을 이어받
은 것으로 약간의 변동은 있었다. 삼국시대 이형(李衡)은 귤나무 천
그루를 심었고, 서진의 석숭(石崇)의 금곡원(金谷園)에는 여러 가지
과실나무 만 그루가 있었다 하니, 이미 전업화에 가까운 종식(種植)
이었다. 이에 대해 무라가미 요시미(村上嘉實)는 경제적인 목적을 갖
추고 있었다고 하였다.33) 서진에 이르러 반악(潘岳)은 낙양 교외에
만들어 놓은 원림에서 경제적인 목적으로 단일한 과수(果樹)의 종
식(種植)을 시작하였는데 감상을 목적으로 하는 다양한 화목(花木)을
재배하는 것으로 바뀌었다. 반악(潘岳)은 「한거부(閒居賦)」에서 원중
의 화목을 심는 것이 번성하고 백종이나 줄지어 있는 것을 묘사하
였다.

> 여기에서 내가 거할 곳을 정하여 실(室)을 짓고, 못을 파서 큰 버드나
> 무를 못에 드리우니 좋은 향기가 나무 울타리에 쌓인다. 곁에서 물소리
> 들리고, 연꽃 여럿이 피어나며 대나무가 우거졌다. 그리고 신령한 과실

---

30) 『全梁文』 권25, 沈約 「郊居賦」.
31) 고장(菰蔣) : 수초명(水草名).
32) 『梁書』 권25, 「徐勉傳」.
33) 村上嘉實, 「六朝の庭園」, 360쪽.

이 들쑥날쑥하다. 장공 대곡(張公 大谷)의 배나무와 양후(梁候)의 검은
감 열리는 감나무, 주문(周文)의 약한 가지의 대추나무, 방릉(房陵) 주중
(朱仲)의 오얏나무 등 어느 것이나 모두 심지 않은 것이 없었다. 복숭아
는 앵도(櫻桃)와 호도(胡桃)로 나뉘어 있고, 능금나무는 붉은 색 흰 색으
로 빛나네. 석류·버들·복숭아 등 진기한 것들이 주렁주렁 가득 그 옆
에 달려 있다. 매화·살구·산앵두나무 등으로 화려하게 꾸며져 꽃과 열
매가 빛나는 것을 말로 다 할 수 없다. 파·부추·마늘·토란과 죽순과
자색 생강, 그리고 냉이가 좋은 맛을 내고, 여뀌와 미나리는 향기롭다.
연꽃은 음지에 의지하고, 콩은 볕에 의지한다. 푸른 해바라기는 이슬을
머금고, 백합은 서리를 이고 있다.[34)]

원림식수(園林植樹)는 서진 때부터 감상을 목적으로 하기 시작하
였으며, 동진 이후에도 여전히 이러한 분위기를 이어받았고 잡화중
과(雜花衆果)를 같이 심는 방식으로 경영하였다. 심약(沈約)은 「교거
부(郊居賦)」에서 원림 가운데에 심은 꽃나무와 과일나무의 역할에
대해서 명확히 설명하였다. 그는 우선 이형(李衡)이나 석숭(石崇)의
원림과 같이 단일한 과수를 심는 것이 "호사스러운 정서로 사치하
고자 함이지, 검약한 뜻으로 즐기고자 하는 것이 아니다"라고 그
부당함을 지적하였다. 비록 석숭이나 이형의 원림 경영방식은 경제
적인 효율이 있어 호정사치(豪情奢侈)하다고 볼 수는 없다고 하더라
도, 심약의 글로부터 동진 이후의 원림이 여전히 노닐며 감상하여
성품을 기쁘게 하는 것이며, 훼목가과(卉木嘉果)를 심는 것은 원림의
경치를 돋보이게 하기 위함이며 아울러 방우의 곡절이 깊숙하고 고
요함을 드러내는 데에 있었다는 점을 알 수 있다.

분분히 우거지게 하고자 하여
푸르고 붉은 빛을 토해내며
창문에 비춰 늘어서서

---

34)『晉書』권55,「潘岳傳」.

낙수물을 이어 모서리를 잇네.
붉은 방을 열면 사방으로 빛이 들어와
비취색 잎을 꾸며주네.
자주빛 대에 붉은 꽃이 피고
청색 꽃받침에 흰 약을 품고 있네.[35]

목적이 다르거나 그들로 하여금 종전의 단일한 수목과훼(樹木果卉)을 심는 방식을 변화시킨 외에 잡종화수(雜種花樹)도 육조시기 원림을 꾸며낸 사람이 독창적으로 교묘히 이루어 놓은 성과였다. 건강은 도성이기 때문에 토지의 가격이 상승하여 "왕기(王畿)는 물산이 풍부한 땅(陸海)이라 무(畝)당 일금(一金)을 불렀다."[36] 그러므로 왕친행신(王親倖臣)은 그 세력을 이용하여 비교적 큰 원택을 보유하고 있었다. 예를 들면 유송(宋)의 완전부(阮佃夫)나, 양(梁)의 주이(朱異)가 있다. 나머지 귀족대신(貴族大臣)의 원택의 면적은 모두 크지 않았는데 유한한 공간 속에서 변화를 주는 취미가 있어 형형색색의 수초육훼(水草陸卉)와 과과등만(瓜果藤蔓)은 하나의 좋은 방법으로 간주할 수 있다. 이로 말미암아 서면(徐勉)이 원림 가운데에 "돌을 모아 과실나무를 옮기고 화훼를 섞었다. … 복숭아와 오얏이 무성하고 오동나무와 대나무가 나무그늘을 이루었다"[37]라고 하였다. 심약(沈約)의 동전(東田) 소원(小園)은 수초육훼를 겸하여 있었다.

그 수초는 개구리밥·부평초·마름과 부추꽃·물억새·줄이다. 돌은 해초에 의지하고, 황색 연꽃과 푸른 냇버들이 가벼운 물결에 붉은 연꽃을 움직이며, 맑은 호수에 푸른 잎을 뒤덮네. 좋은 과실을 먹어 늙음을 물리치고, 좋은 옷을 입어 청도(淸都)에 떨치네. 그 육지의 초목은 자색 자라와 녹색 도꼬마리이다. 하늘에는 기러기의 이빨과 순록의 혀, 소의 입술과 돼지의 머리와 같은 모습을 한 산 부추가 핀다. 남쪽 못의 벌과

---

35) 『全梁文』 권25, 沈約 「郊居賦」.
36) 『全梁文』 권64, 張纘 「謝東宮賚園啓」.
37) 村上嘉實, 「六朝の庭園」, 360쪽.

북쪽 누각의 뒤뜰에 가득 차 있거나 혹은 물가를 가리운 능소화나무, 혹은 창을 둘러보고 있다.[38]

서로 다른 화목과수(花木果樹)는 원림에 풍부한 변화를 주었을 뿐만 아니라 사계절 모두 화목(花木)을 볼 수 있게 했고 좋은 과실을 채집하며 아름다운 경치를 즐길 수 있게 하였다. 그리하여 많거나 적거나 간에 은일 생활의 자급자족적 정치(情致)를 누릴 수 있었다. 예를 들면 사령운(謝靈運)은「산거부(山居賦)」에서 "때에 마디를 엿보니 아름답게 익었다. 음식과 마실 것을 공양하니 공상(工商)과 형목(衡牧)에 감사한다. 어찌 많은 재화가 생기기를 기다려 배를 족히 채울까?"[39]라고 하였다.

2. 옥우 부분

건강 원택 가운데의 원림부분은 신선하고 자연적인 것을 구하였고 옥우(屋宇)부분은 화려한 것을 힘써 구하였다. 실제로 시대의 풍조가 그러하였다. 진(晉)의 왕국보(王國寶)는 재모(齋傸) 청서전(淸暑殿)을 일으켰는데[40] 화려하고 사치스러운 것이 궁액(宮掖)과 비슷하였다. 홍농왕(弘農王) 수(粹)는 "관우(館宇)가 심히 융성하였다."[41] 유송(宋)의 심경지(沈慶之)의 청명문(淸明門) 바깥의 저택은 "실우(室宇)가 심히 아름다웠다."[42] 경릉왕 탄(誕)의 저사(邸舍)는 "기교가 극에 이르렀다."[43] 남제의 문혜태자(文惠太子)의 현포원(玄圃園)은 "누각의 탑

---

38)『全梁文』권25, 沈約「郊居賦」.
39)『全宋文』권31, 謝靈運「山居賦」.
40)『晉書』권75,「王湛傳·附王國寶傳」.
41)『晉書』권89,「嵆紹傳·附 含傳」.
42)『宋書』권77,「沈慶之傳」.
43)『宋書』권79,「竟陵王誕傳」.

우(塔宇)는 조각과 장식이 정교하였다."44) 동전(東田) 소원(小園)은 "더욱 화려하고, 장엄하고 아름다움이 뛰어났다."45) 양(梁) 남평왕(南平王) 위(偉)의 택제(宅第)는 원래 남제의 방림원(芳林苑)이었다. "또, 구멍을 뚫고 흙을 쌓았으며, 과실이 여는 나무는 진기한 종류였다. 조각이 뛰어났으며 조화가 있었다. 놀러 오는 빈객들의 춥고 더움을 가릴 수 있도록 겨울에는 화로가 있고 여름에는 부채가 있어 빈객과 거기서 노닐었다."46) 소각지(蕭恪之)의 택제도 "이중의 재(齋)와 큰 누각이 있어 궁전과 비슷하였다."47) 기타 소형의 원택 역시 높은 문의 대옥(大屋)과 화려한 누각, 정자가 있었다. 예를 들면 서면(徐勉)은 스스로 이르기를 그 동전소원(東田小苑)이 단순하고 소박하여 "수편가립(隨便架立)이 넓지는 않으며 오직 공덕처(功德處)로, 작은 것이 좋으므로 원내(園內)는 크지 않고 이중의 방우가 없었다"고 했지만, 역시 "화려한 누각과 정자는 자못 높은 곳에서 바라다보는 아름다움이 있었다"48)라고 한다.

이러한 원택을 건조한 귀족은 모두 모두 우아한 취미가 있었고 그들은 비록 시대의 사치한 풍조를 피할 수는 없었지만, 그 높은 문화소양으로 말미암아 화려한 거택임에도 불구하고 천하고 비속한 것에 빠지지는 않게 하였다.

강남은 벽화를 건축물의 장식으로 하는 것이 성행하였는데 불사(佛寺)에는 불화와 경변도(經變圖)가 있다. 귀족의 택제도 항상 벽화로 장식했는데, 그들이 숭상하는 옛사람이나 지금의 현인의 형상을 벽에 그렸다. 예를 들면 진(晉)의 왕수(王粹)의 관우(館宇)에는 장자(莊子)의 화상이 있었고, 남제 경릉왕자 량의 서쪽 저택에는 당대 문인

44) 『南齊書』 권21, 「文惠太子傳」.
45) 『南齊書』 권21, 「文惠太子傳」.
46) 『南史』 권52, 「梁宗室傳下」.
47) 『南史』 권52, 「梁宗室傳下」.
48) 『梁書』 권25, 「徐勉傳」.

재준(文人才俊)의 화상(畵像)이 있었다. 양(梁) 소명태자(昭明太子)의 "낙현당(樂賢堂)"에는 그 당시 문인(文人)의 화상(畵像)이 있었고, 진(陳) 선성왕(宣城王) 동부(東府)의 재(齋)에는 단청(丹靑)의 명수(名手) 고야왕(顧野王)의 인물화가 있었다.

> 이때 홍농왕 수(粹)가 귀공자로 공주와 결혼하였다. 관우(館宇)가 매우 성대하였는데 방안에 장주(B.C. 369~286, 전국시대 宋나라 사람)를 그려 놓아 혜함(嵇含)으로 하여금 그것을 칭찬하게 하였다.[49]
> 남제 경릉왕자가 서저를 열었는데 연이은 나무가 준수하여 그것으로 사림관을 만들고, 공인(工人)으로 하여 그 상(像)을 그리게 하였다. 왕량(王亮)이 또한 이에 즐겼다.[50]
> 때에 소명태자가 선비를 좋아하고 문장을 아껴 (유(劉))효작(孝綽)과 동군(東郡) 은예(殷芸)·오군(吳郡) 육수(陸倕)·낭야(琅琊) 왕균(王筠)· 팽성(彭城) 도흡(到洽) 등이 모두 빈례(賓禮)로서 함께 알현하였다. 태가가 낙현당(樂賢堂)을 지어 이에 화공으로 하여금 먼저 효작(孝綽)을 그리게 하였다.[51]
> 고야왕(顧野王)이 또 단청을 좋아하고, 그림을 잘 그렸다. 선성왕(宣城王)이 동부에 재(齋)를 세우고 이에 고야왕으로 하여금 옛 현인을 그리게 하고, 왕포(王襃)에게 찬(贊)을 쓰게 하니 그 당시의 사람들이 그들을 "삼절(三絶)"이라 하였다.[52]

육조에서는 인물화가 성행하여, 사원(寺院)과 택제의 건축벽화에서 똑같이 이러한 주제를 택하였다. 사원의 경우 그 벽화제재가 종교인물이나 옛 사건에 치우쳐 있어 종교적인 색채를 띠고 있었으나, 귀족의 택제의 벽화의 인물화에는 주로 문인이나 고상한 선비들이 등장하여 농후한 문화적인 기운을 갖고 있었다. 동시에 당시에 성행한 서법을 벽 위에다 장식하였는데, 어떤 벽면에는 오직 인물상(人物像)

---

49) 『晉書』 권89, 「嵇紹傳·附 含傳」.
50) 『南史』 권23, 「王誕傳·附王亮傳」.
51) 『梁書』 권33, 「劉孝綽傳」.
52) 『陳書』 권30, 「顧野王傳」.

만 있고 어떤 벽면에는 상찬(像贊)－초상화에 쓰여진 화제(畵題)－이
있었다. 예를 들면 앞에서 인용한 왕수(王粹)나 선성왕(宣城王)의 저택
(宅)이 그러하였다. 서벽(書壁)의 가장 전형적인 예는 심약(沈約)의 동전
소원(東田小園)이고 왕균(王筠)의 『초목십영(草木十詠)』・하사징(何思澄)의
「유여산시(遊廬山詩)」・유묘(劉杳)의 찬(贊), 유현(劉顯)의 「상조시(上朝詩)」
가 있다. 그리고 남제의 문혜태자 현포원(玄圃園)의 제재벽(第齋壁) 위
에는 주옹(周顒)의 제자(題字)가 있었다.

> 심약이 교거택(郊居宅)에 각재(閣齋)를 지었다. 왕균은 「초목십영(草木
> 十詠)」을 짓고, 벽에 그것을 썼다. 모두 바로 문사(文詞)를 썼으나 편제
> (篇題)를 더하지 않았다. 심약이 사람들에게 "이 시는 물(物)을 가리켜 형
> 태를 나타내었는데 제목을 빌리지 않았다"라고 하였다.53)
>
> (하사징은) 강주에서 「유여산시(遊廬山詩)」를 지었는데 심약이 그것을
> 보고 크게 상을 내려 스스로는 미치지 못한다고 여겼다. 심약은 교거택
> 에 새로이 각재(閣齋)를 지었다. 공서인(工書人)에게 이 시를 벽에 쓰도
> 록 하였다.54)
>
> (심)약이 교외에 거하면서 새로이 각재를 지었다. 유묘가 찬(贊) 2수를
> 짓고, 아울러 문장을 지어 심약에게 주었다. 심약은 즉시 공서인에게 벽
> 에 그 찬을 적도록 하였다.55)
>
> (유현은) 일찍이 「상조시(上朝詩)」를 지었는데 심약은 그것을 보고 아
> 름답다고 여겼다. 이때 심약이 교거택에 새로이 건물을 지었는데 공서인
> 에게 명하여 그것을 벽에 쓰게 했다.56)
>
> (주옹은) 어려서 외척인 거기장군 장질(臧質)을 따랐는데 집에서 위항
> 산(衛恒散)의 예서법을 얻어 그것을 익혔다. 문혜태자는 주옹으로 하여금
> 현포(玄圃)의 재(齋)벽에 쓰게 하였다.57)

---

53) 『梁書』 권33, 「王筠傳」.
54) 『梁書』 권50, 「文學傳下・何思澄」.
55) 『梁書』 권50, 「文學傳下・劉杳」.
56) 『梁書』 권40, 「劉顯傳」.
57) 『南齊書』 권4, 「周顒傳」.

서법에 조예가 있는 사람은 아름답거나 화려한 글귀를 벽위에 썼다. 서법은 본래 예술적인 형식을 갖추고 있으므로 장식을 할 수 있었는데, 이것 역시 귀족과 왕공(王公)의 고상하고 세련된 표현이었다. 심약(沈約)은 유묘의 찬(贊)[58]을 교거택의 벽 위에 쓰고, 그는 유묘에게 준 편지에서 때때로 그 문장을 음미할 용의를 밝혔다. 아울러 또 그 글의 뜻이 택저를 더욱 빛나게 하였다고 믿었다. "군이 사랑과 정이 많아 두 편의 찬(贊)을 베풀었는데 글이 곱고 풍부하며, 일과 뜻이 들려져 구절과 음운의 사이에는 빛이 서로 비춘다. 이러한 경지를 아는 것이 자연히 10배가 된다. 그러므로 화려한 문장의 이로움과 그 일의 넓고 많음을 알아 마땅히 누각 위에 그것을 두고, 앉으나 누우나 그것을 감상한다."[59]

자기의 마음과 생각이 높고 깊다는 것을 나타내기 위해 건강의 원택 가운데에는 명칭이 많이 있었다. 예를 들면 유송의 유면(劉勔)의 원택은 이름을 "동산(東山)"이라 지어 속세의 밖에 마음을 두었음을 보여주었다.[60] 유송의 하상지(何尙之)의 택은 남간사(南澗寺) 곁에 있어, 모시(毛詩) 가운데 "부평초를 캐고, 남간(南澗)의 물가"에서 시의(詩意)를 취해 "남빈(南瀕)"이라고 제서(題書) 했다.[61] 남제(齊) 하윤(何胤)의 거택을 "소산(小山)"이라 이름했다.[62] 남제(齊) 예장왕(豫章王)의 저택은 "동산(桐山)"이라 이름했다. 임천왕(臨川王)의 저택은 "서정(栖靜)"이라 칭하고, 무릉왕(武陵王) 엽(曄)의 저택은 "수양(首陽)"이라 했다.[63]

건강 원택의 벽화나 서벽(書壁)은 건축한 자의 고상한 취미를 나

---

58) 인물이나 사물을 찬양하는 내용을 담은 옛날 문체의 일종.
59) 『梁書』 권50, 「文學傳下·劉杳」.
60) 『南齊書』 권1, 「高帝紀上」.
61) 『宋書』 권66, 「何尙之傳」.
62) 『南齊書』 권54, 「高逸傳·何求」.
63) 『南史』 권43, 「齊高帝諸子傳下」.

타내주며 육조문화의 풍격을 반영한다. 진회하 북안의 귀족원택은 건강성을 우아한 문화적인 기풍을 갖춘 도시로 만들어 주었을 뿐 아니라 그 자신도 바로 육조문화의 주인공이었다.

그밖에, 육조 건강의 원택을 말하면 건강 교외지역의 서사(墅舍)를 소홀히 할 수 없다. 왕공(王公) 귀신(貴臣)은 건강성 중심구역에서 산림을 빙 둘러 원택과 화려한 저택을 지은 것 외에도, 교구(郊區)에 별관(別館)을 건립하여 "서(墅)"라고 일컬었다. 건강성은 토지가 협소하여 비록 귀족과 황제의 친척들이라도 넓은 토지를 차지한다든지, 훼목(卉木)을 두루 심는다든지, 산을 뚫어 못을 만든다든지 하는 것은 어려웠다. 그들은 이러한 미비점을 보충하기 위해 성(城)의 교구의 토지가 넓고 산수(山水) 가까운 곳에 누각과 정자를 건축하고 유희와 연회의 장소로 삼았다. 예를 들면, 사안(謝安)은 토산(土山)에다 서사(墅舍)를 조영하였는데, 토산은 건강성 동쪽 20리 떨어진 곳이었다.[64] 유송의 하매(何邁)는 수도에서 30리 떨어진 강승현(江乘縣) 경계에 서사(墅舍)를 지었다. 남제의 주산도(周山圖)는 건강성의 서남 교외에 서사(墅舍)를 세우고 매일 다녀갔다. 양(梁)의 왕건(王騫)의 서사(墅舍)는 종산(鍾山) 대애경사(大愛敬寺)곁에 있었고 건강성과 10여리 떨어져 있었다.[65]

> (사안은) 또한 토산에 서사(墅舍)를 지었는데 누관(樓館)의 숲과 대나무가 아주 무성하였다. 매일 중외(中外)의 자녀와 조카를 데리고 왕래하며 모여 놀았다. 먹을 것에도 역시 누차에 백금을 소비했다. 세상이 자못 이를 비난하였으나 사안은 특별히 개의치 않았다.[66]
>
> (하우의) 아들 하매는 태조의 열 번째 신채(新蔡)공주 영미(英媚)와 결

---

64) 『景定建康志』(台北, 大化書局重刊金陵忠愍祠藏嘉慶7年仿宋本, 1980) 권17, 18~19쪽, 총 924쪽.
65) 『建康實錄』권17에 의하면 大愛敬寺는 唐縣 동북 17리에 있다.
66) 『晉書』권79, 「謝安傳」.

혼하였다. 하매는 어려서 귀척으로서 뛰어난 벼슬(顯宦)에 거하며 견마(犬馬)를 달리게 하고 재력(才力)있는 선비를 모았다. 강승현(江承縣) 경계에 서사(墅舍)가 있는데 경사로부터 30리이다. 하매가 매번 올 때마다 사기(駟騎)를 묶고 이으니 무사가 무리를 이루었다.[67]

(주)산도(山圖)는 신림(新林)에 서사(墅舍)를 세우고 새벽과 밤으로 다녀갔다. 황제가 그에게 말하기를 "경은 만인을 감독하는 일을 마치고 교외로 가벼이 나가 그로부터 서사(墅舍)에 가니 장부의 몸이 자유로움이 갖추어져 근심할 바가 없구려"라고 하였다.[68]

이 때에 양고조(梁高祖)는 종산에서 대애경사(大愛敬寺)를 지었다. 왕건(王騫)의 옛 서사(墅舍)가 절 옆에 있고, 양전 80여 경이 있었는데 진의 승상 왕도(王導)가 토지를 내린 것이다.[69]

Ⅲ. 원택의 분포

육조의 여러 사서 가운데에는 건강원택과 관련된 기록이 59군데나 있다. 귀족부인(貴族富人)은 경사(京師)에서 통상 한 간의 원택에 그치지 않았다. 예를 들면 앞에서 칭한 원의는 두 택(宅)이 있었고, 특히 남제 말엽의 귀인부실은 여러 개의 원택이 있었다.[70] 표로 열

---

67) 『宋書』 권41, 「后妃傳」.
68) 『南齊書』 권29, 「周山圖傳」.
69) 『梁書』 권7, 「后妃傳」 太宗王皇后.
70) 제나라 동혼후가 음란한 데 빠져 항상 궁을 나가 놀았으나 그것을 사람들로 하여금 보지 못하게 하려 하였다. 가는 곳마다 백성을 치고 달아났다. 거리에 장막을 치고 사람을 보내 지키게 하여 당시 사람들이 그 휘장을 두른 곳을 "長圍"라고 하였다. 장위는 居民이 행동하는 것을 방해하였고, 이로 인해 富人貴實이 장위의 추격을 피해 경사에 여러 개의 저택을 지어놓고, 장위를 피하는 집으로 삼았다. 『南史』 권5, 「齊本紀

거해 보면, <표 1>과 같다.

아래 표에 나타나는 것처럼 건강의 원택은 대부분 진회하 이북에 분포되어 있다. 59개의 원택 가운데에서 두 곳은 그 위치가 북안(北岸)인지 남안(南岸)인지 확정할 수 없으나, 그것을 제외한 나머지 57개 가운데에서 단지 13곳만 남안에 있다. 시대를 구분해 보면, 손오 때 6곳(六宅)이 있었는데 4곳(四宅)은 남안에 있었다. 동진 때에는 10곳이 있었는데 5곳은 남안에 있었다. 동진 초년, 북방에서 남쪽으로 넘어 온 세가대족, 예를 들면 낭아(瑯琊) 왕씨(王氏)나 사씨(謝氏)는 모두 남안의 오의항(烏衣巷)에 거주하고 있었다. 도계직(陶季直)의 「경도기(京都記)」에 이르기를 "진대[典午] 경사의 귀족은 청계(青溪) 및 조구(潮溝)의 북쪽에 많이 있었다"[71]라고 한다.

송의 13곳 가운데에서 1곳의 위치가 불명확하고, 그 밖의 12곳은 모두 북안에 있었다. 남제의 11곳 가운데에서 1곳은 위치가 불명확하고 9곳은 북안에 있었으며 단지 1곳만이 남안에 있었다. 양(梁)의 17곳 가운데에서 단지 4곳만 남안에 있었고, 진(陳)의 2곳은 모두 북안에 있었다. 오나라로부터 진(陳)에 이르기까지 시대가 내려올수록 귀족의 원택은 북안에 더욱 많이 있었다. 손오 때에는 남안에 거주한 경우가 많았고, 진은 그 반이 남안에 거주하였으며, 유송대 이래로 북안에 많이 거주하였다.

이러한 상황은 동진(東晉) 함화(咸和) 년간 이후 건강성의 계획과 관련 있을 뿐만 아니라 육조 사회의 반영이기도 하였다. 육조시대 귀족제가 발전함에 따라 사회적으로는 귀천의 등급(等級)이 분명해졌고 귀족과 평민의 주택분포에도 현저한 구분이 있었다. 사서에서는 "시전(市廛)과 백성이 거하는 곳은 모두 남로(南路)에 있었다"[72]라

下・東昏侯」. 건강의 園宅분포는 따로이 拙著 『六朝時代的建康』(臺灣大學歷史研究所博士論文, 1982)의 附圖를 참고하기 바란다.

71) 『建康實錄』 권2, 「陶季直京都記」. 典午는 곧 司馬다. 그러므로 전오란 晉代를 가리킨다.

고 하고 또 "어도(御道) 좌우에 부잣집(富室) 아닌 곳이 없다"[73]라고
하였다. 남안은 평민의 거주지였고 북안 어도(御道)의 좌우는 부유한
사람들이 사는 곳이었다.

〈표 1〉

시 대	소유자	장 소	秦淮	註
吳	張昭	秦淮河南, 大長干寺西	南岸	『건강실록』 권2
	孫琳	朱雀橋南	南岸	『자치통감』 권77
	是儀	西明門, 대성의 서쪽	北岸	『경정건강지』 권42
	駱統	土山 아래	南岸	『경정건강지』 권42
	諸葛恪	唐縣城 동쪽 2리	北岸	『경정건강지』 권42
	陸機	秦淮 옆	南岸	『경정건강지』 권42
晋	王導	烏衣巷宅	南岸	『경정건강지』 권42
		冶城有西園	北岸	『건강실록』 권10
晋	謝安	烏衣巷	南岸	『경정건강지』 권42
	謝尙	唐縣 동남1리 200보	北岸	『경정건강지』 권42
	謝萬	長樂橋 동쪽, 傍丹陽郡城	南岸	『경정건강지』 권42
	紀瞻	烏衣巷	南岸	『진서(晋書)』 권68
	王坦之	唐縣城 2리	北岸	『고승전』 권13
	郗鑒	靑溪	北岸	『경정건강지』 권42
	吳隱之	秦淮 남쪽	南岸	『경정건강지』 권42
	杜姥宅	南掖門 밖	北岸	『건강실록』 권7
宋	檀道濟	靑溪	北岸	『경정건강지』 권42
	何尙之	南澗寺 옆	不明	『송서』 권62
	沈慶之	淸明門 밖(4宅)/婁湖	北岸	『송서』 권77
	建平王 宏	雞籠山	北岸	『송서』 권72
	謝瞻	領軍府東門	北岸	『송서』 권56

---

72) 『陳書』 권12, 「徐度傳」.
73) 『梁書』 권9, 「曹景宗傳」.

	殷景仁	西掖門 밖	北岸	『송서』 권63
	王僧綽	太祠 서쪽 空地	北岸	『송서』 권71
	袁粲	南郭 밖	北岸	『송서』 권89
	雷次宗	雞籠山 西巖 아래	北岸	『송서』 권93
齊	武帝舊宅	靑溪	北岸	『남제서』 권3
	竟陵王子良	雞籠山 서쪽	北岸	『남제서』 권40
	南康王子琳	靑陽巷	不明	『남제서』 권35
	王琨	대성에서 數里	北岸	『남제서』 권32
	劉瓛	靑溪檀橋/후에 揚烈橋로 옮김	北岸	『남제서』 권39
	周顒	종산 서쪽	北岸	『남제서』 권41
	蕭坦之	동부성 동쪽	北岸	『남제서』 권42
齊	徐孝嗣	궁성 남쪽	北岸	『남제서』 권44
	張欣泰	南岡 아래	南岸	『남제서』 권51
	何點	東籬門 밖	北岸	『남제서』 권54
梁	梁武帝	同夏里	南岸	『양서』 권1
	沈約	종산 아래 東田	北岸	『양서』 권13
	朱異	潮溝에서 청계까지	北岸	『남사』 권62
	范雲	동하리	南岸	『경정건강지』 권42
	呂僧珍	建陽門 동쪽	北岸	『양서』 권11
	宋季雅	건양문 동쪽	北岸	『남사』 권56
	徐勉	東田	北岸	『양서』 권25
	伏曼容	瓦官寺 동쪽	南岸	『양서』 권48
	嚴植之	조구	北岸	『양서』 권48
	辭幾卿	白楊石井	南岸	『양서』 권50
	伏挺	조구/東郊	北岸	『양서』 권50
	何遁	東籬門	北岸	『양서』 권51
	東陽公主	西掖門 밖	北岸	『남사』 권14
	邵陵王綸	南郭蔞湖	北岸	『남사』 권20

	到漑	淮水 근처	北岸	『남사』 권25
	武陵王	城 남쪽 御道 왼쪽	北岸	『全梁文』 권61 劉孝儀 「爲武陵王謝賜第啓」
陳	江總	청계 중 다리 근처	北岸	『건강실록』 권20
	孫瑒	청계 중 다리 근처, 江總宅 동쪽	北岸	『건강실록』 권20

　　부자들의 주택은 건강성 동쪽 조구(潮溝)의 북쪽에서 청계(靑溪)까지 뻗어있고, 청계에서 동쪽으로 동부성(東府城) 동쪽까지 뻗어있으며, 종산 서쪽은 귀족이나 달관(達官)의 원택이 있었다. 궁성 북쪽의 계롱산(鷄籠山)은 궁원과 가까이 있어 제왕종실의 저택으로 삼았으며, 대성 주위에도 종실이나 공주의 제택(第宅)이 분포하고 있었다.

　　귀족이나 부잣집의 원택이 진회하(秦淮河) 북안에 많이 있는 것은 건강이 지형적으로 습한 곳과 건조한 곳이 뒤섞여 있기 때문이다. 현무호 부근74)과 건강성 밖의 태묘(太廟) 부근75)은 모두 저습지대이다. 그런데 원택은 건조하고 바람이 잘 드는 고지대가 가장 적합하다. 그래서 원택과 관련 있는 기록도 모두 특별히 그 땅의 시원하고 넓음을 지적하였다. 예를 들면 유효의(劉孝儀)는 「왕의동을 위해 황제가 저택을 내려준데 대해 감사하는 계(爲王儀同謝帝賜宅啓)」에서 "옛날 춘추시대 제나라의 대부였던 안영(晏嬰)은 땅이 낮고 좁았으나 제나라의 경공(景公)은 그를 위해서 넓고 환한 땅을 경영하게 해주었습니다. 손력(孫歷)이 집이 없자 진 무제가 그를 위해 관사를 지었습니다. … 신(臣)은 재주가 옛 사람에 미치지 못하여 부끄럽지만 은혜를 받는 바는 선철(先哲)과 마찬가지입니다"76)라고 하였다. 임효공(任孝恭)은 「돈을 주어 저택을 짓게 한 데 대해 감사하는 계(謝賚錢治宅啓)」

---

74)『陳書』 권1, 「高祖紀」.
75)『太平寰宇記』(台北, 文海出版社, 1963) 권90, 「昇州條引興地志」, 668쪽.
76)『全梁文』 권61, 劉孝儀 「爲王儀同謝宅啓」.

에 이르기를 "사람들은 넓고 환한 땅에 기뻐하였고, 마을에서는 그 장대하고 미려함에 놀랐다"77)라고 하였다.

무릉왕(武陵王)의 저택은 "남으로는 주조(朱鳥)를 바라보고, 북으로는 창룡(蒼龍)을 막고, 오른쪽에는 어구(御溝)와 인접하고 왼쪽으로는 청로(靑路)를 돈다. 안영(晏嬰)의 땅의 낮고 좁은 모습을 남기지 않았으며, 반악(潘岳)의 한거(閑居)와 같았다"78)라고 하였다. 장찬(張纘)의 종산 곁에 있는 원택은 "앞으로는 일맥(逸陌)과 가까이 있어 아침 저녁으로 시원하고, 뒤로는 종부(鍾阜)와 접해 있으니, 산수의 경치와 서로 호응한다"79)라고 하였다. 이로 인해 귀족이 북안의 조구 이북에서 청계까지를 원택의 땅으로 선택했음을 추측할 수 있는데, 이것은 그 땅이 건조하고 시원하기 때문이었다. 사서에는 양 경제(梁敬帝) 태평(太平) 원년(556)에 북제의 군사가 침입하였는데, 연일 큰비가 내리자 북제의 군사가 머무르는 현무호 주변에서는 물이 고여 빠지지 않아 군사들이 종일 물에 빠져 휴식을 취하지 못하였다고 전한다. 그러나 양(梁)의 군사가 있는 조구(潮溝) 이북은 물이 잘 빠져 건조해져서 병사들이 교대로 근무할 수 있었다.80) 이로부터 조구 북쪽과 대성의 지세가 비교적 높음을 알 수 있고 청계 연안도 또한 저습지대가 아님을 알 수 있다.

이 외에 방위의 관점에서 말하면 주작항 이서(以西)의 진회하 남안은 병사가 충돌하는 땅으로 여러 차례 전쟁의 피해를 받은 곳이었다. 심지어 민옥읍호(民屋邑戶)가 소실되고 그 땅은 전쟁터가 되었다. 또한 북안 어도의 서쪽은 만약 적군이 석두성 부근에서 기슭으로 올라온다면 파급을 면할 수 없는 곳이다. 석두성에서 기슭으로 올라와 경성(京城)을 공격하려면 서주로(西州路)를 그 진입로

77)『全梁文』권67, 任恭孝「謝賚錢治宅啓」.
78)『全梁文』권61, 劉孝儀「爲武陵王謝賜第啓」.
79)『全梁文』권64, 張纘「謝東宮賚園啓」.
80)『陳書』권1,「高祖紀上」.

로 삼지 않을 수 없기 때문이다. 이러한 형상을 보면 건강성의 동쪽으로 북쪽의 조구 이북에서 청계까지가 비교적 숨을 수 있고 안전한 지대였다. 귀족이 우세한 지위를 차지하고 있는 육조사회에서 그들은 자연히 가장 좋은 땅을 선택하여 원택을 건립하였던 것이다.

건강성 내외의 훌륭한 원택은 귀족의 생활을 풍요롭게 했을 뿐만 아니라 건강성을 아름답게 하였다. 종산에서 서쪽으로 건강성을 보면 기와가 날아올라 비단처럼 수를 놓는 것 같고 녹음이 장막을 이루었다. 「종산비류사비(鍾山飛流寺碑)」에 이르기를 "상롱(上隴)에 올라 장안의 성궐을 바라보듯, 언사(偃師)의 근처에서 낙양의 대전(臺殿)을 보듯 (종산에서 건강성을 바라보니), 기와가 연이어 비단무늬와 같았으며 여러 훼목이 휘장을 이루고 있네"[81]라고 하니 건강의 아름다움을 상상해 볼 수 있다. 건강성 가운데에서 귀족원택의 분포는 육조사회에서 귀천 계급이 명확하게 나누어졌음을 반영한다. 이러한 사회에서 우유자적(優游自適)한 귀족들이 감상을 위해 원림의 예술을 발전시켜 왔다.[82] 수당시대와 송원시대의 잠복기를 거쳐 명대에 이르러 원림 예술은 강남의 성시 안에서 뚜렷하게 드러났다. 비록 명대 이후 사회·경제의 구조가 변하여 원림을 건조한 사람은 귀족이 아니고 상인이었다. 그들은 육조 귀족의 산림에 은일하는 정서라던가 높은 문화적인 소양은 비록 없었지만, 명대 이후 강남

---

81) 『全梁文』 권18, 梁元帝 「鍾山飛流寺碑」.
82) 李約瑟 著, 『中國之科學與文明』 10, 張一·沈百先 合譯(台北, 商務印書館, 1977), 133~134쪽. 중국 정원이 漢朝궁전과 皇府의 정치배치였다고 인식한다. 육조시기에 이르러 남중국에서의 발전은 새로운 격식이었고, 당대에 이르러 최고봉에 달했다. 정식적인 부활은 못이나 누각 가운데 미려한 花木과 가산을 넣은 것이다. 실제로 園林 건축의 예술은 육조에 이르러 융성하고 발전하여 高峰에 이르렀다. 예를 들면 본문에 서술한 가산·花木은 육조 원림 가운데에 모두 이미 대량으로 정교하게 사용되었다.

도시에서 널리 퍼졌듯이 협소한 공간에서 변화스러우면서도 정치
(情緻)로운 원림을 추구하였다. 이러한 경향은 육조의 전통으로 거슬
러 올라가지 않을 수 없다. 이러한 점에서 보면 육조 건강성이라는
특수한 정치·사회·경제상황 아래에서 발전하여 온 도시에서의
인공적인 원림은 중국조원사(中國造園史)에서 실로 선도적인 지위를
차지하고 있는 것이다.

『대륙잡지』 제66권 제3기

제5장
육조시대의 건강 — 시전·민가·치안

육조시대 건강의 범위는 사방 20리(里) 19보(步)에 이르는 건강성 뿐 아니라 주변 지역이나 및 진회하(秦淮河) 남쪽을 포함한다. 행정 구역으로 말하자면, 손오시대의 건업현은 진회하 남북을 모두 포함 하였지만, 서진 이후에는 진회하 북쪽에만 한정되었고, 진회하 남 쪽에는 따로 말릉현(秣陵縣)이 설치되었다.[1] 사실 진회하 남북은 모 두 경읍에 속하는데, 육조 때에는 건강과 말릉을 칭하여 "경읍이현 (京邑二縣)", 혹은 "경읍이안(京邑二岸)"[2]이라 하였다. 나아가 "북안"은 건강현, "남안(南岸)"은 말릉현에 대한 대칭(代稱)이 되었다.[3] 동진 초 년, 일찍이 건강성 바깥 주위에는 외곽 이문(籬門) 56곳이 만들어졌 는데, 그 위치는 대부분 현재 알 수 없다. 단지 남리문(南籬門)·삼교 리문(三橋籬門)이 모두 진회하 남쪽에 있었으며, 서리문(西籬門)은 석 두성에 달했다는 것을 알 수 있다.[4] 그래서 『금릉기』에 일컫고 있 는 육조 건강의 범위는 다음과 같다. "양(梁)이 도읍했을 때, 성 안에

---

1) 『晉書』 권15, 「地理志下」.
2) 『宋書』 권5, 「文帝紀」.
3) 『宋書』 권74, 「沈攸之傳」.
4) 『太平御覽』(台北, 商務印書館, 1968) 권1977, 「居處部 25. 籬門」, 總 1078쪽.

는 28만 호가 있었다. 서쪽으로는 석두(石頭)에, 동쪽으로는 예당(倪塘)에, 남쪽으로는 석자강(石子岡)에 이르고, 북쪽으로는 장산(蔣山)을 지난다. 동서 남북이 모두 40리이다."[5] 즉 건강은 진회하 북쪽의 건강성·동부성(東府城)·서주성(西州城)과 그 인근 구역을 포함하며, 진회하의 남안에 이르렀다.

Ⅰ. 인구 구성

건강은 남조(南朝)의 경내(境內) 최대의 도회지(都會地)가 되어 오방(五方)에서 모여든 인구가 아주 많았다. 즉 『금릉기』에서 "양(梁)이 도읍했을 때, 성 안에는 28만 호가 있었다"라는 기사에 근거해서, 1호를 5명으로 계산하면 1백 40여 만 명이 살았던 것이다. 건강이 육조의 도성이 되었을 때, 그 도시 내의 토지이용은 다른 향촌사회와는 달랐는데, 건강성엔 경작지가 없었다는 것이 하나의 큰 특색이었다. 유송의 강하왕(江夏王) 의공(義恭)과 공영부(孔靈符)가 산음거민(山陰居民)을 옮기자는 쟁론을 했을 때, "경사(京師)에 경작지가 없어, 거민을 다른 현으로 옮긴다는 것을 듣지 못했다"는 것을 이유로 삼았다.[6] 즉 건강의 거민 가운데에는 농민이 없었다는 것을 알 수 있다. 또 『수서(隋書)』 「지리지(地理志)」 중에 건강성 거민을 두 부류로 나누고 있는데, 한 부류는 왕공귀신(王公貴臣)이며, 다른 한 부류는 평민이다. 한편 평민은 소매상인이 많았는데, 이러한 사정은 다음

---

5) 『太平寰宇記』(台北, 文海出版社, 1963) 권90, 「江南東道二. 昇州」, 引 『金陵記』.
6) 『宋書』 권54, 「孔李恭傳附弟靈符傳」.

과 같은 기사에서 잘 알 수 있다. "단양(丹陽)은 예전에 수도가 있던 곳으로 본디 인물이 많았다. 소인(小人)은 대개 장사에 종사했으며, 군자(君子)는 관록(官祿)에 의지했다. 시전은 줄지어 있었는데, 이경(二京)과 마찬가지였다."[7]

건강이 도성소재지가 되어 백관공경(百官公卿)이 모두 이곳에서 공무(公務)를 처리했기 때문에, 건강성 내의 고관 및 그 가족은 하층 소리(小吏)와 함께 이 성의 거민을 구성하는 하나의 큰 부분이 되었다. 관원은 설사 다른 군(郡)으로 나가더라도 모두 가족을 경사에 머무르게 했다. 예를 들면 남제(齊)의 유회위(劉懷慰)는 제군 태수가 되었을 때, 처자식을 도읍에 머무르게 하면서 벼 300곡을 특별히 주었다.[8] 수군(隋軍)이 건강을 공격하였을 때, 진나라 장군 소마가(蕭摩訶)가 "과거에는 전쟁을 할 때 나라를 위하고 자신을 위했으나, 지금은 처자까지 위하는 것이다"[9]라고 하였다. 육조가 외군(外郡) 관원(官員), 번진(藩鎭) 장사(將士) 가속(家屬)을 모두 경도(京都)에 머무르게 한 것은 그들을 인질로 삼으려는 의도도 가지고 있었기 때문이다. 예컨대 송대 유소(劉邵)가 문제(文帝)를 죽이자, 옹주·형주·강주가 함께 군사를 일으켜 공격하였다. 이에 유소는 건강에 있는 삼진(三鎭)의 사서가구(士庶家口)를 죽이고자 했으나, 강하왕 의공과 하상지가 저지하였다.[10] 또한 양(梁)의 먼 진(鎭)의 여러 왕세자들도 모두 건강에 남아 있었다.[11] 그래서 설령 외주군에 임관(任官)한 문(文)·무(武) 관원이라도, 경사(京師)에 모두 주택을 가지고 있었다. 예를 들면 진(陳)의 장군 오명철(吳明徹)은 주둔하고 있던 수양(壽陽)에서 입조(入朝)했을 때, 진 선제(陳 宣帝)가 몸소 그의 집을 방문하였

---

7) 『隋書』 권31, 「地理志下」.
8) 『南齊書』 권54, 「良政傳」.
9) 『陳書』 권31, 「蕭摩訶傳」.
10) 『宋書』 권99, 「二凶傳」.
11) 『南史』 권53, 「武陵王紀傳」.

다.12) 이로 볼 때 백관이나 그들의 가속들은 건강에 사는 주요 거민의 하나이었던 것이다.

건강에는 상업이 번성했는데, 성 내외에는 크고 작은 시장들이 많이 있었다. 『통전(通典)』에 "회수 북쪽에는 대시(大市)가 있고, 그 외에 소시(小市)들도 10여 곳 있었다"13)라는 기사와 시장의 수가 많다는 데서 그 당시 상업이 흥성했다는 것을 알 수 있다. 그러므로 진회하를 왕래하는 상선들이 많아, "조공온 사신의 상려(商旅) 방주(方舟)가 수 만을 헤아린다"14)라고 할 정도였다. 큰 무역에 종사하는 상인 이외에 또한 각양 각색의 소매상인이 있었는데, 복(卜)을 팔고, 달력을 팔고, 베를 팔고, 간식을 파는 등 장사를 하고 있었다. 예를 들면 남제 때 밥을 파는 사람이 불을 잘못 다루다가 예장왕(豫章王) 억(嶷)이 타고 다니는 소의 코를 태웠으며,15) 남제 순백옥(荀伯玉)은 건강에서 복을 파는 업을 하였으며,16) 부소(傅昭)는 외조부(外祖父)를 따라 주작항(朱雀航)에서 달력을 팔았으며,17) 왕승유(王僧孺)는 시(市)에서 사포(紗布)를 팔았다.18)

건강에는 원래 귀족관리도 아니었고 소매상인도 아닌 바로 귀족의 부곡 빈객이 많이 있었다. 육조 때, 귀인(貴人) 왕공(王公)들이 대량으로 소유한 음부(蔭附)인구는 그들 귀인이나 왕공의 덕을 입어 과역을 피했다. 『수서』에 강남에는 동진 이래로 "도성 아래 사람들 가운데 다수가 여러 왕공이나 귀인의 측근·전객(佃客)·전계(典計)·의식객(衣食客)이 되어 모두 과역이 없었다"19)라고 한다. 이러한 상황은

---

12) 『陳書』 권9, 「吳明徹傳」.
13) 『通典』 권11, 「食貨」 雜稅 ; 『隋書』 권24, 「食貨志」.
14) 『宋書』 권33, 「五行志」 4.
15) 『南齊書』 권6, 「明帝紀」.
16) 『南齊書』 권31, 「荀伯玉傳」.
17) 『梁書』 권26, 「傅昭傳」.
18) 『南史』 권59, 「王僧孺傳」.
19) 『通典』 권11, 「食貨」 雜稅 ; 『隋書』 권24, 「食貨志」.

청고문아(淸高文雅)하다고 자부하고 있는 귀신(貴臣)이나 왕공(王公)이 자주 그들의 특권을 이용하여 빈객·부곡으로 하여금 그들의 산업을 경영하도록 한 것에서 기인했다. 다른 한편, 경사에 있는 장수 또한 각각 스스로 부곡을 모집하여, 경사(京師)에 머물렀다. 남제 때 이안민(李安民)이 상소하기를, 진회하 이남의 부곡을 쫓아내고 단지 진회하 이북에 경사를 지키는 군대만 두게 할 것을 주장하였다.

　　　송 태시 년간 이래로 내부에 자주 적이 침입하여 장수 이하가 각기 부곡을 모아 경사에 주둔하게 하였다. 이안민(李安民)이 황제에게 진언하기를 "회하 북쪽이 항상 준비되어 있지 않으면 그 밖의 남은 군대가 모두 다 파견되어야 할 것입니다. 예를 들면 친근하고 자신을 따르는 자를 세울 때는 사람의 수를 제한하는 것과 같습니다"라고 하자, 황제가 그것을 받아들여 조를 내려 무리를 모집하는 것을 금지하였다.[20]

　경사 내에는 많은 군영이 있었는데, 그 군사는 대대로 병사가 되어 병적에 예속되었는데, 이를 영호(營戶)라고 하였다. 예컨대 진 사마원현(司馬元顯)은 일찍이 양주 노(奴)를 방면시켜서 객(客)으로 삼아, 경사로 옮겨서 병역(兵役)에 충원시켰다.[21] 동진 남조가 형주(荊州)·강주(江州) 2주(州)의 오랑캐(蠻夷)를 공격하였는데, 매번 포로를 노획하여서 그들을 경사로 옮겨 영호(營戶)로 삼았다. 송나라 때, 심경지(沈慶之)도 여러 오랑캐를 토벌하여 "여러차례 오랑캐를 잡은 것을 경읍으로 옮겨 영호로 삼았다"[22]라고 한다. 또한 옹주 자사 무릉왕(武陵王) 준(駿)이 연면만(緣沔蠻)을 토벌하여 1만 4천 여 명을 경사로 옮겼다.[23]

　육조 때의 건강은 북위의 낙양과 마찬가지로 불교색채가 아주 짙

20) 『南齊書』권27, 「李安民傳」.
21) 『晉書』권64, 「會稽文孝王道子傳」.
22) 『宋書』권77, 「沈慶之傳」.
23) 『宋書』권77, 「沈慶之傳」.

<사진 1> 동태사의 옛터 (이 곳은 지금 남경시 청사로 되어 있다)

은 도성이었다. 사원이 수풀처럼 세워져 있었기 때문에 수없이 많은 승려들 또한 건강에 거주하고 있는 사람들 가운데 하나였다. 동진 이후, 강남에 불교가 급속히 확산되고, 사원·승니(僧尼)의 수가 계속 증가하여 건강은 남쪽의 불교 중심이 되었다. 양조(梁朝)의 전국 사원은 모두 2천 8백 16곳이었는데 경사에만 700여 곳이 있었다.[24] 이는 강남 불사(佛寺)의 약 1/4을 차지하는 것으로, 종산 한 곳만도 70여 군데의 사원이 있었다. 양나라 때, 전 지역의 승니는 8만 2천 7백여 명을 헤아렸는데,[25] 사원의 수와 비교해서 계산한다면, 도성 한 곳에 적어도 2만 여 명이 있었던 것이다. 그러나 건강 불사(佛寺)는 모두 대사찰이어서 그 안에 있는 승니도 자연히 일반 사원에 비해 많았으므로 가장 적게 잡고 있는 통계로도 4만 명 이상 있

---

24) 法琳, 『辯正論』(大藏經, 台北中華佛教文化館大藏經委員會, 1984, 冊52, 史傳部四) 권3, 「十代奉佛篇上」.
25) 法琳, 『辯正論』 권3, 「十代奉佛篇上」.

었다. 건강에는 서역에서 온 승려가 살고 있었다. 예를 들면 기원사
(祇洹寺)는 서역 스님이 살고 있는 곳이었다.26) 혹 국내 각지에서 유
학 온 승니(僧尼)가 있었기 때문에 승니의 수는 당연히 이 수를 초과
하였다.

Ⅱ. 민가 · 군영 · 사원

건강은 당(堂)의 구조가 아주 찬란한 궁성(宮城) 부서(府署)·왕후(王
侯)의 저택 이외에, 일부의 토지가 관지에 속해 있었다. 예컨대 유송
명제는 주산도(周山圖)에게 집을 주었고,27) 유송 효무제는 조충지(祖
沖之)에게 집을 주었으며,28) 양(梁)의 배자야(裵子野)는 관지(官地) 수무
(數畝)를 빌려 집을 지었고,29) 임방(任昉)은 관지로 유얼(劉瓛)을 위해
집을 짓도록 청하였다.30) 관지나 왕후의 집은 매매할 수 없었다. 예
를 들면 양(梁) 하침(賀琛)은 공주의 집을 사서 저택을 짓다가 처벌되
어서 면관되었다.31) 사유지는 자유롭게 매매할 수 있었을 뿐 아니
라 상당한 정도의 교역량도 있었다.

유고지(庾杲之)가 주객랑(主客郎)이었을 때 북위(北魏)의 사신을 접대
하였다. 사신이 유고지에게 말하기를 "백성들이 왜 집집마다 문첩을 붙

---

26) 『高僧傳』(大藏經第五十冊, 史傳部二) 권7, 368쪽.
27) 『南齊書』 권29, 「周山圖傳」.
28) 『南齊書』 권52, 「文學傳」 祖沖之.
29) 『梁書』 권30, 「裵子野傳」.
30) 『全梁文』(錄於, 嚴可均輯 『全上古秦漢三國六朝文』, 世界書局, 1961)
    권43, 任昉 「求爲劉瓛立館啓」.
31) 『梁書』 권38, 「賀琛傳」.

여놓고 집을 팔고 있습니까"하니, 대답하기를 "조정은 이미 장안과 낙양
을 소탕하려하고 중원(神州)을 회복하고자하니 집집마다 집을 팔려고 할 뿐
입니다"라고 하였다. 북위의 사신이 얼굴을 찡그리고 대답하지 않았다.[32]

『금릉기』에서 "양(梁)이 도읍했을 때, 성(城) 안에는 28만 호가 있었
다"라고 한 것을 통해볼 때 건강의 민가(民居)와 시전(市廛)이 아주 많
았다는 것을 알 수 있다. 육조는 귀한 자(貴)가 천한 자(賤)를 부리는
계급이 분명한 사회였는데, 건강성의 주택의 분포는 이러한 사회모
습을 반영하고 있다. 비록 뚜렷하게 구분할 수는 없을지라도, 같은
계층인들은 어떤 한군데 지역에 모여 사는 추세였다. 귀족은 정
치·사회상 모두 지배적인 위치에 있었기 때문에, 사료 가운데 왕공
(王公)과 귀신(貴臣)의 저택에 대한 기록은 적지 않으나, 일반 서민의
주택에 대한 기록은 부족하다. 그러나 얼마 되지 않은 자료 가운데서
도 건강 민가의 분포 또한 특정 지역에 집중되고 있음을 알 수 있다.
　대개 진회하 이북에는 왕공(王公)이나 귀신(貴臣)의 원택과 부자들
의 거실(巨室)이 있었다. 어도(御道)의 양쪽의 화려한 집들이 펼쳐져
있는 것은 부자들의 주택이었다.[33] 그러므로 후경이 진회하 북쪽의
사림관에 군대를 머무르게 하고, 병사를 풀어 놓아서 "저택 및 부
실을 약탈하도록" 내버려 두었던 것이다.[34] 궁성 동쪽 조구(潮溝)에
서 청계(靑溪)일대에 이르기까지 왕공이나 귀신의 원택이 두루 분포
해 있다.[35] 예컨대 유송 심경지(沈慶之)의 집은 청계 동쪽에 있었으
며,[36] 양나라 때 주이(朱異)와 그의 자식들의 집은 조구에서 청계에
이르렀다.[37] 이러한 귀인이나 왕공의 주택에는 산림이 아주 많고

---

32) 『南史』 권49, 「庚果之傳」.
33) 『梁書』 권9, 「曹景宗傳」.
34) 『梁書』 권28, 「夏侯亶傳」.
35) 『建康實錄』 권2, 陶季直 『京都記』에 인용.
36) 『宋書』 권77, 「沈慶之傳」.
37) 『梁書』 권38, 「朱异傳」.

<사진 2> 계명사 입구

풍치 있는 원림이 붙어 있었다. 궁성의 서쪽은 여러 왕의 저택이 있
는 곳이었다.[38] 진회하 남쪽에는 아주 많은 평민들의 집들이 있었
다. "영원(永元) 2년 겨울, 경사의 백성들이 서로 놀라 말하길, '불이
났으니 불끄러가자'고 한 것은 남쪽기슭의 인가들이 왕왕 울타리에
서 화전(火纏)을 펼친 것을 공가(公家)가 이들로 하여금 화재를 물리
친 것을 말한다."[39] 즉 민가의 대부분이 진회하 남쪽에 있었다는
것을 알 수 있다.

『진서(陳書)』에 또 말하길, "시전거민(市廛居民)은 남로(南路)에 늘어
져 있다"[40]라고 하였다. 또한 서민생활의 일부인 술집 또한 진회하
의 양안에 있었다. 남제 동혼후(東昏侯)가 노는데 빠져 걸핏하면 사

───────────

38) 『宋書』 권99, 「二凶傳」.
39) 『南齊書』 권19, 「五行志」.
40) 『陳書』 권12, 「徐度傳」.

방으로 나가 놀다가 행인(行人)을 구타하고 달아나 숨었다. 단양윤
(丹陽尹) 왕지(王志)는 그들에게 구타를 당해 "허겁지겁 도망갔는데,
두 사람의 문인만 따라와 주작항 주막에 숨어, 밤에 비로소 우의(羽
儀)를 얻어 돌아올 수 있었다"[41]라고 한다. 또한 양(梁)나라 말기, 서
사휘(徐嗣徽)·임약(任約)이 반란을 일으켜 북제를 끌어들여 건강을
침략하였는데, 북제 군대가 패하였다. 진패선(陳覇先)이 사로잡은 북
제 병사가 아주 많아 신하들에게 상을 주었다. 당시 사람들은 사로
잡은 포로를 가격으로 매겨서 술로 바꾸었는데, 포로 한 사람을 완
전히 내주어야만 취할 수 있을 정도의 술로 바꿀 수 있었다. 동요에
이르길, "사로잡힌 수많은 사람들이 오호(五湖)에 들어가면, 성(城)
남쪽 술집에서는 노노(虜奴)를 부렸다네"[42]라고 한다. 즉 동요를 통
해 진회하 남쪽에 술집이 많이 있었다는 것을 알 수 있다. 당나라
두목(杜牧)의 시(詩)에서도 "자욱한 연기가 차가운 물을 감싸고, 달은
모래를 비추네. 밤에 진회(秦淮) 가까운 술집에 정박(停泊)했네"라고
하여, 술집이 진회하 근처에 많이 있었다는 것을 알 수 있다. 오나
라 이후, 대개 건강이 공격을 받았을 때 "남쪽을 잘라 버리고 석두
(石頭)를 책단(柵斷)하는"[43] 전략으로 방어하였기 때문에 남쪽 지구,
특히 항남대로(航南大路) 이서(以西) 지구는 항상 전쟁터가 되었다.[44]
이 지역은 평민들이 모여 사는 곳이었는데, 이로 인해 이 지역을 소
개하여 전장(戰場)터 삼았기 때문에 남안에 사는 사람들을 북안으로
옮겼다.[45] 한편 남안에는 또한 얼마 되지는 않았지만 귀족이 사는
집, 예를 들면 왕씨와 사씨가 사는 오의항(烏衣巷)이 있을 뿐 아니라
동진의 성족(盛族)인 환씨도 남안에 살았다.[46]

---

41) 『南史』 권5, 「齊本紀下」.
42) 『南史』 권9, 「陳本紀」.
43) 『宋書』 권61, 「江夏文獻王義恭傳」.
44) 『梁書』 권1, 「武帝紀上」.
45) 『宋書』 권99, 「二凶傳」.

육조 때 귀신(貴臣)이나 부자들(富人)이 다투어 원택(園宅)을 조성하는 것이 일종의 풍조가 되었다. 그래서 유송의 안연지(顏延之)는 비록 자신은 검소했으나, 그의 아들 안준(顏峻)이 집을 지을 때 만큼은 오히려 그 아들에게 "잘 지어라, 후세 사람들로 하여금 너희들이 졸렬하다고 비웃지 않도록 하라"[47]라고 말하였다. 이러한 상황 아래, 아름답고 정미로우며 화려한 것이 건강 원택의 특색이 되었으며 일반 민가는 기와집이었다. 즉 적어도 진회화 북쪽은 초가집이 드물었다. 유송 명제가 순행할 때, 어도 변(御道 邊)의 초가집 두세 채를 보고 눈에 뜨이게 차이가 난다고 생각하여 "어도변에 어떻게 이 같은 초가집이 있을 수 있는가. 분명 집이 가난하기 때문일 것이다"라 하여 돈을 주어 그로 하여금 기와집으로 고쳐 지으라고 하였다.[48]

다른 한편, 건강은 또한 숙위병(宿衛兵)이 있었는데, 이들을 "악속(樂屬)" 혹은 "영호(營戶)"라 하였다.[49] 영호의 거처는 군영(營署)였는데, 그 영(營)에는 숭예영(崇藝營)·소무영(昭武營)·영화영(永化營)과 같은 명칭이 있었다.[50] 위진남북조 시기의 군인은 세습되었고, 신분도 고정되어 있어 그 가족은 대대로 병호에 속했다. 예를 들면 진(陳) 후주(後主)의 귀비(貴妃)인 장여화(張麗華)는 병가(兵家) 출신의 여자였다.[51] 영병 및 그 가속의 영호가 거주하는 곳은 하나의 특수한

---

46) 『世說新語校箋』(香港, 大衆書局, 1969), 任誕 23. "왕씨가 유씨가 모두 항남(航南)에 있었는데 환자야(桓子野)의 집에서 거창한 잔치를 하였다." 환윤(桓尹)은 이럴 때 자(字)가 자야였다.

47) 『宋書』 권73, 「顏延之傳」.

48) 『宋書』 권41, 「后妃傳」.

49) 『晉書』 권64, 「會稽文孝王道子傳」. 사마원현(司馬元顯)이 동토의 여러 군(郡)에서 노(奴)를 면하여 객(客)이 된 사람을 "악속"이라고 불러서, 경사로 옮겨 병역에 충당하였다 ; 『宋書』 권77, 「沈慶之傳」. "심경지가 앞 뒤 시기에 잡은 오랑캐를 모두 京邑으로 옮겨 營戶로 삼았다."

50) 『宋書』 권61, 「江夏 文獻王 義恭傳」.

51) 『陳書』 권7, 「後主沈皇后」 附張麗華傳.

주택구를 이루었는데, 남제(南齊) 후폐제(後廢帝)의 소행(素行)이 좋지 않아 늘 여러 군영에서 문란한 연회를 베풀었다.[52] 유송(宋) 후폐제 (後廢帝)는 늘 나가 놀아 "군영의 거리를 돌아다니지 않은 곳이 없을"[53] 정도였으며, 또한 우위(右衛) 익련영(翼輦營)의 여자와 사통(私通)하기도 했다.[54] 송대 이후 군영의 많은 여자들이 후비로 들어가 내직(內職)이 되었다.[55] 군영의 분포는 건강성 내외에 두루 미치고 있었는데, 유송(劉宋)이 오나라 남궁(太子宮)이 있던 자리에 흔락영(欣樂營)을 설치한 것[56]으로부터 도성 안에 군영이 있었다는 것을 알 수 있다. 그리고 군영 또한 민가와 함께 있었는데, 예를 들면 환현(桓玄)은 사안(謝安)의 오의항(烏衣巷) 택지를 군영로 삼고자 해서 "환현이 사태부 택(謝太傅 宅)을 영으로 삼고자 했는데, 사혼(謝混)이 '소백(召伯)의 인(仁)은 오히려 은혜가 팥배나무에 미쳤다. 문정(文靖)의 덕(德)은 다시 오무(五畝)의 저택을 지키지 못하는가!'라고 하니, 환현이 부끄러워 그만두었다"[57]라고 한다.

　육조는 종교신앙이 풍미했던 시대로, 불교는 사회·문화에 넓고 깊은 영향을 미쳤다. 건강은 육조의 정치·문화의 중심지로서 이곳에는 불교색채가 매우 짙었다. 양조(梁朝)는 육조 불교발전의 절정(高峰)으로, 당시 건강성 안팎의 불사(佛寺) 700여 곳은 건강 도시 경관 가운데 중요한 건축물이었는데, 양조에 온 외국사신들은 이 도시에 대해 깊은 인상을 가지고 있었다.[58] 세워진 사원(寺院)은 건강성 내외 사찰과 접하고, 보찰(寶刹)과 서로 바라보게 했는데, 외관상

52) 『南史』 권5, 「齊本紀下」.
53) 『資治通鑑』(台北, 明倫出版社, 1972) 권134, 「宋紀 16」, 順帝 昇明 元年, 總 4193쪽.
54) 『宋書』 권9, 「後廢帝紀」.
55) 『宋書』 권41, 「后妃傳」.
56) 『建康實錄』 권2, 15쪽.
57) 『世說新語校箋』 「規箴 10」, 438쪽.
58) 『梁書』 권54, 「諸夷傳」 海南諸國.

<사진 3> 남경의 고계명사

건강의 면모를 꾸몄을 뿐 아니라, 동시에 건강의 토지이용에도 영향을 주었다. 신앙을 경건하게 여겼기 때문에 집을 절로 만드는 것이 육조시대에는 남북 공동의 풍조였다. 왕공 귀인은 탑사(塔寺)를 융성하게 짓는데 돈을 대었을 뿐만 아니라 나아가 사는 집을 절로 만들기도 하였다.59) 이로 인해 많은 주택이 사원으로 변했으며, 이러한 사원과 사원지역의 확대로 말미암아 자주 인근의 주택지를 겸병해서 사원의 일부분으로 만들었다. 예를 들면 양무제는 와관사(瓦官寺) 옆 수백 집의 땅을 매입해서 사원을 확장했다.60) 또한 왕건(王騫)에게 종산에 있는 전야 80무를 매입하게 하여 대애경사(大愛敬寺)에 기부했다.61) 또한 일반적으로 버려진 집을 절로 만들었는데, 버

---

59) 拙著,『六朝時代的建康』(國立台灣大學歷史硏究所博士論文, 1982), 182쪽 참조.
60)『南史』권76,「夷貃傳上」扶南國.
61)『梁書』권7,「太宗王皇后傳」.

려진 집으로는 보통 사원(寺院) 승방(僧房)을 짓기에는 협소했기 때문에 그 인근의 집들은 대부분 사원으로 바뀌었다. 왕탄지(王坦之)는 집을 내어놓아 안락사(安樂寺)로 만들었는데, 동·서·남에 있는 인근주택 주인 또한 동시에 집을 절에 시주했다.[62] 사서(史書)에 북위 낙양성의 천여 군데의 사원은 "민가를 점탈한 것이 1/3이다"[63]라고 되어있다. 건강의 불사(佛寺)는 낙양만큼은 많지 않지만, 시종 상당수를 유지했는데, 양조 때는 700여 개가 있었으며, 양말 후경의 난을 거치고, 진대까지 5백여 개가 있었다.[64] 즉 사원토지의 점유비율 또한 대단하였음을 알 수 있다.

건강 불사는 주로 다음의 3개 구역에 분포했다. 첫째, 종산과 건강성 동쪽으로 종산에 이르는 지대이다. 둘째, 선양문(宣陽門)에서 진회하에 이르는 지역, 특히 어도(御道) 이동(以東) 및 선양문(宣陽門)·진양문(津陽門) 남쪽, 청계(青溪) 서쪽 지역, 그리고 운독(運瀆) 연안(沿岸)인데, 특히 북쪽에 치우친 지구이다. 셋째, 진회하 남안으로 항남대로(航南大路) 서쪽의 민가가 융성한 지구이다.[65]

---

62) 『高僧傳』 권13, 『晉京師安樂寺釋慧受傳』, "승려 혜수(慧受)는 안락(安樂)사람이다. 진나라 흥령(興寧) 년간(363~365)에 경사에 와서 거닐었다. 소식(蔬食)하고 고행하였으며, 항상 복업을 닦았다. 이전에 왕탄지의 정원을 지나갔었는데, 밤에 홀연히 그 정원 가운데 사찰을 세우는 꿈이 나타났다. 이렇게 몇 차례 지나갔다 … 왕탄지는 곧 사찰을 기증하여 사찰로 삼았으며, 혜수의 고향을 사찰이름으로 삼아서 안락사(安樂寺)라고 이름지었다. 동쪽으로는 단양윤(丹陽尹) 왕아(王雅)의 집이 있었고, 서쪽으로는 동연태수 유투(劉鬪)의 집이 있었으며, 남쪽으로는 예장태수 범령(范寧)의 집이 있었는데, 이들이 모두 시주하여 사찰이 되었다."

63) 『魏書』 권114, 「釋老志」.

64) 法琳, 『辯正論』 권3, 「十代奉佛篇上」.

65) 拙著, 『六朝時代的建康』, 中篇, 第五章, 「佛寺」 참조.

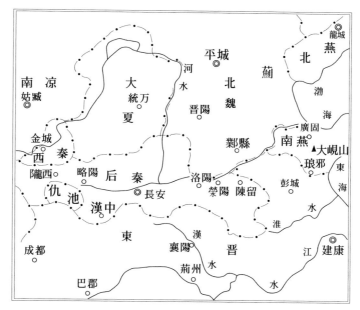

〈지도 1〉 동진·남연·후진 형세도

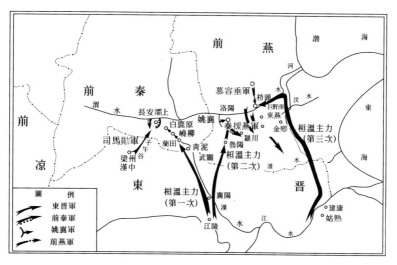

〈지도 2〉 晉의 桓溫의 '북벌' 개념도

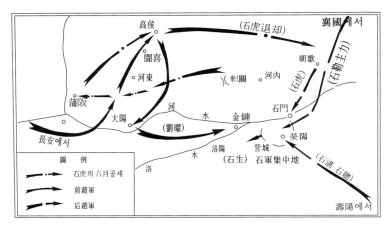

<지도 3> 前趙·後趙 낙양전투

Ⅲ. 시 장

시(市)의 연구는 도시 환경을 이해하는데 필수조건일 뿐 아니라 그 당시 사회경제 상황을 탐구하는 단서를 제공해 준다. 중국은 예부터 시(市)가 존재했었다. 『주례(周禮)』의 전조후시(前朝後市)에 도시 설계가 수록되어 있는 것을 통해, 시가 도성에서 중요한 역할을 담당하고 있음을 알 수 있다. 진한에서 당대에 이르기까지 시는 도시 가운데 특정의 상업지구였다. 육조문헌 가운데에는 이에 대한 상세한 기록은 없으나, 얼마 되지 않은 기록을 토대로 건강의 "시(市)"에 대한 대체적인 윤곽을 그릴 수 있다.

1. 시(市)의 종류

건강에는 대시(大市)·초시(草市)·소시(小市)·사시(紗市)·우마시(牛馬市)·곡시(穀市)·현시(蜆市)·염시(鹽市)·원시(苑市) 등 많은 종류의 시(市)가 있었다.

1) 대시(大市)

『통전(通典)』에 육조 때 진회하 북쪽에 대시가 있었다고 하는데, 지금 확인할 수 있는 것은 다음의 네 시(市)뿐이다. 산겸지(山謙之)의 『단양기(丹陽記)』에는 "경사에는 사시가 있다. 건강 대시(大市)는 손권이 세운 것이다. 건강 동시(東市)도 같은 시기에 세운 것이다. 건강 북시(北市)는 영안(永安) 년간(258~263)에 세운 것이다. 말릉의 투장시(鬪場市)는 융안(隆安) 년간(397~401)에 악속(樂屬)이나 영호(營戶)로 하여금 교역을 하게 함으로써 시(市)가 되었다"66)라고 실려있다. 손권이 세운 2개의 시(市) 가운데 동시(東市)의 위치는 알 수 없으나, 건강 대시의 위치는 불타리(佛陀里) 건초사(建初寺) 앞이었는데, 궁성과 7리 떨어져 있다.『궁원기(宮苑記)』에 말하기를, "오(吳) 대제(大帝)가 대시를 세웠는데, 건초사 앞에 있으며, 그 절 또한 대시사라 이름하였다"67)라고 한다. 또 청나라 사람 손징지(孫澄之)가 말하길, "취보문(聚宝門) 밖 서쪽 거리에 대시교(大市橋)가 있었는데, 그 땅은 바로 성내의 건초사(建初寺) 터와 마주보고 있으나, 손오 때는 본디 성이 없었다"68)라고 한다. 즉 대시는 분명히 진회하 남안에 있었다. 손오의 궁성은 진회하 북안에 있는데, 왜 시장을 남안에 두었

---

66)『太平御覽』권827,「資産」7 市, 총 3819쪽.
67)『景定建康志』권16, 2쪽, 總 888쪽.
68) 劉世珩,『南朝寺考』(中國佛寺史志彙刊第2輯第1册, 台北, 明文書局), 5쪽.

는지는 생각해 볼 가치가 있다. 『주례』의 전조후시(前朝後市) 제도에
의하면, 시장은 마땅히 궁성의 북쪽에 있어야 하지만, 손오는 건업
을 세우면서 이러한 원칙에 의거하지 않았다. 손권이 도성을 세우
는 데는 원래 건업 지형의 제한을 받았는데, 도성의 북쪽은 산을 가
까이 하고 있고 호수로 막혀 있었다. 즉, 종산(鍾山)·복주산(覆舟山)
·계롱산(雞籠山)·노롱산(盧龍山)·마안산(馬鞍山)이 면면히 북으로
이어져 있고, 그 사이에 또 뒤에 호수(즉 현무호)가 있어 빈터가 한
정되어 있다. 또 민가는 도성의 남쪽 및 진회하 남안에 있는데, 만
약 시장을 궁성의 북쪽에 둔다면 분명히 실제에 맞지 않을 것이다.
이에 손오는 지형 및 이미 발전한 가시(街市)를 감안하여, 우선 민호
가 많은 진회하 남안에 시장을 설치했던 것이다.

　동진 안제 융안 년간에 세운 투장시는 말릉현의 투장 안에 있다.
『경정건강지』에 "유송 또한 남시(南市)를 세웠는데, 삼교리문(三橋籬
門) 밖 투장촌(鬪場村) 안에 있으니, 또한 동시(東市)라 이름하였다"[69]
라고 되어 있다. 투장 안에 진회하 남안이 있었기 때문에, 상식적으
로 말하면 마땅히 "남시"라고 불러야 하는데 또 "동시"라고 이름한
것은 육조 사람들이 항상 건강성에 살았기 때문에 종산을 대면하는
것을 기준으로 삼아 방위를 분별하였기 때문이다.[70] 그래서 또한
동시라 칭하였다.

　유송 때 세운 북시는 앞에서 인용한 『단양기』에 의하면, "건강
북시는 영안(永安) 년간에 세웠다"라고 하였으나, 손오에서 진(陳)에
이르기까지 영안(永安)이라는 연호는 없다.[71] 그런데 『궁원기』에 "유
송 무제 영초(永初) 년간(420~422)에 북시를 세웠는데, 대하문(大廈門)

---

69) 『景定建康志』 권16, 2쪽, 총 888쪽.
70) 『宋書』 권99, 「二凶傳」. "동양공주의 집은 서액문(西掖門) 밖에 있었다.
　　따라서 「남제(南第)」라고 부른다."
71) <옮긴이 주>; 이 부분에 무언가 저자의 오해가 있는 듯하다. 258년부
　　터 263년까지 永安 년간이다.

밖 귀선사(歸善寺) 앞에 있다"[72]라고 하고 있다. 즉 앞에서 말한 '영안'은 '영초'의 잘못이라 볼 수 있다.

그 외에 건강 외곽 조건이문(肇建籬門) 밖에 조건시(肇建市)가 있었다.[73] 그 밖의 대시에 관해서는 자료가 부족하기 때문에 고정(考訂)할 수 없다.

2) 소시(小市)

『통전』에 "회수(淮水) 북쪽에 대시가 있고, 그밖에 소시 10여 곳이 있다"라고 하였으나, 사서상에서는 오히려 소시와 관련한 기사가 적지 않다. 동진시대에 장개(張闓)가 소시(小市)에 살았으며,[74] 또한 유송시대에 장경아(張敬兒)는 적을 선양문(宣陽門) 장엄사(莊嚴寺) 소시(小市)에서 물리쳤다.[75] 시전과 민가가 있는 진회하 남안, 그곳에는 소시가 아마 적지 않았을 것이다.

그 외에 진양문(津陽門) 부근에도 하나의 시장이 있었으나, 대시인지 소시인지는 알 수 없다.[76]

---

72) 『景定建康志』 권16, 총 888쪽.
73) 『太平御覽』 권197, 「居處部」 25. 藩籬에서 『南朝宮苑記』에서, "건강의 이문(籬門)은, 예전에 남북 기슭에 이문이 56곳 있었다. 동리문(東籬門)은 본래 조건리문이라는 이름이었다. 옛 조건시의 동쪽에 있었다는 기록을 인용하였다.
74) 『世說新語校箋』 「規箴 10」, 425~426쪽.
75) 『宋書』 권9, 「後廢帝紀」.
76) 『全梁文』 권43, 任昉 「奏彈劉整」에서는 유정(劉整)의 兄子인 유준(劉逡)이 진양문(津陽門)에 가서 쌀을 샀는데, 마침 유정의 비(婢)인 채음(采音)이 도둑질한 차란용견(車欄龍牽)을 여기에서 팔고 있는 것을 보게 되었던 점을 언급하고 있다.

3) 초시(草市)

일본학자의 연구에 의하면, 초시는 동진 이후의 문헌에서 처음 보이고 있으며, 그 최초의 의미는 초료(草料)의 시장이다. 통상 주현 (州縣)이 다스리는 성 밖에 개설되었다. 초시는 뒷날 점차 발전하여 단순히 초료의 시장이 아니라, 다른 종류의 물품을 겸하였고, 술 집·여관·민사도 있어 성 밖의 작은 시가지를 형성함으로써 뒷 날, 성밖의 시정(市井) 혹은 초시(草市)라 불렸다. 초시의 또 하나의 의미는, 당대(唐代)에 주현이 다스리는 성 내의 특정의 상업구역인 시(市)와 구별되는 성 밖의 상업지구이다.77) 육조 건강에도 초시가 있었다.

> 무리가 남제 파양왕(鄱陽王) 보인(寶寅)을 버리고 도주하였다. 보인이
> 도망한 지 3일 만에 군복을 입은 채 초시의 위(尉)에게 이르렀다. 위가
> 달려가 황제에게 고하자 황제가 보인을 맞아 궁에 들어오게 하여 그에
> 게 사정을 물었다.78)
>
> 건무 4년, 왕안(王晏)이 초시(草市)에 이르자 말이 놀라 달아났다.79)

호삼성(胡三省)은 다음과 같이 말하고 있다. "대성 육문 밖에 각각 초시가 있었는데, 초시(草市) 위사(尉司)를 두어 살피게 했다"80) 그러 나 실제 당시 건강의 초시는 하나밖에 없었을 뿐 아니라 관을 두어 감시하지도 않았다. 가또우 시게시[加藤繁]는 호씨(胡氏)가 송말 초

---

77) 草市에 관해서는 日本學者의 연구로 加藤繁, 「唐宋時代的草市及其發展」
『中國經濟史考證』((華世出版社)에 수록), 那波利貞 「支那の市」『經濟學
辭典』第三卷(大阪商科大學經濟研究所, 1931), 曾我部靜雄 「唐宋以前の
草市」『東亞經濟研究』, 第16卷 第4號(1932)가 있다.
78) 『南齊書』 권15, 「鄱陽王寶寅傳」.
79) 『南齊書』 권19, 「五行志」.
80) 『資治通鑑』 권144, 「齊紀 10」, 和帝 中興 元年, 總 4492쪽.

시의 정황을 옛날로 소급함으로써 이러한 착오에 이르렀다고 여겼다.[81] 건강에는 하나의 초시만이 있었을 뿐 아니라 그것은 초료의 시장에 지나지 않았다. 만약 호삼성이 말하고 있는 것처럼 육문 밖에 각각 초시가 있었다면 그것은 당송의 상업·도시가 발전된 이후에서야 나타날 수 있는 정황이고, 또한 성 밖에 취락을 이루었다면 상당히 넓은 공터가 있어야 하는데 건강은 그다지 이러한 지리조건을 갖추지 못했다.

하나밖에 없는 건강 초시의 위치는 『궁원기(宮苑記)』의 "남위(南尉)는 초시 북쪽, 상궁사(湘宮寺) 앞에 있다"[82]라는 기사와 또 『건강실록(建康實錄)』의 "(도성) 청명문(淸明門) 삼도는 지금 상궁사(湘宮寺)와 마주하고 있으며, 거리 동쪽에 청계교(靑溪橋)로 나온다"[83]라는 기사에 의해 청명문 밖의 상궁사 남쪽에 있었으며, 상궁사 앞에는 남위가 설치되었음을 알 수 있다. 동진 때 건강에는 칠위(七尉)를 두었다. 그 위치는 "강위(江尉)는 삼생저(三生渚)에, 서위(西尉)는 연각사(延覺寺) 뒷거리 북쪽, 동위(東尉)는 오(吳) 대제릉(大帝陵) 입구 즉 지금 장산(蔣山) 서문에, 남위는 초시 북쪽 즉 상궁사 앞에, 북위는 조구촌(朝溝村)에, 좌위는 청계(靑溪) 고수교(菰首橋)에, 우위(右衛)는 사시(紗市)에 있었다."[84] 여러 위(尉) 중 남위는 초시 곁에 있었기 때문에 "초시위(草市尉)"라고 불렸다. 호삼성은 초시에 위를 설치해서 규찰(糾擦)을 맡은 것으로 잘못 생각했던 것이다.

---

81) 加藤繁,「唐宋時代的草市及其發展」『中國經濟史考證』에 수록, 352쪽.
82) 『景定建康志』(台北, 大化書局重刊金陵忠愍祠藏嘉慶七年仿宋本, 1980) 권 16, 2쪽, 總 888쪽.
83) 『建康實錄』 권7, 11~12쪽.
84) 『太平實宇記』 권90, 昇州. 上元縣.

4) 전업화한 시(市)

대시·소시·초시 이외에 건강에는 전업화(專業化)한 시가 출현했다.『경정건강지』에는 "또 소시·우마시·곡시·현시·사시 등 10여 개가 있는데, 모두 회수 변에 늘어선 가게들이다"[85]라고 기술되어 있다.

우마시·곡시·현시는 대부분 진회하 변에 있었으나, 사시는 도성 서북쪽 기도시(耆闍市) 앞에 있었다.『경정건강지』에 "사시는 성 서북쪽 기도시 앞에 있다."[86] 또 "기도산(祇闍山)은 계룡산 서쪽에 있고, 기도사는 지금 허물어져 없어졌다." 또 사시에는 잠실(蠶室)이 있었다. 그것은 육조시대에 황후가 몸소 뽕나무를 심은 곳으로 "잠실은 현에서 북쪽으로 7리 떨어진 곳에 있는 기도사 앞 사시 안에 있었다."[87] 다른 한편, 진회하 북쪽에 염시가 있었다.『경정지』에 "염시는 주작문 서쪽에 있다"[88]라고 하였다. 또한 원시(苑市)는 광막문 안의 길 동쪽에 있었다.[89]

이상에서 건강성의 시장은 일반적으로 진한에서 당대까지의 시장이 성 안의 특정한 상업지구 같았던 것과 다르게, 엄격한 제한지역 없이 각지에 흩어져 있는 것으로, 분명히 자연스럽게 발전한 결과였다는 것을 알 수 있다. 시의 분포로부터 건강의 발전이 진일보했다는 것을 이해할 수 있다. 산겸지(山謙之)가『단양기』중에서, "경사에는 4시가 있다"라고 한 것은 곧 당시 건강 내의 주요한 대시(大市)를 가리키는 것으로써 소시는 그 수효에 들지 않았다. 진말(陳末)에 이르러 이미 "회수 북쪽에 대시가 있었고, 소시도 10여 개

---

85)『景定建康志』권16, 총 888쪽.
86)『景定建康志』권16, 총 888쪽.
87)『景定建康志』권21, 총 1012쪽.
88)『景定建康志』권16, 총 888쪽.
89)『景定建康志』권16, 총 888쪽.

있었다." 이로 알 수 있는 것은, 남제에서 진(陳)에 이르기까지 건강 인구는 급속히 증가하였으며, 상업 또한 빠르게 발전하여 활발한 상업활동으로 인해 시장이 끊임없이 증가하였다는 점이다. 만약 진회하 남쪽의 시장을 더하여 계산한다면, 그 수는 더욱 많을 것이다. 비록 진회하 남쪽의 시장은 기록에 보이지 않지만, 산겸지가 기록하고 있는 시 안의 건강 대시 및 투장시 모두 민가가 빽빽하게 분포하고 있는 남쪽 기슭에 있었다.

건강 시장의 특성은 시장이 자주 사원 앞에 있었다는 점인데, 건초사 앞에는 대시가 있었고, 투장사 앞에는 투장시가 있었으며,[90] 기도사(祇闍寺) 앞에는 사시가 있었고, 장엄사 앞에 또한 삼시(三市)가 있었다. 양대의 강총(江總)이 쓴 '대장엄사비(大莊嚴寺碑)'에, "앞을 보면 홍진(紅塵)이 사방에서 모여 삼시(三市)의 영허(盈虛)가 보이고, 뒤를 보면 자주빛 궁궐이 있으며, 삼궐(三闕)이 높고 가파르게 이어져 있다"[91]라고 적고 있다. 그 중 하나는 장엄사의 소시이다. 이로써 사원 앞이 하나의 상업 중심을 이루어 건강의 불사(佛寺)는 종교·문화 기능 이외에 가장 좋은 교역장소였다는 것을 알 수 있다.

2. 시(市)의 행정

공설(公設)한 시장 안에 관리를 두어 관리하도록 하였는데, 손오 때는 사시중랑장(司市中郎將)을 두었다.

손호(孫晧)의 애첩은 사람을 시켜 시장에 가서 백성의 재물을 겁탈하게 하였다. 사시중랑장(司市中郎將) 진성(陳聲)은 본래 손호의 행신(幸臣)으로 손호의 총애를 믿고 그를 법으로 묶었다. 첩이 손호에게 하소연하

90) 『景定建康志』 권16, 총 888쪽.
91) 『全隋文』 권11, 江總 「大莊嚴寺碑」.

자 손호가 크게 노하여 다른 사건을 핑계삼아 재빨리 진성의 목을 자르고, 그 몸을 사방에서 볼 수 있는 곳에 던졌다.[92]

동진 이후에 시령(市令)을 두었는데, 시의 크고 작음에 따라 시령의 지위는 같지 않았다. 그 가운데 태시령(太市令)의 지위는 가장 높아서, 9품 18반의 말반에 오를 수 있었다. 1반은 남북시령으로 태부경 아래 예속되었기 때문에 그 지위는 태시령(太市令)보다 낮았다.[93] 그래서 시령의 직위는 매우 많고 뛰어난 경관 가운데에서 여전히 낮은 편에 속했으며, 모두 한문(寒門)출신들이 임명되었다. 예를 들면 진조 때 태시령 양혜랑(陽慧朗)은 원래 소리(小吏)출신이었으며,[94] 또한 장화(章華)는 집이 대대로 농사에 종사했으나 재주가 많았다. 그러나 조정의 신하들은 그가 고문(高門) 벌열(閥閱)이 아니라는 이유로 그를 배제하여 태시령에 임명하였다.[95] 시령 밑에는 시승(市丞)·시괴(市魁)·시리(市吏)가 있었다.[96]

시령의 직권은 세금의 징수 및 시의 질서유지였다. 시령이 징수한 세금 곧 시세(市稅)에 대해 『수서(隋書)』 「식화지(食貨志)」는 "회수 북쪽에 대시 100여 개 소, 소시 10여 곳이 있다. 대시에는 관사를 두었는데, 세금이 무거워 당시 사람들이 아주 고통스러워했다"라고 하고 있다. 화물세는 시세의 하나였으며, 문권고(文券估)와 산고(散估) 두 종류로 나뉘었다.

진이 도강(渡江)한 뒤로부터 주요 매매품은 노비와 마우(馬牛)·전택(田宅)이었는데 문권(文券)이 있어 대개 전 1만(萬)이라면, 수고(輸估) 400전이 입관(入官)되는데 파는 자가 300전, 사는 자가 100전을 내었다. 문

---

92) 『三國志』 吳書, 권3, 「嗣主傳」.
93) 『隋書』 권26, 「百官志下」.
94) 『資治通鑑』 권144, 「陳紀十」, 長城公至德二年, 총 5479～5480쪽.
95) 『陳書』 권30, 「傅縡傳」 附章華傳.
96) 『南齊書』 권7, 「東昏侯紀」.

권이 없는 자는 물건에 따라 감당하여 역시 100분의 4를 내었다. 이름하여 "산고(散估)"라 하였다. 송·제·양·진을 거쳐 모두 이와 같이 하는 것이 상례였다.[97]

시령은 이러한 교역을 관리하였으며, 징세하였다. 동시에 교역 가운데 다툼이 있을 때 시령이 또한 시시비비를 가려 징계하였다. 남제 동혼후가 대시를 모방해서 원중에 시를 세웠는데, 그 대강을 볼 수 있다.

또 원(苑) 가운데에 가게를 세워 대시(大市)를 모방하여 날마다 시(市)에 나가 놀았다. 재화와 물건을 섞어놓고 궁인과 내시에게 주어 팔게 하였다. 반비(潘妃)가 시령(市令)이 되고 스스로는 시리(市吏)·녹사(錄事)가 되었다. 다투는 자가 있으면 반비가 그를 벌하였다.[98]

Ⅳ. 주택(住宅) 구획

건강의 도시구획에 관해서는 송대 『건도(乾道)건강지』·『경원(慶元)건강지(建康志)』·『경정(景定)건강지(建康志)』 가운데 『경원건강지』에만 향리(鄕里)의 기록이 있을 뿐인데, 애석한 것은 『경정건강지』가 간행되어 나오게 되자, 『건도건강지』·『경원건강지』를 모두 폐기시켰다는 점이다. 원대 『금릉지』를 편찬할 때, 이미 참고할 수 있는 기록이 없었다.[99] 지금은 단지 여러 사서 가운데 남아 있는 편을 뒤

---

97) 『通典』 권11, 「食貨」 雜稅 ; 그 밖에 『隋書』 권24, 「食貨志」.
98) 『南史』 권5, 「齊本紀下」.
99) 『至正金陵新志』(台北, 大化書局重刊元至正四年刊本, 1980) 권4, 35~36쪽,

저 한두 가지를 알 수 있을 뿐이다. 건강현(진회하 北岸)에,

남당리(南塘里)[100]·도정리(都亭里)[101]·동하리(桐下里)[102]·금중리(禁中里)[103]·장릉리(蔣陵里)[104]·정음리(定陰里)[105]·태청리(太淸里)[106]·장산리(蔣山里)[107]·자유리(子游里)·토산리(土山里)·건강리(建康里).[108]

말릉현(진회화 南岸)에는,

투양리(鬪陽里)[109]·동하리(同夏里)[110]·불타리(佛陀里)[111]·건흥리(建興里)[112]·장간리(長干里)[113]·중흥리(中興里)[114]·봉황리(鳳凰里)[115]·석천리(石泉里)·소교리(小郊里)·누후리(婁侯里)·연현리(延賢里).[116]

건강현 혹 말릉현 가운데 어느 곳에 있는지 알 수 없는 것으로,

總 1742쪽.
100)『南齊書』 권19,「五行志」.
101) 都亭里의 位置는 冶城의 서쪽이다.『景定建康志』 권16, 10쪽, 運巷條에서『世說敍錄』을 인용.
102)『梁書』 권1,「武帝紀上」.
103)『梁書』 권21,「王志傳」.
104)『建康實錄』 권12.
105)『建康實錄』 권17, 天監 18年.
106)『建康實錄』 권17.
107)『建康實錄』 권17.
108)『建康實錄』 권17.
109)『南齊書』 권18,「祥瑞志」.
110)『梁書』「武帝紀上」.
111)『高僧傳』 권1,『吳建業建初寺康僧會傳』.
112)『梁書』 권2,「武帝紀中」.
113)『梁書』 권54,「諸夷傳」.
114)『建康實錄』 권12. "宋 元嘉 四年 南林寺을 中興里리에 설치하였다.";
『高僧傳』 권3,「宋京師祇沽寺求那跋摩傳」.
115)『宋書』 권28,「符瑞志中」.
116)『至正金陵新志』 권4, 총 1743쪽.

귀인리(歸仁里)[117]·화의리(化義里)·제평리(齊平里)·삭음리(朔陰里)·숭효리(崇孝里)·상란리(翔鸞里)·빈강리(濱江里)·순택리(舜澤里)·가서리(嘉瑞里).[118]

가 있다.

　당대 이전의 주택구의 규획에 관해서는 현재 많이 알지 못한다. 당(唐) 시기의 성방(城坊)—또는 "리(里)"라고 부름—은 방(坊)의 네 둘레에 담을 쌓고, 두 개 혹은 세 개의 문만 열려 있었으며, 방 안에는 동서·남북을 연락할 수 있는 도로 이외에, "곡(曲)"이라 불리는 도로가 있었다. 3품 이상의 관원이나 골목길에 막혀 있는 인가(人家)만이 허가를 받아 담장을 뚫어, 방(坊) 바깥 큰 길 쪽으로 사문(私門)을 개설할 수 있었다.[119] 북위의 평성·낙양이나 동위·북제의 업성(鄴城)은 모두 이미 이러한 봉폐식(封閉式) 성방(城坊)의 규획(規劃)을 가지고 있었다. 그러나 문헌자료를 통해서는 건강에도 이와 같은 규획이 있었는지의 여부를 알 수 없다.

V. 행　정

　건업은 양주(揚州) 단양군의 경역(境域)에 속했는데, 한나라 때 양주(揚州) 자사(刺史)는 역양(歷陽)에 치소를 두었으며, 위진 때는 수춘(壽春)에 치소(治所)를 두었다. 손오의 양주 목(牧)은 애초에 곡아(曲阿)에

---

117)『梁書』권27,「明山寶傳」.
118)『至正金陵新志』권4, 36~37쪽.
119) 加藤繁,「唐宋都市的發展」『中國經濟史考證』에 수록, 274~275쪽.

치소를 두었다가 나중에 건업으로 치소를 옮겼다.[120] 진나라가 오(吳)나라를 평정하고 나서도 여전히 건업에 치소를 두었는데 동진이 되어서도 이를 이어받아 고치지 않았다. 단양군 치소는 한나라가 대대로 완릉(宛陵)에 두었다. 건안 26년, 손권이 치소를 건업으로 옮겼다. 황무 원년에 또 치소를 무호(蕪湖)로 옮겼는데,[121] 진 무제 태강 2년에 단양의 일부분을 선양군(宣陽郡)으로 나누어 완릉을 치소로 하고, 단양의 치소는 건업으로 옮겼다. 원제(元帝)가 남쪽으로 건너가 건업에 도읍했기 때문에 단양태수를 단양윤(丹陽尹)으로 고쳤다.

이상에서 손오 시기 양주자사의 치소는 건업이었으나 단양군은 일정하지 않았음을 알 수 있다. 진 이후, 양주자사나 단양태수(동진 이후에 尹이 됨)는 모두 건강에 있었으며, 건강현에는 현령(縣令)이 있었다. 그럼으로 양주자사·단양윤·건강령은 모두 건강에 자리하고 있었다. 그래서 유송(宋)의 유식지(劉式之)는 다음과 같이 말하였다. "양주자사·단양윤·건강령은 모두 경사 토지의 주인으로 비위(非違)를 검찰하고, 혹은 달려가 수화(水火)를 구하는 것이다."[122]

양주는 왕기(王畿)가 있었던 곳이었기 때문에 경련신고(京輦神皐)라 불렸으며, 양주자사 또한 "신목(神牧)[123]이라 불리워, 지위와 명망이 아주 높았다. 이 직위는 3품관이었는데, 강남의 많은 종실친왕이나 뛰어난 문벌사람들이 그 자리 맡기를 희망했으나─서성(庶姓)─(황실의 친척)이 아닌 사람이 양주자사가 되는 일은 드물었다.[124] 그 치소의 대부분은 동부성에 있었는데, 진나라 때 진야성(鎭冶城)[125]이었다. 육조 양주자사는 대부분 재보(宰輔)를 겸임하여 조정의 정치를 총괄

---

120) 『宋書』 권35 「州郡志一」.
121) 『宋書』 권35, 「州郡志一」.
122) 『宋書』 권15 「禮志二」, 劉式之義.
123) 『南齊書』 권14, 「州郡志上」.
124) 『宋書』 권85, 「王景文傳」.
125) 『陳書』 권10, 「程靈洗傳」.

하였다. 비록 경사에 거주했으나 건강의 행정을 관장하지는 않았다.

단양윤은 온교(溫嶠)가 "경사(京師)의 목과 혀"[126]라고 일컬은 고관(高官)으로 중 2천석의 5품관이었다.[127] 이 자리는 재주와 문무를 겸비한 사람이 맡았는데, 동진 이후 거의 재보의 임무를 맡아 육조정치에서 중요한 역할을 담당하였다. 양원제(梁元帝)는 일찍이 역대의 사적을 모아 『단양윤전(丹陽尹傳)』 10권을 만들었다.[128] 단양윤이 관할하는 범위는 아주 넓었는데, 남제의 경릉왕 자량(子良)은 다음과 같이 말하였다. "경윤이 비록 도읍에 살지만, 경계의 땅을 아우르면서도 뛰어넘어서, 동서남북을 두루하여 거의 천리에 달한다."[129] 즉 건강과 말릉은 단지 구(區)를 관할하는 일부분에 지나지 않았으며, 단양윤의 직임은 아주 민감하고 중요했기 때문에 경사 행정에 대해 신경을 덜 썼던 것이다.

양주자사와 단양윤이 비록 건강에 살았지만, 실제로 건강의 행정과는 무관하였다. 경사행정을 실질적으로 관리한 관원은 건강령·도관종사·건강삼관이나 도성방위를 책임지고 있는 위위(衛尉)였다.

1. 건강령(建康令)

실질적으로 경사를 관리한 관원은 질(秩)이 천석이고 관(官)이 7품이었던 건강령이었는데, 그 품질(品秩)은 다른 현령에 비해 높았다.

---

126) 『晉書』 권67, 「溫嶠傳」.
127) 『隋書』 권26, 「百官志下」.
128) 『梁書』 권5, 「元帝紀」. 『丹陽尹傳』은 현존하지 않는다. 『藝文類聚』 권 50 有元帝 「丹陽尹傳序」.
129) 『南齊書』 권40, 「竟陵文宣王子良傳」.

예를 들면 5천호 이상 현의 현령은 질(秩)이 천석, 8품이었으며, 5천호 이하 현의 현령은 질이 6백석, 9품이었다.[130] 건강령의 직임은 민사(民事)를 맡아 처리하고, 비위(非違)를 규찰하는 것이었다. 그래서 유효의(劉孝儀)는 「건강령이 제수된 데에 감사하는 계(除建康令謝啓)」에서 다음과 같이 말하였다. "어쩌면 장안의 청년은 잡아 쉽게 죄를 바로 잡을 수 있는 것이다. 위성(渭城)을 돌아다니며 그 용감함을 자랑하는 장안의 청년은 아마도 잡아 죄를 바로잡는 것이 쉬울 것이다. 그러나 가벼운 끈과 나는 듯한 가마를 모는 것만으로 영광인 폭주족은 진실로 꺾기 어려움을 알 수 있다."[131] 즉 경사의 치안은 곧 건강령의 능력 여하에 달려 있었다.

> 강병지(江秉之)가 … 건강령이 되어 치안과 감찰을 엄히 하여 경읍(京邑)이 숙연(肅然)하여졌다.[132]
>
> (유수지는) 원가 16년, 건강령으로 천거되어 상서중병랑을 제수받고, 겸하여 건강령을 제수받았다. 성격이 세밀하여 자세하고 은밀한 것을 잘 규찰하여 다스림에 명성이 있었다.[133]

2. 도관종사(都官從事)

건강령의 직임이 번중(繁重)하였기 때문에 동진·유송 시기에 건강·말릉 두 현에 각각 도관종사 한 사람을 두었다. 그는 비위(非違)를 규찰하고, 물·불·겁탈·절도를 담당하였다.

---

130) 『隋書』 권26, 「百官志下」.
131) 『全梁文』 권61, 劉孝儀, 「除建康令謝啓」.
132) 『宋書』 권92, 「良吏傳」.
133) 『宋書』 권81, 「劉秀之傳」.

진 시기에 경읍의 두 안(岸)은 양주에서 도부종사를 두어 두 현의 비
위를 담당케 하였으나 영초년간 이후에는 없앴다. 효건 3년 다시 그 직
을 설치하였다.[134]

(대명 원년) 9월 건강현·말릉현 두 현은 각각 도관종사 1인을 두어
물·불·겁탈·절도를 맡게 하였다.[135]

3. 건강 삼관(三官)

양나라 천감 원년, 주이(朱異)가 건강에는 마땅히 정위(廷尉)에 비추
어 옥사(獄司)를 두어야 한다고 건의했는데, 양무제가 이 안을 상서
(尚書)에 넘겨서 상세히 의논하게 한 후 건강 삼관을 두었다.[136] 이른
바 건강 삼관은 곧 건강정(正)·건강감(監)·건강평(平)으로서, 정위정
·정위감·정위평과 품이나 질이 서로 같아 질 6백석, 7품이다.[137]
이들은 건강 옥사를 관장하였다. 정위와 건강에 함께 머물렀기 때문
에 정위를 북옥(北獄), 건강 삼관(三官)을 남옥(南獄)이라 불렀다.

(천감 5년) 여름 4월 갑인(甲寅), 처음으로 조옥(詔獄)을 세웠다. 조를
내려 건강현에 삼관(三官)을 설치하고, 정위 삼관(三官)과 옥사를 나누어
담당하게 하였다. 건강 삼관을 남옥(南獄)이라 하고 정위 삼관을 북옥(北
獄)이라 하였다.[138]

건강 삼관의 질록이 비록 건강령에 미치지 못했으나 그 관품은
같은 7품이었다.

---

134) 『宋書』 권74, 「沈攸之傳」.
135) 『南史』 권2, 「宋本紀中」.
136) 『梁書』 권38, 「朱异傳」.
137) 『隋書』 권26, 「百官志下」.
138) 『南史』 권6, 「梁本紀中」.

4. 위위(衛尉)

위위는 궁성의 방위를 담당했는데, 진한 때에 이미 이 관이 있었으나 진나라가 도강 이후 동진이 되자 성금(城禁)이 심하지 않아 이 관을 두지 않았다. 유송 효무제 효건 원년에 다시 설치된 후 계승되어 바꾸지 않았다. 『송서』에 다음과 같이 말하고 있다. "강남에 동진 왕조가 서고 성문교위(城門校尉) 및 위위관을 두지 않았으나, 세조가 성금(城禁)을 중하게 여겼기 때문에 위위경(衛尉卿)을 두었다. 위위를 둔 것은 유회(劉悝)로부터 시작되었다."[139] 그 품질은 중이천석, 3품이었는데,[140] 위위 아래에 승(丞) 두 사람을 두었다.

건강이 중앙기구가 소재한 경읍이 되었기 때문에 중앙과 지방관이 함께 민사를 다스렸다. 건강 삼관이 비록 정위와 함께 나누어 맡았으나 양자를 겸임할 수 있었다. 예를 들면 진조의 육경(陸瓊)이 "이때 정위·건강의 두 옥사를 재판하였다."[141] 경읍지구의 진휼은 또한 늘 중서사인이 건강·말릉 두 현의 장관과 회동하여 처리하였다. 『남제서』에 "(영명 8년) 8월 병인, '경읍의 장마가 이미 넘쳐 거민이 침수를 당했으니, 중서사인과 두 현의 장관을 보내 진휼하게 하라'고 조서를 내렸다."[142] "(영원 3년) 6월, 경읍에 비가 내려 중서사인과 두 현의 장관을 보내 진휼했는데 각기 차이를 두었다"[143]라고 한다. 그러나 육문도성 안은 건강령 등 주현관의 관할이 아니라 좌우위 및 영군장군(領軍將軍)이 관리하였다.[144]

요컨대 건강도성 내는 주현 범위에 속하지 않고 좌우위 및 영군

---

139) 『宋書』 권68, 「南郡王義宣傳」.
140) 『隋書』 권26, 「百官志下」.
141) 『陳書』 권30, 「陸瓊傳」.
142) 『南齊書』 권3, 「武帝紀」.
143) 『南齊書』 권7, 「東昏侯紀」.
144) 『宋書』 권15, 「禮志二」, 劉式之義.

이 관리하였으나, 경읍의 두 현인 건강현과 말릉현의 주요한 것은
건강령·말릉령이 맡아 다스렸다. 건강삼관과 도관종사는 이들을
보좌하였다.

VI. 치 안

도읍 거주민의 구성은 아주 복잡하여 치안이 본래 다른 곳에 비
해 혼란하였는데, 『수서』에 "건강인은 오방에서 온 사람들이 섞여
있어, 풍속은 장안·낙양 2경과 비슷하다고 하였다"[145]라고 한다.
장안의 풍속은 "경조(京兆) 왕도(王都) 소재(所在)의 풍속은 오방(五方)
을 갖추어 사람들이 복잡하게 섞여 있고, 중국인과 타국인들이 섞
여 있다. 농업을 버리고 상업을 좇아, 아침저녁으로 이익을 다투며,
아무것도 하지 않는 것을 일로 삼고, 아주 작은 일로 다툰다. 귀한
사람은 사치를 숭상하고, 천한 사람은 인의를 하찮게 여기며 힘 있
는 사람은 마음대로 하고, 힘없는 사람은 고생하여 쭈그러든다. 북
을 치면 자주 놀라고, 도적은 금해지지 않으니 이것은 옛날과 지
금이 같은 바이다."[146] 낙양은 "그 풍속은 장사를 숭상하고, 기교
가 풍속을 이룬다."[147] 건강은 짙은 상업성을 갖추고 있어 부귀자
는 사치를 다투고, 세력을 믿고 난을 만들었다. 또한 경사에는 사
람들이 많아 불법한 무리들이 숨기에 아주 적합한 거점이었다. 이

---

145) 『隋書』 권31, 「地理志」 下.
146) 『隋書』 권29, 「地理志」 上.
147) 『隋書』 권30, 「地理志」 中.

러한 요인으로 인해 건강은 복잡한 사회를 이루게 되었으며, 이로
인해 질서는 유지되기가 꽤 어려웠다. 동진이 시작되면서부터 난
치(難治)라 불렀다. 동진 효무제 때, 사안(謝安)은 활달하고 다스림의
근본에 밝았는데 위와 같은 현상을 도성의 평상적인 상황이라고
여겼으므로 그다지 이에 대한 대책을 강구하려 하지 않았다.

> 사공(謝公) 시대에 병사들과 하인들이 도망하여 남당(南塘) 근처 여러
> 배에 숨어 있었다. 혹자가 일시에 수색하여 잡고자 하였으나 사공은 허
> 락하지 않았다. "만약 이 무리들을 용납하지 않는다면 어떻게 경사라고
> 하겠는가?"148)

불법으로 망명 온 무리들이 그 사이를 휘젓고 다니는 것 외에 마
을의 소민들은 혹 재리를 다투어 서로 싸우고, 이리저리 음악과 여
색을 즐기니 질서를 혼란하게 하는 원인이 되었다.

> 이때에 천하가 융성하자 사방에서 모여들어 경읍 두 현은 다스리기
> 어렵다(難治)고 불릴 정도였다. … 그 마을의 청년과 많은 무리와 주객은
> 재리(財利)를 다투어 망령되이 서로 속였다.149)

유송시대에는 "경읍 두 현을 다스리기 어렵다"고 하는 탄식이 있
었다. 게다가 도성에는 왕공 귀족 부실(富室)이 많아 쉽게 도둑질할
마음이 생겼기 때문에 건강에는 동진 때부터 도둑들의 노략질이 많
았다. 유송 명제 즉위 초 치안이 심하게 무너져 20일 동안 17건의
노략질 사건이 있었다.150) 남제 고조 때, 경사에 도둑이 많다는 점
을 감안하여 부오(符伍)를 세워 집집마다 서로 감시하려고 했으나,
왕검(王儉)은 각지의 사람들이 경사에 모여 있는데 만약 사람마다

---

148) 『世說新語校箋』「政事 3」, 143쪽.
149) 『宋書』 권100, 「沈約自序」.
150) 『宋書』 권78, 「蕭思話傳」.

부(符)를 가지고 있다면 아주 번거롭고 소란스럽다고 여겨 이를 반
대하였다. 그는 또한 사안과 마찬가지로 이것을 경사의 자연스러운
현상으로 여겼다. 이 일은 이로 인해 없어졌다.

> 건원 원년 남창현공으로 봉해졌을 때 도성에는 이지러지고 잡스러운
> 사람이 많고, 또 간사한 도적이 많아 황제는 부오를 세워 집집마다 서로
> 감시하게 하려 하였다. 왕검이 간하기를 "경사가 융성하여 사람들이 사
> 방에서 모여듭니다. 반드시 부(符)를 지녀야 한다면 일이 번거로와 다스
> 림이 밝혀지지 못할 것입니다. 사안이 말한 바 '그렇지 않으면 어찌 경
> 사가 되리오'라고 하였습니다"하니 이에 그만 두었다.[151]

결국 육조시대 건강에는 도둑이 아주 많았지만[152] 막을 수 없었다.
당연히, 귀척(貴戚) 호강(豪强)들은 권세를 믿고 잘못을 저질러 경
사의 치안을 무너뜨렸다. 예를 들면 양나라 때 경사에는 이른바
"사흉(四凶)"이라는 것이 있었는데, 모두 종실 및 귀신(貴臣)의 자제
들로서 도둑질하고 사람을 죽여도 해당부서[有司]에서는 감히 그들
의 죄를 다스릴 수 없었다. 뒷날 "사흉"이 죄로 구속된 후에야 백성
들은 점차 편안해질 수 있었다.

> 그때 동부에는 정덕(正德)과 요산후(樂山侯) 정칙(正則)이 있었고, 조구
> 에는 동당문(董當門)의 아들 섬(暹)이 있었는데 세상에서는 그를 동세자
> (董世子)라고 불렀다. 남안에는 하후(夏侯) 기세(夔世)의 아들 홍(洪)이 있
> 었다. 이 사흉(四凶)은 백성의 큰 좀이 되어 망명하는 많은 이들을 끌어
> 들였다. 어두워질 무렵이면 길에서 사람을 많이 죽여 그들을 "타계(打
> 稽)"라고 하였다.
>
> 이때 훈가(勳家)의 자제가 많이 방자하여 음란하고 도적질하며 사람
> 을 죽이는 것으로 즐거움을 삼았으나 부조(父祖)가 규제하지 못하고 정
> 위와 순라도 능히 제어할 수 없었다.[153]

---

151) 『南史』 권22, 「王曇首傳附王儉傳」.
152) 『陳書』 권21, 「蕭充傳附蕭引傳」.

질서를 파괴하는 것은 경박한 마을의 소년들은 물론이려니와, 소리(小利)를 다투는 장사아치들 뿐만 아니라, 높은 자리에 있는 귀신(貴臣) 왕공(王公)의 불초한 자제들이 더욱 건강의 안녕을 방해하는 사람이라는 것을 알 수 있다. 건강은 한편으로는 높은 품질을 지닌 문화가 두드러지게 나타나고, 다른 한편으로는 상업이 왕성함으로써 사치가 번성하였으며, 동시에 또한 사람들이 복잡하여 치안이 혼란한 도시였다.

『대륙잡지(大陸雜誌)』 제68권 제4기

---

153)『南史』 권51,「梁宗室上」.

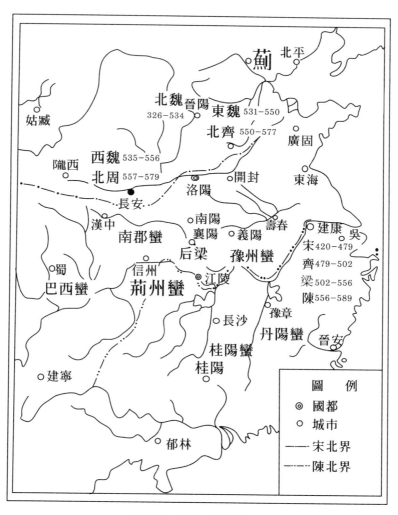

<지도 4> 남북조 형세도

제6장
육조 건강과 북위 낙양의 비교

Ⅰ. 서 론

3세기에서 6세기까지는 중국 역사상 하나의 긴 혼란의 분열시기였다. 한말 이후 먼저 위·오·촉 삼국의 정립이 있었다. 그리고 진무제가 비록 삼국을 통일하였지만 진의 단기간의 통일은 뒤이어 팔왕의 난과 오호의 반란으로 파괴되었다. 영가의 화(禍)로 말미암아 진은 남천하여 강남을 차지하는 것에 만족하였다. 그리고 중원지구는 여러 유목민족이 서로 다투게 되었고, 선비 탁발씨(鮮卑 拓跋氏)의 북위(北魏)가 최후에 북방을 통일하여 강남의 한족 정권과 서로 대치하였으니 이것이 바로 소위 남북조시대이다. 삼국에서 강남의 손오가 먼저 건업을 도성으로 삼았고, 동진이 남천하여 손오의 옛 도읍을 도성으로 하였다. 그 후 남조(南朝) 4대는 모두 이를 따라 이곳을 도성으로 삼았다. 북위(北魏) 초는 평성(平城)에 건도(建都)하였고 효문제 태화 17년(493)에 이르러 낙양의 부지에 도성을 세웠으며 다음 해에 낙양으로 천도하였다. 선무제 시기에 이르러 더욱 힘을 들여서 중국의 유사 이래 규모가 가장 큰 도성을 창건하였다. 건강과 낙양은 각기 이 시기 남북의 정치 중심이 되었다. 이 두 도성을 전체적으로 비교하는 것은 양자의 규획의 차이와 풍모의 차이를 볼 수 있을 뿐만 아니라 또한 남북의 정치나 사회의 차이를 찾을 수가 있다. 아울러 두 성의 규획의 관련을 탐구해 볼 수 있다.

Ⅱ. 시간과 공간의 비교

육조 시대 건강·낙양은 모두 남·북 양대 도성이지만, 북위 낙양의 건설년대는 비교적 늦다. 게다가 그 흥성한 시간도 매우 짧다.

낙양은 일찍이 주(周)나라가 도성을 세웠고, 동한(東漢) 또한 수도로 하였다. 한말에 동탁(董卓)의 난으로 인하여 황폐한 공지가 되었다. 위나라가 한(漢)을 대신하고 낙양을 국도로 하여 낙양조성을 개시하였다. 진 나라가 위(魏)를 대신하여 일어났고 여전히 낙양(洛陽)을 국도로 하였다. 진 회제(懷帝) 영가 5년(311) 흉노(匈奴)의 유연(劉淵)이 낙양을 공격·함락시켜 위·진 양대가 누적하여 이룩한 것은 모두 파괴되었다. 이 때부터 위 효문제가 낙양의 중건을 마칠 때까지 180여 년은 낙양의 암흑시기였다.

위 효문제 태화 17년에 다시 낙양을 건설하였는데 강대한 정치력을 바탕으로 지금까지 없었던 넓고 큰 도성을 계획하였다. 아울러 백성을 옮겨 낙양을 충실하게 하였고 후에 선무제는 낙양을 하나의 번화(繁華)하고 장려(壯麗)한 도성으로 조성하였다. 그 후 변진(邊鎭)의 반란이 있었는데, 효명제(孝明帝) 무태(武泰) 원년[528, 양무제(梁武帝)

대통(大通) 2년]에 이주영(爾朱榮)은 병사를 거느리고 낙양에 이르러 낙양의 왕공귀인 2천 여 명을 하음(河陰)에서 도살하였다. 그러나 그는 낙양성을 파괴하지 않았으므로 낙양 궁궐과 관공서는 여전히 옛날같이 장려하였다. 그러나 인민이 도망하여 숨거나 흩어져 10명에 한 두명도 남아 있지 않은1) 거의 텅빈 성이 되었다. 효무제 영희(永熙) 3년(534, 양무제 대통 6년)에, 효무제는 이주영의 부장 고환(高歡)의 압박에 불만을 느끼고 서쪽의 관중(關中)으로 달아나 관서대행대(關西大行臺) 우문태(宇文泰)에 의지하였다. 고환(高歡)은 낙양에서 별도로 효정제(孝靜帝)를 세웠다. 북위는 이로부터 동위와 서위로 분열하였다. 이 해의 10월에 고환은 도성인 낙양이 서쪽으로 서위에 너무 근접해 있고, 남으로 양조의 국경에 너무 근접하고 있는 것을 피하기 위해 업(鄴)으로 천도하였다. 그리고 낙양의 거주민 40만 호를 강제로 이주시켜 새로운 도성을 충실하게 하였다. 동위(東魏) 효정제(孝靜帝) 천평(天平) 2년(535, 양무제 대동 원년)에 상서우복야(尚書右僕射) 고륭지(高隆之)에게 인부(民伕) 10만을 뽑아 낙양궁전을 철거하고 재목(材木)을 업으로 실어 날라 신궁(新宮)을 만들게 하였다.2) 낙양의 궁실은 하음(河陰)의 화(禍)로부터 7년 후에 비로소 파괴되었지만, 백성의 거주지와 관공서는 아직도 온전하다고 칭할 만했다. 효정제 원상(元象) 원년(元年 538, 양무제 대동 4년)에 동위(東魏)의 후경(侯景)·고오조(高敖曹)와 서위(西魏)의 장군인 독고신(獨孤信)이 낙양의 금당성(수塘城)에서 교전하였다. 후경(後景)은 낙양성 내외의 백성의 거주지를 불태웠다.

> 동위(東魏) 후경(侯景)과 고오조(高敖曹) 등이 금용(金墉)에서 독고신을 포위하였다. 태사 고환이 병사를 이끌고 포위를 계속하였다. 후경은

---

1) 『資治通鑑』 권152, 「梁紀 8」.
2) 『北史』 권54, 「高隆之傳」.

낙양 내외의 관(官)과 민(民)이 거하는 곳을 다 불태워 남은 것이 열에
두셋이었다.3)

　이때에 이르러 낙양은 궁궐이 완전히 없어졌을 뿐만 아니라 이어
서 백성이 거주하는 이방(里坊)조차도 거의 폐허가 되었다.
　서기 493년에 건설하여 528년 하음(河陰)의 화(禍)까지 북위(北魏)
의 낙양이 일어나서 쇠락하기까지의 기간은 겨우 35년이었고, 538
년 후경이 성을 태울 때까지로 계산해도 불과 45년이다.
　오의 대제(大帝)는 황룡(黃龍) 원년(229)에 무창에서 건업으로 천도
하였고 처음으로 건업을 도성으로 하였다. 오가 망할 때까지 손호
가 일찍이 무창으로 천도한 일년을 제외하고 모두 건업에 50년간
도읍하였다. 영가의 재난으로 낙양은 무너졌고 진조 정권은 강남에
서 재빨리 건립되었다. 동진(東晋) 원제(元帝) 건무(建武) 원년(317)에서
수(隋)의 통일(589) 이전까지 양(梁)의 원제(元帝)가 일찍이 강릉에 3년
도읍한 것을 제외하고 강남정권은 모두 건강을 도성으로 하였다.
손오·동진·송(宋)·제(齊)·양(梁)·진(陳)의 육조가 건강에 도읍한
것을 헤아리면 321년에 달한다.
　영가의 난으로 낙양이 파괴된 때부터 북위(北魏) 효문제(孝文帝)가
다시 건도할 때까지는 비록 낙양의 암흑시기(311∼493)였지만 오히
려 건강성의 건설시기이기도 했다. 이 사실에 특별히 주의하여야 한
다. 건강은 손오 시대에 이미 도성으로 건립되었지만 그 때의 성
곽·궁실은 모두 매우 빈약하였다. 동진 초년에도 손오의 옛 도성에
근거하여 고치지 않고 겨우 성곽의 이문(籬門)만을 증축하였을 뿐
이어서 건강성은 여전히 초라하였다. 진 성제 함화(咸和) 2년(327) 소
준(蘇俊)이 난을 일으켜서 건강의 궁실을 불태웠다. 난이 평정된 후
에 성제는 함화 5년(330)에 신궁을 세웠다. 아울러 왕도가 규획의 대

---

　3)『資治通鑑』권158,「梁紀 14」武帝 大同 4년.

계(大計)를 주관하여 다시 새롭게 건강성을 규획하였다. 그 후 각 왕조의 증수나 개수를 거쳐 양조에 이르러 매우 성대하게 되었다. 북위가 처음 낙양에 건도하였을 때 건강은 손오에서 남제까지 각 왕조의 도성으로서 역사가 226년에 달하였고, 이미 하나의 완비되고 번성한 도성이었으므로 북위에 참고가 될 수 있었다. 이로 인하여 효문제(孝文帝)가 낙양을 건설하기 전에 일찍이 장소유(蔣少游)를 파견하여 남방의 궁전을 모방하였으니 마침내 건강의 규획은 낙양의 건설에까지 영향을 미쳤다.

　낙양이 북위의 쇠락으로 폐허가 되었을 때, 양조의 건강은 극성기를 맞고 있었다. 또한 낙양이 황폐화한 후에도 건강은 20년의 황금시기를 더 유지하였다. 양 무제 태청 2년(548)에 후경(侯景)이 반란을 일으켜 건강을 포위 공격하였다. 성을 포위한 전쟁이 반년이나 계속되는 가운데 건강은 매우 심하게 파괴되어 건강성은 쇠락하기 시작하였다. 그러나 건강성은 진의 수복을 거쳐 계속하여 진조 32년의 도성이 되었다. 수 문제 개황 9년(589)에 진(陳)을 평정함에 이르러 건강성을 초토화시키고 경작지를 만들도록 명령을 내렸다.4) 낙양이 파괴되어 황폐화한 후부터도 건강은 강남에서 52년 동안 우뚝 서 있었던 것이다.

　북위는 정치력으로 수도건설을 추진하여 짧은 시간 내에 하나의 광대하고 장려한 도성을 세웠으나, 정치력의 갑작스러운 쇠락으로 인하여 무너져 황폐화되었다. 건강 역시 비록 정치력으로 추진하여 도성을 세웠지만, 강남정권은 시종 비교적 쇠약하여 "군주는 약하고 신하는 강하며, 국가는 피폐하고 가정은 풍요로운" 것이 동진 남조 정권의 특색이 되었다. 따라서 건강의 건설은 완만하게 지속되었다. 그 번화하고 풍부함은 사실 육조 각 시대를 거쳐 누적된 성

---

4)『隋書』권31,「地理志下」.

과였다. 강남정권이 멸망하자 건강도 역시 평지가 되어 최후를 맞
이하였다.

　지리환경으로 말하면 낙양과 건강은 아주 유사하다. 낙양은 북쪽
으로 망산(邙山)이 있고 남쪽으로 낙수(洛水)에 접하며 서쪽에 이수(伊
水)가 있다. 그리고 동쪽으로는 곡수(穀水)가 에워싸고 있다. 건강의
북쪽에는 복주산(覆舟山)·계롱산(鷄籠山)이 있고, 남쪽에는 진회하에
접하였으며 서쪽으로 멀리 대강(大江)에 임하였다. 동쪽에는 청계(靑
溪)가 있어 양자의 산천형세는 상당히 비슷하였다. 남제의 산겸지가
저술한『단양기(丹陽記)』에는 일찍이 이에 대해 설명되어 있다. "건양
문(建陽門)을 나와 종산의 복주산을 바라보는 느낌과 상동문(上東門)
을 나와 수양산(首陽山)의 북망산(北邙山)을 바라보는 느낌이 비슷하
다"5)라고 하였다. 동진 초(初)에 북방에서 남천한 인사(人士)는 이곳
과 낙양의 서로 비슷한 환경에 대해 깊은 인상을 받았다.

　　　강을 건너 온(南遷) 여러 사람들은 매번 한가한 날에 이르러 서로
　　신정(新亭)에 나와 풀을 깔고 연회를 열었다. 주후(周侯)가 가운데에 앉
　　아 탄식하여 말하기를 "풍경이 다르지 않는데 눈을 드니 강하의 다름
　　이 있구나!"하자 모두 서로 눈물을 흘렸다. 오직 왕승상이 추연히 얼굴
　　빛을 변하며 말하기를 "함께 왕실에 힘써서 신주(神州)를 회복해야 하거
　　늘 어찌 초나라의 갇힌 자들이 상대하는 바를 행하는가?"라고 하였다.6)

　주의(周顗)7)가 "풍경은 다르지 않았으나 눈을 드니 강하(江河)의
차이가 있구나"라고 탄식한 것은 건강과 낙양의 환경이 서로 비슷

---

5) 『太平御覽』(臺北, 大化書局, 1980) 권41,「地部 6·蔣山」, 총 197쪽.
6) 楊勇,『世說新語校箋』(香港, 大衆書局, 1969),「言語 2」, 71쪽.
7) 진나라 안성(安成)사람. 자는 백인(伯仁),『晉書』권69,「주의전」. 왕돈이
　　난을 일으켰을 때에 왕도가 궐하에서 죄를 기다리자 주의는 왕도를 구
　　하려고 크게 애를 썼다. 왕도는 이를 몰랐기 때문에 왕돈이 왕도에게
　　주의는 어떻게 되었느냐고 물었을 때 왕도는 대답할 수 없었다. 그래서
　　끝내 주의는 피살되었다.

하기 때문이다. 그런데 하나는 장강 유역에 있고 하나는 황하 유역에 있었기 때문에 강하의 차이라고 하였다. 육조 문인의 시문 가운데에 또한 항상 건강의 산수를 낙양의 산수에 비교한 구절이 나온다. 임방(任昉)은 남제의 경릉왕(竟陵王) 자량(子良)의 저택을 묘사하기를 "좋은 토지와 넓은 저택은 중장통(仲長統)의 말에 부합되고, 망산과 낙수는 노인의 뜻에 응하는구나"[8]라고 하였다. 주이(朱異)는 도성 건강 남방의 주택을 말하길 "전택을 점칠 때는 경사(京師)의 남쪽으로 하고, 앞은 맑은 낙수이고 뒤는 망산으로 하네."[9] 육조 이후의 사람들 또한 유사한 모습이 있다고 여겨, 당나라 사람 허혼(許渾)은 시에서 "영웅은 한번 지나면 호화로움이 끝나고, 오직 청산만이 있어 낙수를 닮았구나"[10]라고 하였다. 송나라 사람 마광조(馬光祖)는 일찍이 "천자의 기운을 동남으로 훔쳐서, 세력 있고 웅장한 건업은 청산의 표리(表裏)라, 경치는 낙양을 닮아서 오·진 이래 모두 경기(京畿)라고 불렸다"[11]라고 읊었다.

Ⅲ. 도성 규획의 비교

건강과 낙양은 모두 옛 도성의 규획 위에 강대하게 다시 건설된 도성에 속한다. 건강은 동진 함화 5년 새로운 규획을 한 후에 형태

---

8) 『全梁文』(淸嚴可均 輯, 『全上古三代秦漢三國六朝文』(世界書局, 1969)에 수록) 권44, 任昉「齊竟陵文宣王行狀」.
9) 『全梁文』 권62, 朱异「田飮引」.
10) 『全唐詩稿本』(臺北, 聯經出版事業公司, 1979) 册52, 18364쪽, 許渾「金陵懷古」.
11) 『景定建康志』進表 1, 馬光祖「進建康志表」, 총 687쪽.

가 고정되었는데, 함화 년간에 건설한 것 또한 바로 손오가 건업에
도읍한 것을 기본 규획으로 하여 다시 건설된 것이다. 그리고 북위
낙양은 위·진의 기초 위에서 건설된 새로운 도성이다. 건강·낙양
은 지리환경이 비슷하고 또 도성의 건설상에 있어 동일한 유형에
속한다. 그 규획 또한 동일한 것이 많으며 단지 약간의 차이가 있을
뿐이다.

1. 도성 형태과 성문

   북위 낙양은 "동서 20리이고, 남북이 15리로",[12] 확연히 동서가
넓고 남북이 좁은 장방형의 도성이다. 현재 존재하는 자료 가운데
에 건강의 형태에 관한 기록은 없다. 『건강실록』이 『여지지』를 인
용하여 말하길, 단지 건강 도성의 둘레가 20리 19보라고 하였다.[13]
그리고 수문제가 진(陳)을 평정한 후에 건강성을 평지로 만들어 버
렸기 때문에 건강성의 유지는 알 수가 없다. 1933년에서 35년까지
주설(朱偰)은 남조 유적에 대한 실지조사를 하였지만, 오직 계명사
(鷄鳴寺) 뒤의 고성(古城)에 근거해서 건강성의 북쪽 경계를 추정하였
을 뿐, 동·서·남의 3면에 대해서는 확인할 방법이 없었다. 그는
건강성의 한 변이 5리인 정방형이라고 가정하였다.[14] 『건강실록』의
기록에 근거하면 건강 궁성(손오 때의 "苑城"으로서 속칭 "대성"이
다)은 둘레가 8리이다.[15] 그러므로 가령 정방형으로 만들었다면 한

---

12) 北魏 楊衒之가 저술하고 徐高阮이 다시 따로 주를 달고, 교감한 『重刊
    洛陽伽藍記』(臺北, 臺聯國風出版社, 1975 재판) 권5, 「城北」, 104쪽.
13) 『建康實錄』 권2, 1쪽.
14) 朱偰, 『金陵古蹟圖考』(上海, 商務印書館, 1936), 108~109쪽.
15) 『建康實錄』 권2, 8쪽.

〈사진 1〉 남경의 고계명사(古鷄鳴寺)

변의 길이는 2리가 된다. 또 대성 남쪽은 도성의 문에서 거리가 2리
떨어져 있다.[16) 그러므로 대성은 도성 중앙의 북쪽에 치우쳐져 있
었다. 『여지지』에,

> 도성 남쪽 바로 중앙의 선양문(宣陽門)은 원성(苑城)을 마주하고, 그
> 남쪽은 주작문이며, 정북쪽의 궁성은 따로 문이 없다. 이에 원성이 곧
> 궁성이며 도성 안에서 북쪽에 가깝다는 것이 분명하다.[17)

이로부터 주설(朱偰)의 가설이 성립할 수 있음과 건강성은 정방형
이거나 정방형에 가까운 성시(城市)였음을 알 수 있다.

---

16) 『建康實錄』권7, 13쪽.
17) 『景定建康志』권10, 6쪽, 총 982쪽.

『주례(周禮)』「고공기(考工記)」에 의하면 "장인(匠人)이 나라를 건설하니 방(方)이 9리고 각 면에 3개의 문이 있다"라고 되어 있다. 즉 도성은 각 한 변에 3개의 문이 있어 사면에 모두 12개의 문이 있었다. 그러나 북위 낙양은 이러한 규획에 부합하지 않는다. 즉, 13개의 문이 있는데 서・남쪽은 모두 4개의 문이 있고, 북쪽은 2개의 문이 있었다. 건강성의 성문(城門) 수목(數目)에 대한 정확한 기록이 없어서 여러 설이 분분하며 일치된 결론을 내릴 수 없다. 『건강실록』및 정사(正史)에 의하면 오직 8개의 성문이 있다. 즉 동진 함화 년간에 수리하여 세운 6개 성문으로서, 능양문(陵陽門)・선양문(宣陽門)・개양문(開陽門)・건춘문(建春門)・청명문(淸明門)・서명문(西明門)이 있으며, 이에 덧보태어 유송(劉宋)의 문제(文帝) 원가(元嘉) 25년에 2개의 문을 증설하였다. "여름 4월 을사년에 새로이 창합문(閶闔門)・광막문(廣莫門)이라는 2개의 문을 만들었고, 먼저 광막문을 승명문(承明門)으로 고쳐 부르고 개양문(開陽門)은 진양문(津陽門)으로 불렀다."[18] 주설(朱偰)은 새로 만들었다고 하는 창합문・광막문 2개의 문은 도성문(都城門)을 가리킨다고 여겼다. 또한 광막문은 궁성문(宮城門)으로, 건강은 낙양의 제도를 모방하여 낙양의 광막문을 본 떠 광막문을 만들었으며, 이후 궁성의 광막문을 승명문으로 고쳤다고 생각하였다.[19]

그런데 송대의 『경정건강지』에서 인용한 『궁원기(宮苑記)』에는 건강성은 문이 12개이고 『건강실록』이 착오한 것이라고 하였다.[20] 그러나 실제로 『궁원기』의 12개 문이라는 설은 아마도 위・진의 낙양에서 문을 12개로 한 것을 건강성에 견강부회(牽强附會)한 것으로 보인다.[21] 『경정건강지(景定建康志)』에서 인용한 『궁원기』는 『남조궁원

---

18) 『宋書』 권5, 「文帝紀」.
19) 『金陵古蹟圖考』, 106쪽.
20) 『景定建康志』 권20, 19∼20쪽, 총 989∼990쪽.
21) 건강에서 궁전(宮殿)・궁문의 이름은 대개 서진 낙양성(洛陽城) 문의

기(南朝宮苑記)』인데 이 책은 『당서(唐書)』 「예문지(藝文志)」의 기록에서는 보이지 않고 『송사(宋史)』 「예문지(藝文志)」에서 비로소 보인다. 책이 쓰여진 시대가 비교적 늦을 뿐 아니라 건강성의 궁전이 이미 존재하지 않을 때인데, 오히려 그 기록이 비교적 상세하여 믿을 수가 없다. 그리하여 『건강실록』의 8개문이라는 설이 비교적 타당하다고 할 수가 있다.

2. 궁·시의 방위

손오의 태초궁(太初宮) 및 소명궁(昭明宮)은 모두 건강성의 서남 지역에 있으며, 원성(苑城)은 중앙의 북쪽에 치우쳐 있다. 동진 함화 5년 다시 계획한 후에 손오의 원성(苑城) 지역을 궁성으로 창건하였기 때문에 동진 이후 궁성은 도성의 중앙 북쪽에 치우쳐 있다. 따라서 『주례(周禮)』의 "중앙에는 궁궐(宮闕), 앞에는 조정(朝廷), 뒤에는 시(市)"라는 원칙에 맞지 않는다. 이 점에 관하여서는 북위 낙양도 마찬가지였는데, 궁성은 북쪽지역에 있었고 뒤에 조정이 있었고 앞에 시가 있었다.

사학계는 일찍이 북쪽으로 치우쳐 건설된 북위 낙양의 궁성이 직접적으로 수대의 장안·낙양의 건설에 영향을 준 것에 주목하였다. 이로 말미암아 이 점에 특별한 흥미를 가지고 여러 가지 관점이 제시되었다. 진인각(陳寅恪)은 문화근원(文化根源)의 관점에서 북위 낙양의 규획이 고전에서 전하는 "면조배시(面朝背市)"의 원칙과 다르다는

옛 명칭을 사용하였다. 그런데 수문제 때에 건강성을 완전히 초토화하여 경작지로 삼아 하나도 남아 있는 것이 없었다. 그 결과 수 이후 유적을 찾을 수 있는 것이 전혀 없는 정황 하에서 육조 건강의 건설에 대하여 여러 추측을 낳았다.

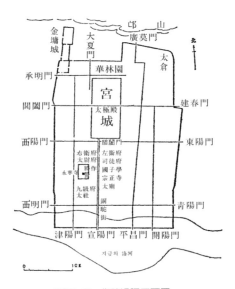

<지도 1> 北魏洛陽平面圖

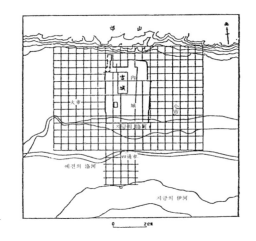

<지도 2> 北魏洛陽外郭城平面圖

(王仲殊,「古代都城槪說」,『考古』1982年 第5期)

점을 탐구하고, 낙양의 건설이 강남·하서(河西)·평성(平城)의 규칙 및 제도와 관계있다고 인식하였다. 그리고 강남은 낙양의 궁전에만 영향을 미쳤고, 낙양의 도성 규획은 하서의 문화와 관련있다고 생각하였다. 낙양의 건설은 하서의 한족 이충(李冲)에 의해 주도되었는데, 이충은 향리의 풍토를 보존하려 한 국수적인 사람이었다. 또한 당시 양주(梁州)의 도읍은 성의 북쪽에 궁이 있고, 시는 성의 남쪽에 있는 상황이었다. 이러한 두 가지 요소로 말미암아 이충은 한편으로는 하서의 가정(家庭)이 전하는 좋은 풍습을 따랐으며, 다른 한편으로는 양주(涼州)의 도시에서 궁이 북쪽이며 시(市)가 남쪽인 영향을 받았다. 그는 낙양을 창건할 때에 『주례』의 전통에 반대하여 궁궐은 성의 북쪽에 위치하도록 하였다.[22)]

나바 도시사다(那波利貞)는 민족성의 문제로부터 북위 낙양의 계획을 이해하였다. 그에 의하면 궁궐지역의 정문 밖의 도로와 성문은 통상 교통의 요지이기 때문에, 궁성 남쪽의 도성문 내외는 자연히 번화한 구역을 형성하였다. 그러나 현실과는 달리 "전조후시(前朝後市)"라는 전통의 규획은 상공업 행위를 멸시한 유가사상의 산물이고, 이러한 규획은 실제 도성이 발전하는 추세에 어긋나는 것이며, 도성 거주민의 일상생활로 말하자면 더욱 불편하다. 그런데 북위왕조는 바로 유목민족 정권이고, 한편으로 유목민족이기 때문에 한족전통에 부담을 갖지 않아 한족의 전통문물에 대하여 비판하는 태도를 취하였다. 또한 유목정권은 비교적 현실적 태도를 갖고 서진 이전의 도성발전에 대한 상황을 감안하고, 현실을 고려하였다. 그리고 앞에 조정을 두고 뒤에 시를 둔다는 전통도성 규획을 단호히 포기하고 궁성의 위치를 도성의 북쪽 지구로 하였던 것이다.[23)]

---

22) 陳寅恪, 「隋唐制度淵源略論稿」『陳寅恪先生論文集』上册(臺北, 九思出版社, 1977), 64~66쪽.

23) 那波利貞, 「支那首都計劃史上より考察したる唐の長安城」『桑原博士

진인각(陳寅恪)이나 나바 도시사다는 또한 경제적인 관점에서 성의 남쪽에 시장이 설치된 원인을 해석하였다. 진인각은 낙양성의 남쪽은 수운이 편리하여 시장을 세우는 데 가장 적합한 지점이라고 하였다.24) 나바 도시사다는 궁성의 남쪽 성문 내외는 교통이 많기 때문에 번화한 지구가 조성되었으며, 북위가 이곳에 시장을 둔 것은 바로 도성의 발전 추세에 따른 것이라고 인식하였다.

건강과 낙양의 도성규획은 똑같이 궁성이 북쪽에 있는 "배조면시(背朝面市)"의 규획으로, 주례의 "면조배시(面朝背市)"의 원칙에 어긋나는 것이다. 그리고 건강성의 이러한 건설은 일찍이 동진 함화(咸和) 5년(330)에 완성되었다. 북위 효문제 태화 17년(493)에 창건한 낙양에 비하여 163년이 빠르다. 역사가들은 이러한 사실을 소홀히 하였다. 이전의 역사가들은 북위 낙양의 연구에 너무 열중하였기 때문에 수당 낙양·장안의 건설이 모두 직접 북위 낙양의 규획을 계승하였다고 보았을 뿐 아니라,25) 낙양을 첫 "배조면시"의 도성이라고 생각하였다. 따라서 이 성(城)에 대하여 특별한 흥미를 느꼈다. 또한 북위는 유목민족 계통으로 중원에 건립한 정권이었기 때문에, 이로 말미암아 역사가의 해석은 왕왕 이 정권의 특이성을 부각시키는 경향이 있었다. 예를 들면 나바 도시사다의 호인(胡人)성격에 대한 해석이나 진인각의 하서문화설(河西文化說)은 모두 이 관점

　　還曆紀念東洋史論叢』, 東京, 弘文堂, 1932), 1259~1260쪽. 또 조위(曹魏) 鄴城의 궁궐 구역이 대략 북쪽에 치우쳐져 있는데 나바 도시사다(那波利貞)는 이 글에서 역시 업성의 궁성과 북면한 도성의 성벽 사이에 여전히 市街가 존재하고 있었다고 하였다. 이로 말미암아 업성이 최초로 궁원이 북쪽에 설치된 도성이었는지는 알 수 없다.

24)「隋唐制度淵源略論稿」, 63쪽.

25) <옮긴이 주>; 북위 낙양에서의 시장의 위치를 비롯하여, 최근의 낙양에 대한 고고 발굴 성과를 잘 정리한 것으로는, 劉慶柱,「北魏洛陽城的考古發現與研究」≪중국사연구≫ 40 (중국도시사 특집호) 2006을 참조.

에서 출발했다. 그러나 이러한 관점만으로는 건강성이 가지고 있
던 "배조면시" 규획에 대한 원인을 설명할 수 없었다. 왜냐하면 동
진은 결코 호인정권이 아니었으며, 영가의 난 후에 중원의 한인정
권이 강남에 다시 세워진 것이기 때문이다.

　오히려 중국 역사상 최초의 "배조면시"의 진정한 도성은 건강성
이다. 도대체 어떠한 배경 아래에서 이렇게 전통적인 규획과 다른
것이 생겼을까? 본문에서는 건강성 규획에 영향을 준 요소를 3가지
라고 생각한다. 첫째, 현실적인 상황에서 말하면, 손오 이래 시가(市
街)의 발전에 부합하는 것이다. 둘째, 사상 면에서 말하면, 한말 이
후 유가사상의 쇠약이다. 셋째, 계획자로서 말하면, 왕도(王導)의 성
격과 처리방식이다.

　현실적 상황을 말하자면, 손오는 먼저 건업을 도성으로 하였고
그 시기에 건업 건설은 바로 전에 이미 형성된 시가(市街)의 규획에
의하였다. 예를 들면 도성 남쪽의 진회하에는 대외적으로 중요한
수로가 있고, 연안지구는 일찍이 발전·번영한 상업지역이었기 때
문에 손오 시기에 "배조면시"의 규획은 이미 이루어진 사실이었고,
이로써 진회하의 남안인 불타리(佛陀里)에 대시(大市)를 세운 것이
다.[26] 진이 남천하여 손오의 구제(舊制)를 따라서 건업에 건도하였
다. 성제(成帝) 함화 년간에 손오의 옛 기반 위에서 다시 새롭게 도
성이 규획되었다. 그러나 건강은 손오 이래 백여 년의 발전을 거쳐
그 시가는 이미 고정화되어 있었다. 그래서 왕도(王導)가 건강을 규
획할 때도 하는 수없이 이 지구에 오래 전부터 형성된 시가의 제한
을 받았다.

　사상과 관련하여 말하면, 한말 이래 유가는 쇠락하고, 노·장 현
학이 사상계의 주류를 형성하였다. 유가 사상의 영향력이 쇠약해짐

---

26) 본서의 제5장 「육조시대의 건강－시전·민가·치안」 참고.

으로 말미암아『주례』의 도성규획이 실현되지 못하였다. 손오 일대(一代)가 끝까지 종묘·사직을 세우지 못한 것은 바로 가장 좋은 증거이다. 진 원제는 손오의 규모에 의거하여 도성을 창건하였으며, 태묘(太廟)·태사(太社)를 세웠는데 곽박이 점을 친 결과에 따라 도성의 선양문 밖에 둠으로써, 도성안에 두어야 한다는『주례』의 제도를 따르지 않았다. 또한 태묘·태사를 비교적 가깝게 세워, "왼편에 조(祖)"·"오른편에 사(社)"라는 규획과도 부합되지 않았다.27) 이러한 점을 보면 동진 초에 종묘사직을 세울 때 그다지『주례(周禮)』나, 선왕 구전(舊典) 혹은 이전의 동한·위·서진의 도성규획에 따르지 않았음을 알 수 있다. 진 효무제에 이르러 일찍이 한 번 낙양의 제도에 근거하여 태묘·태사를 선양문 안으로 옮기려 하였지만, 상서복야(尙書僕射) 왕순(王珣)이 "점복은 틀리지 않는다"라는 이유를 들어 그만두기를 간하였다. 이로 인하여 그대로 옛 지역에 두고, 고치지 않았다.28) 선조의 구제가 의외로 점복의 신용에 미치지 못한 것이다. 이러한 사상 배경 아래에서 왕도가 다시 건강을 건설할 때에 유가의 이상적인 도성 규획에서 탈피하여, 그 시기의 실질적인 환경규획에 의거하여 중국 최초의 "배조면시(背朝面市)"의 도성이 출현한 것이다.

왕도의 성격과 처리방식 역시 건강성에 대한 규획에 영향을 주었다.『세설신어(世說新語)』에 이러한 기록이 있다.

> "승상은 말년에 대략 일을 다시 살피지 않고 바로 그것을 허락하며 스스로 탄식하여 말하기를 '사람은 내가 애매하다고 말하니, 후세의 사람은 마땅히 이를 애매하다고 생각할 것이다.'"29)

---

27) 본서의 제2장「육조 건강성의 흥성과 쇠락」참조.
28)『建康實錄』권9, 29쪽.
29)『世說新語校箋』「政事 3」, 137쪽.

서광(徐廣)은 『진기』에서 말하기를,

> "(왕)도는 아형(阿衡)[30]으로 세 군주를 섬기고 경륜은 편함과 험함을
> 모두 경험하였고, 정무(政務)에서는 너그러이 용서하며, 일은 간단하고
> 쉬움을 따르니 자애하다는 명성이 후세에 남았다."[31]

고 하였다. 이러한 "정무에서 너그럽고 일은 간단하고 쉬움을 따
른" 풍격은 왕도로 하여금 건강을 규획할 때에, 엄격하고 신속한
수단을 취하지 않고 이미 형성된 시가의 발전을 파괴하지 않게 하
였다. 그리고 그의 온화한 태도는 이미 발전한 시가와 융화하였던
것이다. 원래 있었던 시가와 융화함으로 인해 전통적 도성 규획이
시행될 수가 없었다. 전통적 도성 규획대로 하자면 반드시 따로 새
로이 만들어야 했기 때문에, 동한(東漢) 이후 최초로 『주례(周禮)』의
제도에 위반하는 도성이 만들어 졌다.

3. 성지역의 중심축

하병체(何炳棣)는 「북위낙양성곽규획(北魏洛陽城郭規劃)」에서 낙양성
규획에는 3가지의 특징이 있다고 지적하였다. 첫째, 궁원지구의
형성이다. 둘째, 성지역 축의 중심원칙에 대한 확립이다. 셋째, 처
음으로 방리제(坊里制)를 계획한 것이다.[32] 그리고 건강성 또한 앞
의 두 가지의 특징을 가지고 있다. 건강 궁성은 대성(臺城)으로 불

---

30) <옮긴이 주>; 이윤이 이 벼슬에 임명된 적이 있는데 이후 재상의 범칭
    으로 사용되었다. 여기에서도 재상의 의미로 쓰였다.
31) 『世說新語校箋』 「政事 3」, 138쪽.
32) 何炳棣, 「北魏洛陽城郭規劃」 『慶祝李濟先生70歲論文集』 上册(臺北,
    淸華學報社, 1965).

리워진다. 그 동북에는 낙유원(樂遊苑)이 있는데 이는 건강성의 북
쪽지구 및 동북 방향의 성으로 하여금 하나의 궁원지구를 이루게
하였다. 위진 이전 서한 장안의 궁전은 성내의 각지에 산재하여
일반 백성과 섞여 있었다. 서진의 낙양 역시 궁원을 하나의 단독
으로 격리된 지역으로 조성하지 않았다. 그러나 동진의 건강과 북
위의 낙양은 똑같이 독립된 궁원단위를 형성하였는데 건강성이
조성된 것은 낙양성에 비하여 160여 년이 빠르다.

   북위 낙양궁성의 남쪽 서양문과 동양문을 연결하는 어도(御道)는
전성(全城)을 동서로 나눈 중심축이었다. 그리고 궁원을 북쪽으로 옮
김에 따라서 궁성 남문의 창합문에서 도성 선양문의 동타가(銅駝街)
까지는 궁성 이남 도성의 남북 중심축이었다. 이전의 도성 가운데
한대의 장안은 이러한 중심축에 대한 계획이 없었고, 동한 낙양의
정황은 분명하지 않아 이러한 종류의 설계가 있었는지의 여부를 확
인할 방법이 없다. 하병체는 논문에서 서진의 낙양이 이미 동서·남
북의 중심축에 대한 규칙과 제도가 있었다는 것과 북위가 낙양을
건설할 때에 서진의 옛 제도를 이어 받아서 확립하였을 것이라는
점에 대해 의문을 제기하였다.[33] 또한 동한(東漢)에서 서진에 이르는
시기 도성에 중심축을 설치하였는지의 여부 역시 알기 어렵다고 말
하였다. 그러나 이 점으로 말하면 건강성은 중국도시 계획상 이러
한 알기 어려운 중심축이 형성되어 분명하게 확립되는 데 이르는
중요한 관건이 되고 있다. 일찍이 손오 시대에 건업(建業)은 뚜렷한
남북 중심축이 있었고, 원성 남문에서 도성 백문(후세의 선양문)을
거쳐 주작문(朱雀門)에 이르렀다.[34] 동진 함화 시기의 규획에 이르러

---

33) 何炳棣, 「北魏洛陽城郭規劃」『慶祝李濟先生70歲論文集』上册.
34) 『景定建康志』권16, 6쪽, 총 890쪽. 『宮苑記』에서 인용하여 "오나라 때
    궁문 남쪽으로부터 나와서 주작문에 이르는 7·8리로 府寺가 서로 이어
    져 있다. 진 성제가 吳 苑城에 新宮을 세웠는데 정중앙에 선양문, 남쪽

서는 손오의 원성으로 궁성을 만들었고 궁성은 북쪽으로 이동하였으며 궁성 남쪽 밖에서 또한 동서 중심축이 나와 발전하였는데 도성의 서명문에서 궁성의 대사마문(大司馬門) 앞을 거쳐 건춘문에 이르렀다.[35] 북위 낙양의 건설은 함화 년간에 건강을 계획한 이후 백여 년이 지난 일이다.

4. 이방과 도로

도성 안에서 주택지구를 이방(里坊)으로 계획한 것은 그 기원이 매우 오래되었지만, 문헌의 결핍으로 말미암아 초기의 성내 이방의 계획은 정황을 상세히 알 수 없다. 북위에 이르러 낙양계획에 많은 이방을 만들었다는 명확한 기록이 있다. 선무제(宣武帝) 경명(景明) 2년(501)에 광양왕(廣陽王) 가(嘉)의 건의를 좇아 낙양성 사방에 220개의 방(坊)을 건축하였다.[36] 그 제도를 『낙양가람기(洛陽伽藍記)』에 근거하면 다음과 같다.

경사(京師) 동서 20리, 남북 15리, 호(戶) 10만 9천 여, 묘사(廟祠)·궁실(宮室)·부조(府曹) 이외에 방(方) 300보를 1리(里)로 한다. 리

으로는 주작문으로 거리가 5여 리였고, 御道라고 이름하였다"라고 한다. 선양문으로부터 주작문의 里數는 『建康實錄』 권9, 太元 3년注에는 6리라고 한다.

35) 『建康實錄』 권7, 11쪽, 注에서 『興地志』를 인용하여 "정 서남쪽의 西明門은 문도가 3개 있고, 동으로는 건춘문을 대한다. 즉 궁성의 대사마문 앞의 橫街이다"라고 하였다.

36) 『魏書』 권18, 「廣陽王嘉傳」에서 坊 320개를 건축했다고 한다. 그리고 『洛陽伽藍記』 권5에서는 坊 220개를 건축했다고 한다. 하병체 씨의 고증에 근거하면 220개의 坊이 정확하다. 하병체의 「北魏洛陽城郭規劃」 참고.

(里)에는 4문을 설치하고, 문(門)에는 정(正) 2인, 리(吏) 4인, 문사(門士) 8인을 둔다. 모두 220리이다.[37)]

낙양의 이방제(里坊制)는 수·당의 장안·낙양의 계획에 영향을 주었는데, 유일하게 다른 점은 북위 낙양이 다수의 이방을 모두 도성 이외의 지구에 두었다는 점이다. 수·당의 양(兩) 경사(京師)는 모두 성내에 설치되었다. 건강성의 경우 비록 문헌상에 이러한 이방의 이름이 보이지만,[38)] 자료의 부족으로 말미암아 그 이방 규획의 정황을 알 수 없다. 그러나 한 가지 확실한 것은 건강성 이방의 규획이 당시 낙양의 이방만큼 정제되지 못했다는 점이다. 북위(낙양)는 그 강대한 정치력을 가지고 황폐한 옛 성 위에 도성을 중건하여 스스로 아무런 장애 없이 그 계획을 관철하였으며 엄정한 규획을 세웠다. 오나라·동진의 건강 건설은 모두 이전 시대에 형성된 시가에 바탕하여 만든 것으로, 이전에 이미 형성된 읍옥민사(邑屋民舍)의 영향을 받았다. 또한 건강성 내외에는 낮은 산과 언덕들이 보일 듯 말 듯 이어져 있어, 아마도 낙양과 같이 규율적이고 정제된 계획을 실행하는데는 제한을 받았을 것이다.

도로의 규획 면에서도 낙양은 계획적으로 방리(坊里)를 건설하였다. 그 도로는 상당히 바둑판식 설계에 가까운 것이었다. 그러나 건강의 도로는 지형의 제한으로 인하여 꾸불꾸불한 길이 출현하였으므로 불규칙적으로 굽은 도로였다.[39)]

종합하여 말하면 건강과 낙양의 지리 환경은 상당히 비슷하였고 그 도성계획도 또한 매우 유사하였다. 비록 양자가 건설된 배경은 다르지만 설계가 비슷한 경향이 있다. 예를 들면 궁원지구의 독립,

---

37) 『重刊洛陽伽藍記』 권5, 104~105쪽.
38) 본서의 제5장 참고.
39) 본서의 제2장 참고.

"배조면시"로서 궁원의 북쪽으로의 이동, 성지역 축 중심의 원칙이다. 양자 사이의 미세한 차이는 건강에서 이방규획이 이미 형성되었던 시가지에 바탕해서 만들어졌으므로 획일적이지 못했던데 비해서 낙양은 획일적으로 정제되고 규모가 광대하였으며, 건강 도로의 설계는 굽은 도로가 되어 낙양의 직선 규율과는 달랐다는 점이다.

Ⅳ. 도성 풍모의 비교

건강과 낙양은 비록 유사한 지리환경과 도성규모를 가지고 있지만 도시의 거주민과 건축물의 분포, 그리고 남북정권이 취한 정책의 차이로 다른 풍모를 나타내었다.

1. 인구 구성과 이방의 계급구분

북위는 건국이래 계속하여 강제로 민을 이주시킴으로써 경사를 번영시키는 정책을 채택하였다. 초기에 평성을 도성으로 정하였을 때 다음과 같이 시행하였다.

> 산동 육주의 백성과 관리, 전연(前燕)·고구려(高句麗)의 여러 오랑캐 36만, 그리고 백공(百工)·기교(伎巧) 10만구(萬口)를 이주시킴으로써 경사를 충실히 하였다.

　　이후 또한 여러 차례 대규모로 민을 강제로 이주시킨 기록이 있
는데 낙양의 창건 역시 마찬가지였다. 육궁·문무백관을 모두 낙양
에 이주시킨 것 외에도 평민 또한 이주시켰다. 그리하여 효문제는
태화 18년(494)에 대동(大同)의 대(代)지역 백성이 낙양으로 이주한
경우 3년 동안의 조부(租賦)를 면제하도록 조칙을 내렸다.[40] 그 거주
민의 총인구는 109,000여 호가 되는데[41] 일호(一戶)를 5인으로 계산
하면 즉 54만 5천인이 된다. 그리고 거주민의 신분은 북위왕
실·관료 등의 통치계급을 제외하면 바로 상공업을 경영한 평민과
백공·기교(伎巧)였다. 북위는 도성을 짓는데 있어서 사(士)와 서(庶)
를 달리 거주시켰고 기능인은 다른 사람과 섞여 살지 않는 전통을
만들었다.[42] 효문제는 낙양을 건설한 초기에 한현종(韓顯宗)의 건의
를 받아들여 "사원과 관청은 구별이 있고 사민(四民)은 달리 거주"
하도록 하였다. 그리고 성 내외를 각각 특정한 구역으로 나누어 신
분과 직업이 다른 사람을 두었다.[43]

　　『낙양가람기(洛陽伽藍記)』에는 성 내외 각 구역의 구분에 대하여
상세한 서술이 있다. 낙양 성내의 북반부는 궁원구역이고 남반부는
관사부서 및 왕공귀인의 주택이었다. 예를 들면 동타가(銅駝街)의 서
쪽에는 사공(司空) 유등(劉騰)의 집이 있고 동타가의 동쪽에는 대장군
(大將軍) 고조(高肇)나 중서시랑(中書侍郎) 왕익(王翊)이나 포신현령(苞信
縣令) 단휘(段暉)의 집이 있었다.[44] 낙양성 밖의 동쪽 구역의 동안리

40)『魏書』권7,「高祖記」.
41)『重刊洛陽伽藍記』권5,「城北」, 104쪽.
42)『魏書』권60,「韓麒麟傳附子顯宗傳」, 韓顯宗이 올린 上書에 "오직 태
　　조 道武 황제가 창건하시고 난을 다스릴 때 하루도 넉넉한 겨를이 없었
　　으나 오히려 士庶를 구별하고 雜居하지 못하게 하여 屠沽를 지어 각기
　　머무르는 곳이 있었다"라고 한다.
43)『魏書』권60,「韓麒麟傳附子顯宗傳」.
44)『重刊洛陽伽藍記』권1,「城內」, 24·27·29쪽.

(東安里)·휘문리(暉文里)·소득리(昭得里)·경의리(敬義里)·효경리(孝敬里)·경녕리(景寧里)는 귀족관료의 거처가 되었다. 낙양의 소시(小市)나 식화리(殖貨里)는 서민이 사는 곳이었다.[45] 성 밖의 남쪽 구역인 이민리(利民里)·권학리(勸學里)·연현리(延賢里)는 지위가 높은 신하가 거주하는 곳이었다. 그리고 낙수 이남과 이수(伊水)의 북쪽 지구는 어도(御道)를 경계로 하여 동쪽에는 사이관(四夷館) 즉 금릉관·연연관(燕然館)·부상관(扶桑館)·엄자관(崦嵫館)이라는 네 개의 관(館)이 있었고, 서쪽 지구는 귀정리(歸正里)·귀덕리(歸德里)·모화리(慕化里)[46]·모의리(慕義里)라는 네 개의 리(里)가 있었는데 남조에서 항복한 사람과 먼 이역에서 귀화한 사람이 거주하는 곳이었다.[47] 성외의 서쪽 지구에는 낙양의 사방을 두르는 대시(大市)로서 10리이고 모두 상업이나 공업 기술의 전문 지구이다. 대시의 서쪽은 북쪽의 망산에서 남쪽의 낙수까지이고 동서는 대략 2리이며, 남북 10리의 좁고 긴 지대는 종실이 거처하는 곳으로, 이를 "수구리(壽丘里)"라고 칭하고 민간에서는 "왕자방(王子坊)"이라고 하였다.[48] 성 외의 북쪽 지구인 영평리(永平里)는 귀인이 사는 곳이고 문의리(聞義里)[49]는 기와를 만드는 전문지구였다.[50]

　이상의 서술한 것에 의하여 낙양의 이방(里坊) 규획의 특색을 알 수 있다. 즉 사서(士庶)가 달리 거주하였고 또한 낙양의 평민 가운데에 부분적으로 농민이 있었지만 더욱 많은 것은 공예기능공과 상업판매업

---

45)『重刊洛陽伽藍記』권2,「城東」, 42~45, 48·49·51쪽.
46) 본서에서는 "募"字를 쓰고 있으나『重刊洛陽伽藍記』권3,「城南」에서 "慕化里"로 쓰고 있고, 의미상으로도 "慕"를 쓰는 것이 타당함으로 여기에서도 고쳐 적었다. 다음의 慕義里도 마찬가지이다.
47)『重刊洛陽伽藍記』권3,「城南」, 55·57·59~60쪽.
48)『重刊洛陽伽藍記』권4,「城西」, 73~76쪽.
49) 上商里.
50)『重刊洛陽伽藍記』권5,「城北」, 87~88쪽.

자였다. 그들 각각은 전문업자로서 특정한 지구에서 모여 살았다.

　한말(漢末) 일부의 중원인사(中原人士)가 전화(戰禍)를 피하여 남천하였다. 이후 영가의 화(禍)를 맞아 중원이 무너져서 진이 남천하였으며, 나아가 대량의 인민이 평안하고 풍요로운 강남에 피난하였다. 이 두 가지는 양주지구의 인구가 증가한 중요한 요소이다. 그 가운데에 남도한 대가세족은 도성이 소재한 건강이나 회계(會稽)에 주로 거주하였다. 건강은 이로 인하여 인구가 조밀한 도성이 되었다. 양조(梁朝)시기에 건강의 인구는 28만 호였는데,[51] 1호(一戶)를 5인으로 계산하면 약 140만 명으로 거의 북위 낙양 인구의 세 배였다. 또한 건강의 이방규획은 낙양과 달랐다. 낙양은 엄격히 사서(士庶)가 달리 거주하도록 하였지만 건강은 엄격한 제한 없이 사서가 섞여 살았다. 낙양 성 안에는 단지 왕공귀인의 주택이 있었을 뿐이었던데 비해서, 건강은 오히려 "육문의 안에는 사서가 매우 많았다"[52]라고 하였는데, 육문성(六門城)[53]은 건강 도성을 칭하는 말이다. 도성의 안에도 이와 같을지언데 도성 밖의 구역은 마땅히 더욱 제한이 없었다. 그러나 육조사회는 엄격히 귀천을 구별한 사회로서 건강은 비록 사서가 잡거하였지만 동일한 계층의 사람이 일정한 지역에 집거(集居)하는 경향이 있었다. 조구(潮溝)에서 청계(靑溪)에 이르는 지역에는 귀족의 정원과 주택이 두루 분포하였고, 어도 좌우는 부유한 주택지구였으며, 진회하 남안은 일반 민(民)이 거주하는 곳이었다.[54] 그 구분은 상당히 분명하여 신분사회의 특색을 충분히 표현하였다.

---

51) 『太平寰宇記』권90, 「江南東道·昇州」에서 『金陵記』를 인용하여 "梁이 도읍 한 때 城 안에는 28만 戶가 있었다"라고 한다.

52) 『隋書』권7, 「禮儀志」, 天監3年詔.

53) 『太平御覽』권193, 居處部 21, 「城下」에서 『郡國志』를 인용하여 "陳宮城은 둘레 20리이며, 동진이 건축한 것인데, '六門城'이라 부른다"라고 한다.

54) 본서 제4장 「육조시대의 건강의 원택」 참고.

2. 원 택

건강과 낙양의 거주민은 크게 두 유형으로 나눌 수 있다. 하나는
황친종실이나 조정에 임사(任士)한 낮고 높은 관리이다. 또 하나는
평민이다. 동진 남조의 왕공과 고관이 건강에서 호화로운 주택과
인공 원림을 세우는 것은 일반적인 풍조가 되었고, 정교하게 설계
한 원택은 건강의 특색 가운데 하나가 되었다.[55] 낙양성 밖도 또한
화려하고 정교하게 꾸민 원택(園宅)이 있었고, 건강의 원택(園宅)과
마찬가지로 화려하고 높은 누각과 산석(山石)·천지(泉池)가 있었다.
그리고 많은 꽃나무·과일나무·대나무도 있었다. 낙양의 원택의
수는 건강 쪽의 많음과 흥성함에 훨씬 미치지 못하지만, 지위와 명
성이 높은 관리가 조성한 것이다. 예를 들면 관군장군(冠軍將軍) 곽
문(郭文)은 "당우(堂宇)와 원림(園林)이 군주에 필적하였다."[56] 사농(司
農) 장윤(張倫)의 "원림산지의 아름다움은 여러 왕들도 미치지 못하
였다."[57] 그러나 태반은 종실의 귀척(貴戚)이 만든 것이었다.

> 이에 제족(帝族)왕후(王侯)와 외척(外戚)공주(公主)가 산과 바다의 부
> (富)를 마음대로 하고, 천림(川林)의 풍요로움에 거하면서 다투어 원택(園
> 宅)을 짓는 것을 서로 경쟁하였다. 문을 높이고, 실(室)을 풍요롭게 하고
> 집과 방을 연이어 만들어 날아갈 듯한 관사는 살아 있는 풍모가 있고,
> 이중누각은 안개처럼 지어졌다. 높은 대(臺)와 정자가 집집마다 지어져
> 있고, 꽃과 숲이나 굽은 못이 정원마다 있다. 복숭아와 오얏이 여름에
> 푸르고, 대나무와 잣나무가 겨울에 푸르구나![58]

---

55) 본서 제4장 참고.
56) 『重刊洛陽伽藍記』 권5, 「城北」, 88쪽.
57) 『重刊洛陽伽藍記』 권2, 「城東」, 44쪽.
58) 『重刊洛陽伽藍記』 권4, 「城西」, 76쪽.

이는 북위가 유목민족 정권이라는 것과 관련되는 것으로, 한인 세족(世族)고관(高官)이 이민족의 통치 하에 있었기 때문에 함부로 할 수 없었기 때문이다. 또한 북방은 유학(儒學)을 숭상하여 성행하였다. 유가는 집이 검소하고 소박할 것을 주장하였기 때문에 원택을 수리하여 조성한 것은 선비족 종실의 귀척이 많았다. 그리고 건강에서 수리하여 조성한 주요 원택과 달리 모두 높은 관리와 귀인의 소유였다. 건강·낙양의 원택은 다만 이 두 도성의 경관의 다름을 나타낸 것뿐만 아니고 남북의 정치·사회·사상 문화의 차이를 반영한다.

3. 불 사

육조시대 불사는 남북 모두에서 성행했지만, 북위 효문제는 낙양을 계획할 때에 도성 내에 단지 승사(僧寺)·니사(尼寺) 각 1곳만을 설치하도록 허락하였고 그 나머지는 모두 성 밖에 두도록 하였다. 그러나 이러한 이성적 규획에도 불구하고 여전히 당시의 왕성하고 기세가 등등한 불교신앙을 막지 못하였다. 효명제 신귀(神龜) 원년(518)에 이르러 낙양에는 불사가 즐비하게 서 있었고 민간의 거주지를 야금야금 먹어 들어 간 것이 1/3에 달하였다. 일찍이 임성왕 징(澄)은 상주하여 도성의 안에 있는 불사를 성곽 밖으로 옮기도록 청하였다.

> 천도 이래로 해가 2년을 넘자 절이 민가(民居)를 침탈한 것이 3분의 1입니다. … 제가 보건대 도성 가운데 비록 칭찬할 만한 것도 있으나 조잡하게 지은 것도 있습니다. 일이 고쳐지기 위해서는 선제(先制)에 의거하여 성곽 밖에 있게 해야 하니, 임의로 편한 곳을 선택하게 하십시오. 그 땅을 구매한 경우 매매증서(券證)가 분명하다면 그것을 옮기는 것을

허락하고, 만약 관(官)의 땅을 도적질한 것이라면 즉시 관에 돌려주도록
하십시오. 만약 불상이 이미 만들어졌다면 옮겨 철거할 수 없으니 지금
의 칙에 의거하여 옛날 것이라면 금하지 않고, 방(坊) 내에서 움직이게
하지만, 방을 허물어 문을 내어 방리 안이 거리로 통하지 못하게 하십시
오. 만약 황제의 뜻에 의한 것(旨)이라면 제한을 두지 않고 곽(郭) 내에
이에 준하여 고려하기를 청합니다."[59]

　　그러나 불교신앙이 그득한 그 당시 이 건의는 받아들여지지 않았
다. 북위 말년에 이르러 낙양에는 1,367개의 사원이 있었다.[60] 남조
또한 불교가 매우 융성하였으나 건강의 불사는 낙양의 성함에 미치
지 못하였지만, 양조는 남조 불교발전의 최고봉을 이루었으며 사원
이 700여 개가 있었다.[61] 두 성의 인구와 불사의 수를 서로 비교하
면 낙양의 인구는 단지 건강의 1/3이었는데 사원의 수는 오히려 건
강의 두 배였다. 그러나 이는 결코 북조의 불교가 남조의 불교에 비
교하여 성하였음을 의미하는 것이 아니고 남·북의 불교가 다름을
의미한다. 남조의 불교는 학리(學理)에 치우쳤고 북조의 불교는 실행
을 중시하였기 때문에 남조가 세운 사원의 기풍은 북조의 활기찬
흥성과 같지 않았다.[62] 동시에 남조는 학리적 성격으로 인하여 상
층계층의 권문세족이 불교 이론의 연구토론에 종사하였으므로, 사
원을 세운 자는 대개 이러한 계층에 속하였다. 남조의 불교경향은
철리(哲理)를 이야기하고 논쟁하는 경향이었으므로, 건강의 불사가
또한 이로 인하여 농후한 귀족의 기풍을 갖게 되었다. 그리고 북방
의 불교는 신행(信行)을 좇았기에 평민 백성마저도 믿고 이해할 수

---

59) 『魏書』 권114, 「釋老志」.
60) 『重刊洛陽伽藍記』 권5, 「城北」, 105쪽.
61) 法琳, 「辯正論」 『大藏經』 제52册, 「史傳部 4」(중화불교문화관대장경위
　　원회, 1957에 수록) 권3, 「十代奉佛篇上」.
62) 湯用彤, 『漢魏兩晉南北朝佛教史』(臺北, 鼎文書局, 1976), 487쪽, 또 法
　　琳의 「辯正論」 十代奉佛篇에 근거하면 양조 시기 남조의 전체 佛寺는
　　2840개로 북위 전체 불사는 3만 곳이 있다.

있었으므로 백성이 사원을 지은 것이 많다. 낙양의 1,367개의 사원 가운데에 백성이 세운 것이 얼마 만큼인지는 확실히 알 수 없다. 다만 북위의 영토에서 "그 왕공귀실의 오등(五等) 제후의 사원은 839개이고 백성이 지은 사원은 3만 여 개이다"[63]라는 비례를 볼 때 낙양성 안의 백성이 건조한 사원의 불사는 매우 높은 비율을 차지할 것으로 생각된다.

4. 국제성

한대(漢代) 서역으로 통하는 경로가 열렸고 이는 중국과 서역이 교통하는 시대의 시작을 알리는 것이었다. 이로써 중국의 화물이 이 길을 경유하여 서방으로 운송될 수 있었고, 서역의 상인도 이 길을 거쳐 중국에 이르러 무역하였다. 불교도 이 노선을 거쳐 중국에 들어 왔다. 한말 삼국이래 서역 승려로서 중국에 이른 자가 매우 많았다. 북위가 건국한 후 나라의 세력이 크게 성하여 서역의 사신이나 상인이 길에서 끊이지 않았다. 당시 매우 많은 서역인이 낙양에 기거하여 만(萬) 여가(余家)에 달하였다.

> 곤륜산맥[葱嶺] 이서(以西)에서 로마에 이르기까지 백 개의 나라와 천 개의 성이 기꺼이 따르지 않음이 없고 호상(胡商)과 판매하는 객(客)이 하루만에 변경으로 달려가니 소위 천지의 구역이 다하였을 뿐이다. 중국의 풍토를 좋아하여 사는 자는 헤아릴 수가 없으며 그리하여 귀화한 백성은 만(萬) 여 가(家)가 있었다. 마을을 수리하여 정리하고, 마을에 늘어선 푸른 홰나무는 백 리에 그늘을 지우고 푸른 버드나무는 정원에 우거졌네. 천하에 얻기 어려운 재화가 모두 여기에 있구나.[64]

---

63) 法琳, 「辯正論」 『大藏經』 제52册, 「史傳部 4」(중화불교문화관대장경위원회, 1957에 수록) 권3, 「十代奉佛篇上」.

이로써 낙양은 국제적인의 색채를 갖추었고, 오로지 외국인만이 거류하는 계획된 이방이 있었다. 낙수의 이남에서 이수의 북쪽에 어도를 경계로 하여, 그 동쪽에 금릉관(金陵館)·연연관(燕然館)·부상관(扶桑館)·엄자관(崦嵫館)의 사관(四館)이 있어 "사이관(四夷館)"이라 칭하였다. 그 서쪽에 귀정리(歸正里)·귀덕리(歸德里)·모화리(慕化里)·모의리(慕義里)라는 4리(里)가 있어 "사이리(四夷里)"라고 칭하였다. 외국인이 처음 낙양에 이르면 반드시 먼저 사이관에서 3년을 살아야 사이리에 들어가 살 수 있었다.

> 영교(永橋) 이남, 환구(圜丘) 이북, 이수와 낙수의 사이에 어도가 끼어 있고, 동쪽으로 사이관(四夷館)이 있다. 첫째는 금릉관, 둘째는 연연(燕然)관, 셋째는 부상(扶桑)관, 넷째는 엄자(崦嵫)관이라고 한다. 서쪽로는 사이리(四夷里)가 있는데 첫째는 귀정(歸正)리, 둘째는 귀덕(歸德)리, 셋째는 모화(慕化)리, 넷째는 모의(慕義)리라 한다. 오나라 사람이 귀화하고자 하면 금릉관에 거하고, 3년이 지난 후에 집을 하사하여 귀정리에 있게 한다. 북이(北夷) 사람이 귀화하려면 연연관에 머물고 3년이 지난 후 집을 하사하여 귀덕리에 있게 한다. 동이가 귀화하려면 부상관에 거하고, 집을 하사하여 모화리에 있게 한다. 서이가 귀화하려면 엄자관에 거하게 하고, 집을 하사하여 모의리에 있게 한다.[65]

모의리에 거주하는 서역인은 만 여 가가 있었고, 강남인으로 북위에 항복하여 귀정리에 거주한 사람은 3천 여 가가 있었다.[66] 모화리·귀덕리는 단지 미리 계획을 하여 두었을 뿐이고 고구려·백제 등 동이인(東夷人)은 없었으며 유연(柔然) 등 북이족(北夷族)이 정주하였다. 북위 때에 고구려·일본 사이의 내왕(來往)은 밀접하지 않았고 북이인 유연과는 대립상태에 있었다. 『낙양가람기(洛陽伽藍記)』

---

64) 『重刊洛陽伽藍記』 권3, 「城南」, 60쪽.
65) 『重刊洛陽伽藍記』 권3, 「城南」, 59～60쪽.
66) 『重刊洛陽伽藍記』 권2, 「城東」, 49쪽.

속에는 단지 서역인과 남조인이 귀화하여 정주하는 것만이 나타나
고 동이인·북적인(北狄人)의 귀화는 보이지 않는다.

남조의 경우 남·북 정권이 서로 대치하고 건강이 장강 하류에
있기 때문에 서역과의 육로 교통은 북조에 가로막혀 있었다. 따라
서 서역과의 왕래는 단지 해로에 의지할 수밖에 없었다. 서역 여러
나라에서 남해를 경유하여 중국에 도달하는 선박은 먼저 광주에 이
르렀기 때문에 광주는 중계 거점이 되었다. 『고승전(高僧傳)』가운데
적지 않는 중·서 해상교통의 기록이 있어 그 가운데에 해로를 경
유한 승려·상인은 모두 광주에서 상륙하고, 다시 광주에서 수
로·육로를 거쳐 남조의 도성인 건강에 도달하였다. 이로 인하여
광주는 남조 대외교통의 요지가 되었으며 외국선박의 내왕은 빈번
하였다. 건강은 국제무역이나 교통의 요건을 갖추지 않았지만 건강
은 일국의 도성이며 또한 다른 나라의 사신이 항상 왕래하였기 때
문에 "육관(六館)"를 설치하여 사방의 사신을 접대하였다.

> 국관(國館)이 여섯이 있었는데 그 하나는 현인관(顯仁館)이라 하며, 고
> 려(高麗) 사신이 거한다. 두 번째는 집아관(集雅館)이라 하며 백제(百濟)
> 의 사신이 거한다. 셋째는 현신관(顯信館)이라 하며 토번(吐藩)의 사신이
> 거한다. 넷째는 내원관(來遠館)이라 하며, 연연(蠕蠕-유연의 별칭)의 사
> 신이 거한다. 다섯째는 직관관(職官館)이라 하며 설연타(薛延陀)의 사신
> 이 거한다. 여섯째는 행인관(行人館)이라 하며 북방의 사신이 거한다. 다
> 섯 관(館)은 서로 가까이 있으나 행인관은 이문(籬門) 밖에 있다.[67]

육관 가운데 행인관(行人館)을 제외하고 기타 다섯관은 모두 한
곳에 모여 있었으며 『건강지기』에서 다음과 같이 말하고 있다. "현
인관(顯仁館)은 강녕현(江寧縣)의 동남쪽 5리 청계(靑溪) 중교(中橋)의 동

---

67) 『輿地紀勝』(臺北, 文海出版社, 1963) 권17, 「江寧東路·建康府一」『宮
苑記』에서 인용.

쪽인 상궁(湘宮)의 골목 아래에 있으며 옛날에는 고구려 사신이 머무는 장소였다."[68] 즉 건강성의 동쪽 청명문 밖의 상궁사(湘宮寺) 부근에 위치하였다. 북조의 사신을 머무르게 하는 행인관이 건강 외곽의 이문(籬門) 밖에 치우쳐져 있는 것은 남조의 북조에 대한 경계심과 적의를 나타낸다.

북위와 서역의 관계는 밀접하기에 많은 서역인이 낙양에 정주하였다. 서역의 공예·기술·산물은 끊임없이 낙양에 들어와 낙양으로 하여금 국제적 색채를 갖게 하였다. 남방의 건강은 대외교통으로 말하면 봉쇄적인 도성으로 낙양의 풍부한 국제적 색채를 띠지 못하였다.

Ⅴ. 육조 건강과
북위 낙양 건설과의 관계

낙양과 건강은 도성의 규획상 매우 유사하지만 북위가 낙양을 창건한 시간은 동진 함화 년간에 건강성을 계획했던 것보다 163년이나 늦다. 이로 말미암아 북위 낙양도성의 규획이 건강도성의 새로운 창건을 계승했는가의 여부는 검토해 볼 만한 문제가 되었다.

북위의 효문제가 낙양을 세우기 전에 일찍이 장작대장(將作大匠) 장소유(蔣少游)를 남제에 사신으로 파견하여, 건강도성의 궁전의 규획 법칙을 관찰하도록 비밀리에 명령을 내렸다.

---

68) 『太平御覽』 권194, 「居處部 23」, 총 1065쪽.

　　(영명) 9년, 사신으로 이도고(李道固)와 장소유를 보내었다. 장소유는
기교가 있어 몰래 경사 궁전의 규획 법칙을 보도록 하였다. 청하(清河)
최원조(崔元祖)가 세조에게 계를 올려 말하기를 "장소유는 신의 생질로
장인(匠人)-公輸[69]-의 생각이 있습니다. 유송시대에 포로가 되어 대장
의 관직에 처하였습니다. 지금 부사가 되었으니 반드시 궁궐을 모범으로
하려고 할 것입니다. 어찌 북방족의 비루함으로 하여금 천궁의 모양을
취하게 하겠습니까? 신이 또한 장소유에게 머무르라고 이야기하였으니
사자로 하여금 명에 반하게 하십시오"라고 하였으나 세조가 화의(和意)
를 통하게 하지 않는 것이라 여겨 허락하지 않았다. 장소유는 안락인(安
樂人)으로 궁실제도는 모두 그에게서 나온 바를 따랐다.[70]

　　진인각(陳寅恪)은 북위가 사신을 파견한 것은 건강의 궁전을 모방
하기 위한 것이고, 이는 북위가 위진의 낙양의 터에 건도하였으나
영가의 난 이후 낙양이 황폐한 지가 이미 오래되어 할 수 없이 건강
의 궁전을 골랐다고 인식하였다. 그는 또한 대계를 계획한 사람은
이충(李冲)이고 장소유(蔣少遊)는 아니라고 생각하였다. 게다가 건강의
산천형세가 또한 낙양과 달라 이 두 성의 전체계획을 논하여 단정하
기 어렵다고 하였다. 이로 인하여 그는 장소유가 건강의 궁전부분만
을 모방하였다고 주장하였다.[71]

　　실제로 낙양과 건강의 지리환경은 매우 유사하다. 두 성의 도성계
획은 매우 비슷하며 단지 미세한 차이가 있을 뿐이다. 더욱이 그 궁
성들이 독립하여 북쪽으로 옮겨갔으며, 그리고 성 지역에 중심축을
지정한 설계는 서진 이전의 도성에서 일찍이 나타나지 않은 규획이
다. 그리고 건강과 낙양은 똑같이 이 규획이 있다. 하물며 건강의 건
설이 낙양에 비하여 빠른 것은 이 두 도성이 비슷한 점을 우연한 일

---

69) <옮긴이 주>; 公輸는 춘추시기 魯 나라의 匠人으로 姓이 公輸, 이름은
　　 般(班)이었는데, 戰具를 잘 만들었다. 여기에서는 匠人을 의미하는 말
　　 로 쓰였다.
70) 『南齊書』 권57, 「魏虜傳」.
71) 陳寅恪, 「隋唐制度淵源略論稿」, 60쪽.

치로 돌릴 수 없게 하는 것으로 계승·전승하여 정하여진 것이라고 보아야 할 것이다. 궁성이 북쪽으로 이동한 점과 성 구역에 중심축을 설정한 설계는 동진의 건강성에서 먼저 출현하였다. 건강은 만방의 이목을 집중시킨 도성으로 그 규획의 참신함은 틀림없이 같은 시대의 사람의 견문을 넓혔을 것이다. 사실상 낙양의 건설은 전적으로 건강의 영향을 받았으며, 그것은 남조의 궁전을 모방한 것일 뿐만 아니라, 몇 개의 규획상의 대원칙에서는 심지어 건강을 복사한 것이기도 하다.

『國立臺灣大學建築與城鄕硏究學報』제2권 제1기, 1983.

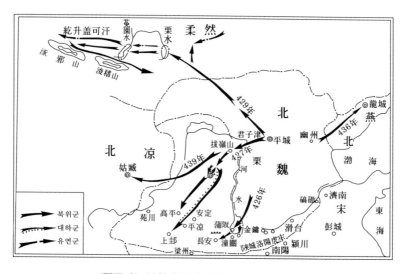

〈지도 3〉 북위 拓跋燾 화북 통일 개념도

건강 석두성과 낙양 금용성

─도시공간과 방위구상에 관하여─

시오자와 히로또(鹽澤裕仁)

Ⅰ. 서 론

삼국의 손오·동진·유송·남제·양·진 육조의 수도인 건강(오에서는 건업, 현 강소성 남경시)과 삼국의 위라던가 서진이나 북위의 수도인 낙양(현 하남성 낙양시)에는 각각 방위의 중심이 되는 시설이 존재하였다. 건강의 시설을 석두성(石頭城)이라 하고, 낙양의 시설을 금용성(金墉城)이라고 한다. 양자는 특히 대성(大城)에 인접하여 설치되어 있어 도시 평면계획면에서 매우 유사한 형태를 지니고 있다. 조성시기 면에서도 석두성(石頭城)은 손오의 손권(재위 222~252) 때, 금용성은 조위의 명제(재위 226~239) 때 축조1)되었으므로, 거의 비슷한 시기에 이루어졌다. 또한 건강·낙양은 도시의 붕괴

---

1) 『三國志』 「吳書」 권2 石頭城 ; 金墉城, 『水經注』 권16, 「穀水」.

후에도 주창(州廠) 등으로서 각각 옛 땅의 거점으로 사용된 유사점
도 있다.2) 이와 같은 유사성을 가진 석두성·금용성이라고 하는 방
위시설의 존재는 종래부터 알려져 왔지만 그 기능성에 대해서는 거
의 논의되지 않았다. 도시는 시간축·공간축이 끊임없이 변화하는
생명체로, 그것은 사람들이 왕래하고, 생활을 경영하며 성쇠(盛衰)를
되풀이한다. 그러므로 도시의 성립으로부터 소멸에 이르기까지의
시간축을 설정하고, 그 하나하나의 좌표에 대해 전개된 공간상에서
의 존재형태를 조사하는 것으로써 도시의 변화양상을 살펴 볼 필요
가 있다. 본고에서는 석두성·금용성의 기능적인 면에 대한 분석을
통해 정치환경이나 자연환경이 크게 다른 건강과 낙양이라는 두 도
시(수도)에서 유사성을 가진 방위시설이 존재하는 의미를 도시공간
과의 관계에서 고찰하려 한다. 동시에 도시의 추이와 밀접한 관계
가 있는 방위문제를 고찰함으로써 건강과 낙양이라고 하는 역사적
인 도시의 생태(生態)의 일면을 규명하려고 한다.

　덧붙이자면 본고에서 말하는 대성(臺城)은 내성(內城; 宮城)에 다시
외측을 둘러싼 성벽3)와 그 내부공간을 가리켜 사용한다. 북위의 낙
양성에서는 대성의 바깥쪽에 또다시 외곽이 세워져 있다. 또 도시
라고 하는 표현에 대해서는 대성(臺城)의 바깥에 펼쳐진 거주공간도
포함하여 사용한다. 그러므로 수도인 도시의 경역(境域)4)이 본고에
서 사용하는 도성이다.5)

---

　2)『隋書』권31,「地理志」下, 丹陽郡, 石頭城 ;『隋書』권30,「地理志」中,
　　河南郡, 金墉城.
　3) 낙양의 경우에는 둘레가 약 30리, 건강의 경우에는 둘레가 약 20리이다.
　　『後漢書』권19,「郡國志」洛陽에서「帝王世紀」의 "城 東西 6리 11보, 남
　　북 9리 100보"를 인용하고 있다. 또「元康地道記」의 "城 안은 남북 9리
　　70보, 동서 60보이다. 땅은 300頃 12畝로 36보이다"를 인용하고 있다.
　　『建康實錄』권2, 건강, "建業都城은 둘레가 20리 19보이다."
　4) 도시의 안 밖을 공간적으로 구별하는 경계지역을 나타낸다.

II. 건강의 시대적 추이와 방위구상

1. 도시의 발전성

건강에는 주지하는 바와 같이 대성(臺城)의 바깥에 거주 구역과 상업 구역이 조성되어 있고, 많은 관서(官署)도 또 대성(臺城)의 바깥에서 경영되었다. 그러나 왜 시가지가 대성의 바깥에 성립되어 발전했는지에 대한 연구는 그다지 많지 않다. 그런데 건강의 도시구성(시간적·공간적인 도시구조)을 고찰하는 데에는 이 문제가 매우 중요하다. 그리고 또 시가지가 대성의 바깥에 조성된 도시를 어떤 방법으로 방위했는가 라고 하는 과제가 석두성의 기능성을 둘러싼 문제를 규정하고 있는 것도 분명하다. 그래서 우선 최초에 건강이라고 하는 도시가 대성(臺城)의 바깥에 조성되고 확대되어진 요인을 고찰해 보고 싶다.

그 고찰의 방법으로서는 도시의 생태를 파악하는 관점에서부터 시간적인 변화와 공간적인 도시구조의 변화를 관찰하는 것은 물론, 건강의 수도로서의 특이성에 주목하려고 한다. 왜냐하면 다음에 서술할 바와 같이 건강은 이전까지의 왕조의 수도에는 보이지 않는 특이한 점을 많이 가지고 있기 때문이다. 우선 첫 번째로, 도시 전체를 둘러싼 성벽이 존재하지 않는다. 건강의 시가지 지역은 다수

---

5) 『六朝事蹟編類』「總敍門」1, 六朝宮殿에서는 대성·東府·西州·倉城을 다룬 후 "『宮室記』에, 모두 도성의 안에서 나오지 않았다"라고 대성의 바깥 구역도 도성으로 고려되고 있다. 도성에 대해서는 礪波護,「中國都城の思想」『日本の古代』9, 都城の生態(中央公論社, 1987) ; 宮崎市定,「中國城郭の起源異說」『宮崎市定全集』3(岩波書店, 1991) 참조.

의 울타리를 설치하여, 이것을 공간적으로 결합하는 것으로 도시의 경역를 표시하고 있다.6) 이는 종래의 중국 도시가 견고한 성벽으로 도시 전 지역을 둘러싸서 도시구상을 완결하는 것과는 전혀 다른 양상이었다. 그 밖에 장안·낙양과는 달리 통일왕조의 수도가 아닌 점과 귀족제라는 사회구조를 가진 도시라는 점, 그리고 강남에 위치하였다는 자연환경과 지역성 등이 고려될 수 있다. 이와 같은 수도로서의 특이성을 고려함으로써 건강이라는 도시의 생태의 일면을 보다 명확하게 할 수 있다고 생각한다.

위의 고찰방법, 즉 시간적·공간적인 변화 가운데 건강의 수도로서의 특이성을 고찰함으로써 도출한 대성 바깥의 발전요인은 이하의 네 가지 점으로 요약할 수 있다.

1) 오(吳)·동진이 모두 하나의 장군부로부터 발생했다고 하는 발생시기의 사정과 만성적인 재정난의 문제

애초에 창건되었던 건업성은 둘레 20리 19보로, 흙담과 대나무 울타리로 쌓여졌다.7) 이것은 장사환왕(長沙桓王) 손책(孫策)의 장군고부(將軍故府)를 기초로 하여8) 이것을 둘러 대성이라고 한 것인데 무창궁(武昌宮)9)이나 업북성(鄴北城)10) 등을 비교하여 보더라도 오(吳)가 시작될 때로서는 타당한 규모라고 할 수 있다. 진의 사마예(司馬睿) [원제(元帝), 재위 217~322)]가 안동장군부(安東將軍府)를 둔 곳도 오

---

6) 『太平御覽』 권197, 「居處部」 27이 인용한 「南朝宮苑記」.

7) 『景定建康志』 권20 『城闕志』 권1, 「古城郭」.

8) 『建康實錄』 권2.

9) 蔣贊初 等, 「六朝武昌城初探」『中國考古學會第五次年會論文集』(文物出版社, 1985).

10) 「河北臨漳鄴北城遺址勘探發掘簡報」『考古』 1990년 7기 ; 劉心長·馬忠理 編, 『鄴城暨北朝史硏究』(河北人民出版社, 1991).

의 옛터 위였다.[11] 소준(蘇峻)의 난에 의해 궁성이 불타서 대성 내에
있는 원성(苑城)의 땅에 신축하여 이전하였으나 재정적인 문제가 있
어 대성의 확장은 행해지지 않았다.[12] 그러므로 여러 기관(機關)의
증설과 거주 구역 등은 당연히 대성 바깥에서 추진되었다.

2) 지방 정권으로부터 왕조로의 성장과 도시화의 가속

왕조의 수도라는 점은 주민의 증가와 상업의 집중을 가속화시킨
다. 그러나 "군주가 약하고 신하가 강한" 체질에 의해 통치기구 내에
여러 가지 모순을 포함하였기 때문에 대성 내의 정비는 그다지 진행
되지 않았고, 그에 비해서 시가지화 된 지역의 발전과 전개의 속도가
빨랐다.[13] 대성의 외측에 일단 성립한 넓은 시가지를 정리하여 장
안·낙양 규모의 대성을 축조하는 것은 대규모 사업이었다. 재정문
제와 함께 산수(山水)가 풍부한 자연환경은 방어적으로도 탁월하였기
때문에 대성의 대규모적인 확장은 급박한 임무로 되지는 않았다.

3) 귀족제 사회의 유지에 의한 정권의
허약체질화와 귀족의 독립성 추구

귀족·호족은 독자적 세력을 유지하면서 동시에 자체의 저택과
장원을 경영하는데 전념하였다. 저택을 경영하는 데는 좁은 대성
안에서는 제약이 있기도 하였고, 황제권력과 대치한다는 의미도 있
었다고 생각된다. 귀족들은 독자적으로 거주 구역을 형성하고, 그
와 함께 일반적인 거주 구역과 상업 구역은 별도의 구역으로 성립
되었다. 이 점은 다음 절에서 다루겠는데, 소위 거주 구분도 형성되

11) 『建康實錄』 권5·7.
12) 『晉書』 권7, 「成帝紀」·권65, 「王導傳」 ; 『建康實錄』 권7.
13) 陳明光, 『六朝財政史』(中國財政經濟出版社, 1997), 131~142쪽.

었다는 의미이다. 황제권력 측에서는 대성 내의 견고한 방위(대성
이 벽돌 벽으로 바뀌고, 삼중의 궁벽이 축조되었다[14])를 추구하였
고, 다른 한편에서는 사적인 부곡(部曲)을 가지고 있는 귀족의 저택
이 집중한 종산(鍾山) 등의 지역은 하나의 독립적인 도시공간을 형
성하고 있었다. 이러한 독자적인 거주공간이 형성된 것은 궁성에
대해서 소원(疎遠)한 공간이 성립된 셈이라고 보는 것도 가능해진다.

4) 장기적・계속적인 수도기능의 보유와 내란(內亂)의 잦은 발생

거듭되는 내란에 의해 피해가 생겼기 때문에 대성 내를 충실하게
하고 발전하게 하는 것을 저해하였다. 당연하지만 내란은 내부에서
의 항쟁이었기 때문에 얻은 바는 없고, 쓸모없는 소비였다. 그래서
황제 측에서 보자면 만성적인 재정난을 더욱 악화시키는 결과를 초
래하게 되었다. 도시 전체도 일시적으로는 피해를 입었지만 거주
구역이나 상업 구역은 건강이 지속적으로 수도 기능을 지니고 있었
기 때문에 부흥의 속도가 빨랐다. 대성 안에서는 피해 때문에 복구
하는 데에 느린데 비해 발전성과 회복성의 측면에서 매우 우수하였
다. 또 강남지역에는 그 발전성・회복성을 떠받쳐 줄 수 있을 만큼
토지 생산력이 탁월하였다.

2. 도시의 양상(평면 구성상의 인식)

대성 밖에 확대・발전하고 있는 건강의 도시로서의 양상은 어떠
했는가? 방위구상에 대한 의론에 들어가기 전에 그 구상의 전제가

---

14) 『南齊書』 권2 ; 『梁書』 권2.

되는 도시의 양상에 대해 간단하게 언급 하려고 한다.15) 더욱이 도시의 양상을 알기 위해서는 도시 평면도는 불가결한 것이다. 그러나 건강에 대해서는 현재 남경의 시가지가 바로 그 위에 세워져 있어 고고학적인 조사가 거의 행해질 수 없는 상황이다. 그래서 궁성과 대성의 위치와 형태에 관한 연구를 비롯하여 도시 평면도에는 여러 사람의 견해가 있는데 일정하지 않다. 본고의 주안점은 대성의 밖에서 확대·발전한 시가지를 포함한 건강 도시 전체의 양상을 이해하고자 하는 것이다. 그러나 대성과 그 내부에 관한 논의는 별고(別稿)를 기약하도록 하며, 지도를 작성하는 유의점과 근거를 제시하여 건강 도시 평면도(시안(試案), <그림 1>)를 작성하고, 아래에서 이것으로써 고찰을 진행하겠다.

---

15) 건강의 양상에 대해서는 이하의 문헌을 참조하기 바란다.
岡崎文夫,「六代帝邑攷略」『南北朝に於ける社會經濟制度』(홍문당, 1935) ; 朱偰,『金陵古蹟圖考』(上海商務印書館, 1950) ; 宮川尙志,『六朝史研究－政治社會篇－』(平樂寺書店, 1950) ; 同濟大學城市規劃敎硏室編,『中國城市建設史』(중국건축공작판사, 1982) ; 秋山日出雄,「南朝都城"建康"の復元序說」『橿原考古學研究所論集』7(1984) ; 郭黎安,「試論六朝時代的建康」『中國古都研究』1(浙江人民出版社, 1985) ; 大室幹雄,『園林都市－中世中國の世界像－』(三省堂, 1985) ; 羅宗眞,「對南京六朝都城的一些 看法」『中國古都研究』2(절강인민출판사, 1986) ; 中村圭爾,「建康の"都城"について」『中國都市の歷史的研究』(唐代史研究會, 1988) ; 楊寬,『中國古代都城制度史研究』(상해고적출판사, 1993) ; 劉淑芬,『六朝的都市與社會』(臺灣學生書局, 1993) ; 李佶萍,『中國歷代都城』(흑룡강인민출판사, 1994) ; 朱紹侯 主編,『中國古代治安制度史』(하남대학출판, 1994) ;『金陵十朝帝王州·南京卷』(『中國皇城·皇宮·皇陵』계열총서, 1994).
또, 제2절의 내용은 그 성격상 위의 여러 저자의 연구와 중복되는 부분도 있다.

□ 지 도(지도를 작성할 때의 주된 유의점)

◦연구사에서 본 주된 도시구상

　　ⅰ. 주설(朱偰) 씨는 대성(臺城)의 사지(四至)를 남쪽은 건하연이며, 북쪽은 북극각(北極閣)의 아래에서 계명사(鷄鳴寺)의 앞이며, 서쪽은 중산로(中山路)의 서쪽이며, 동쪽은 성현가(成賢街)로 상정한다. 그곳에 방형의 대성(안에서도 방형의 궁성을 가지고 있다)과 그 중앙을 똑바로 남쪽으로 이은 어도를 배치한다. 이후 중국(대만을 포함)의 많은 연구성과는 주씨의 구상을 기본적으로 답습하고 있다. 치밀한 사료분석에 의한 복원이긴 하지만 가정이라고 하면서도 방형이 강조되고 있는 점과 주축선의 방위(方位)에도 논의의 여지가 있다.

　　ⅱ. 아끼야마 히데오(秋山日出夫) 씨는 낙양의 도시구상을 건강에 투영한다. 방법적으로 현상의 지형과 낙양의 도시구상을 너무 의식하는 데 문제가 있다. 대성의 외측에 외곽을 상정한 구상은 경역을 고려한다면 중요하다.

　　ⅲ. 나까무라 게이지(中村圭爾) 씨는 물줄기에 따라 대성의 구상을 복원한다. 당시의 물줄기를 정확하게 파악한다면 나까무라 씨의 도시구상이 가장 지지를 받게 될 것이다. 그러나 장강 하도가 서쪽으로 옮겨갔다는 점을 비롯하여 물줄기의 변화가 매우 심했다는 점에서 문제점이 남아 있다.

　　이상, 중국측의 방형 구상에 대해 일본측의 부정형(不整形) 구상과의 차이점을 알아보았다. 대성이 흙담이었다고 한다면 곡선에 의한 부정형의 모습을 지지해야 한다. 지도에서는 방법적으로 찬동할 수 있는 많은 부분에서 나까무라 씨의 구상을 참고하고, 약간의 동서·남북의 축을 수정하여 대성을 상정하고 있다.

◦현존하는 유구(遺構)

　　현존하는 계명사의 남측, 동남대학(東南大學)의 북측, 명대의 성벽의 아래에 육조성의 기단을 확인할 수 있다. 벽돌은 길이48cm, 폭23cm, 두께10cm이며 잔해의 길이는 200m 정도이다. 이 유구(遺構)가 대성의 성벽이었는지 궁성의 벽이었는지에 대해서는 또 견해가 나뉘어진다.[16)

◦ 자연지형

　　오대(五代) 시기 장강 하도가 서로 크게 이동한다. 또 수위의 변화에
의한 현무호(玄武湖; 둘레 40리)·연작호(燕雀湖; 둘레 2리)·소준호(蘇峻
湖; 둘레 10리)·영담호(迎擔湖)·장진호(張陣湖) 등이 축소되고 소멸하
고, 남당(南唐)이나 명(明)의 토목공사에 의하여 청계(靑溪)·조구(潮溝)·
운독(運瀆) 등의 수로에 변화가 일어나는 점에도 주의할 필요가 있다. 그
러므로 우선 구릉과의 위치관계를 결정하는 것이 중요하다. 또 지리학을
연구하는 여러분들의 조언으로는 <그림 1>의 오른쪽 아래나 왼쪽 위의
구릉 사이는 범람원이 되는 저습지로, 수해의 위험성이 높아 거주구역으
로서는 좋지 않았다고 한다. 현무호의 서쪽도 오래된 호수와 못으로서
예전부터 습지대라고 한다. 나아가 진회하에서도 오늘날 중화문 앞의 굴
곡부는 인공적인 것이라고 하는데, 내가 아는 범위에서는 해당하는 시기
의 사료에서 이와 관련된 개착(開鑿)의 기록은 없었다.
　　또, 남경 도시의 주축선이 오른쪽으로 15도 약간 어긋나 있다.[17] 이것
은 건강의 주축선이 어긋났던 것이라고 생각된다.

◦ 묘장과의 위치관계

　　묘장의 위치는 도시의 경역을 고려한다면 주요한 지표가 된다. 현상
으로는 진회하(秦淮河) 남안의 구릉 사이, 계롱산(鷄籠山)의 서쪽, 복주산
(覆舟山)의 남쪽과 동쪽, 종부문(鐘阜門)의 동쪽과 북쪽, 청량산(淸凉山)의
동쪽 및 지금의 시가지 외측의 구릉지대에 주로 분포하고 있다. 시가지
에서의 분포상황은 문헌과도 부합하고, 대성 외측에도 경역 선에 가깝다
고 상정하고 있다.

---

16) 羅宗眞, 『六朝考古』(南京大學出版社, 1996), 16~18쪽, 『金陵十朝帝王
　　州·南京卷』(앞에서 언급), 28~33쪽 ; 李佶萍, 『中國歷代都城』(앞에서
　　언급), 86쪽 ; 張承宗等主編, 『六朝史』(江蘇古籍出版社, 1991). 93쪽.
17) <옮긴이 주>; 이 부분을 이해하기 위해서는 본서의 22쪽과 81쪽에 실
　　린 지도와 함께 郭黎安, 「동진남조 건강성의 구조 및 관련 문제 연구」
　　(앞에서 언급)의 각주11과 더불어 거기에 첨부된 지도를 보면 크게 도
　　움이 되리라 생각된다.

∘ 무창·경구와의 비교

　　건강의 대성은 오(吳)의 대성의 옛터에 기초를 둔다. 오나라의 천도 경위를 염두에 둘 때 이미 발굴조사가 행해졌던 무창(武昌; 지금의 鄂城市)·경구(京口; 지금의 鎭江市)의 규모는 비교해 볼만한 자료가 된다. 경구는 동면(東面) 700m, 남면(南面) 1200m, 서면(西面) 1400m, 북면(北面) 1400m, 둘레 4700m의 우환(隅丸) 부정형(不整形)이고,[18] 석두성의 형태와 유사한 철옹성(鐵瓮城)의 존재가 주목된다. 무창은 남북 1km, 동서 2km, 북면이 장강에 의해 깎여졌다. 둘레에는 성(城)을 보호하는 강이 두르고 있어 현상적으로는 전 둘레 6km의 우환장방형(隅丸長方形)이다.[19] 양자 모두 흙담으로 직선 부분은 거의 없다. 이상의 데이터로부터 보면 건업의 둘레 20리 19보(8710.7m, 위척의 1리를 434.16m, 1보를 1.4472m로 계산한다)는 타당한 규모라 할 수 있다. 규모 면에서는 업성(鄴城)도 비교 대상이 된다.[20]

∘ 울타리문(籬門)과 경역

　　『태평어람(太平御覽)』(권197)의 해석에 의한다. 남측은 거의 명대의 외곽에 따랐다고 상정하고 강기슭[江岸]부터 예당까지 이것을 채용한다. 예당을 동쪽 끝으로 해서 동부의 동쪽에 울타리문이 있다. <표 1>로부터 종산의 남쪽기슭[南麓]에서 연작호의 서안(明宮城의 동측)을 통하여 복주산 동쪽의 북쪽 울타리문에 이른다. 북측은 현무호의 남안에 연한 계롱산 북록(北麓)에서 서쪽은 구릉 사이를 통해 석두성의 북측에 이른다. 정(亭)의 존재와 상림원(上林苑) 등의 금원(禁苑) 성격 및 경역과의 위치관계를 포함하여 울타리문의 위치는 앞으로 검토가 필요할 과제이다.

※ <그림 1>은 동일 평면상에 동진·남조 시기 270년 간의 평면구상을 상정한 것이다. 또, 그림 중의 굵은 실선은 대성·궁성·경역의 선을, 가는 실선은 석두성·동부성 등의 성루(城壘)를, …… 선(線)은 수거(水渠)를

18) 『隋書』 권31, 「지리지」 하, 丹陽郡, 「鎭江市東晋晋陵羅城的調查和誠掘」(『考古』 1968~5), 「晋陵羅城初探」(『考古』 1968~5).

19) 蔣贊初等, 「六朝武昌城初探」『中國考古學會第5次年會論文集』(文物出版社, 1985).

20) 「河北臨漳鄴北城遺址勘探發掘簡報」(『考古』 1990~7), 劉心長·馬忠理 編, 『鄴城曁北朝史研究』(河北人民出版社, 1991).

////선은 강안의 선을 나타낸다. 또 성루 사이를 연결한 직선은 구역선을 표시하고 있다. 또 ●은 묘장을, ::::은 호수와 못을 나타낸다.

　<그림 1>에는 지형을 상세하게 읽기 위해 등고선이 자세하고 지금만큼 개발되지 않았던 1932년 육지측량부 발행의 25000분의 1 남경근방도(南京近傍圖)(『근대중국도시지도집성(近代中國都市地圖集成)』, 백서방(柏書房), 1986)을 원도(原圖)로 하였다. 또 신정(新亭)에 해당하는 부분의 누락은 중국대륙 50000분의 1 지도 및 랜드샛(Land Satellite) 위성사진 등을 참고하여 필자가 가필(加筆)한 것이다.

　도시의 양상으로 논의를 되돌려서 우선 처음으로 확인하여 둘 수 있는 점은 시가지(市街地)가 된 지역을 포함한 건강 전체의 도시로서의 경역(境域)이다. 『태평어람』 권197, 「거처부」 27에 인용한 「남조궁원기(南朝宮苑記)」에는,

　　건강의 울타리문과 옛 남북 양안의 울타리문은 56개소로써, 대개 경읍의 교문(郊門)이다. 예를 들면 장안의 동도문 역시 대나무 울타리를 둘렀고, 교문이 강남에서 처음 세워졌을 때도 역시 울타리를 사용하였기 때문에 울타리문(籬門)이라고 하였다. 남리문(南籬門)은 국문(國門)의 서쪽에 있었고, 삼교리문(三橋籬門)은 지금의 광택사(光宅寺) 곁에 있고, 동리문(東籬門)은 본래 이름이 조건리문(肇建籬門)으로 옛 조건시(肇建市)의 동쪽에 있다. 북리문(北籬門)은 지금의 복주(覆舟) 동쪽 머리 현무호 동남 모서리에 있었는데 지금 이문정(籬門亭) 이라는 정자도 그곳에 보이고 있다. 서리문(西籬門)은 석두성의 동쪽에 있고, 호군부(護軍府)는 서리문 바깥 길 북쪽에 있으며 백양리문(白楊籬門) 바깥에는 석정리문(石井籬門)이 있다.

라고 56개의 울타리문의 존재와 주요 울타리문의 위치가 나타나 있다. 이는 동진 초기쯤의 건강[21]의 교(郊)를 나타낸 것이다. 한편, 양대의 건강 경역에 대해서 『태평환우기(太平寰宇記)』 권90, 「강남동도

---

21) 경읍이나 경사(京師)라고도 기록되어 있다.

〈사진 1〉 남경 감가항(甘家巷) 소수(蕭秀)의 묘앞에 있는 辟邪

(江南東道)」 2, 승주(昇州)에 「금릉기(金陵記)」를 인용하여,

> 양의 수도였을 때, 성 안에는 28만 여 호가 있다. 서쪽으로는 석두성
> 에 이르고 동쪽으로는 예당(倪塘)에 이르고 남쪽으로는 석자강(石子崗)에
> 이르고 북쪽으로는 장산(莊山)에 이른다. 동서남북 각 40리이다.

라고 하여 석두성(西), 예당(東),[22] 석자강(南),[23] 장산(北)[24]을 들어 동
서남북 각 40리라고 명기하고 있다. 「남조궁원기(南朝宮苑記)」의 울
타리문을 잇는 선과 「금릉기」의 선은 거의 일치하고 있다(약간 동
쪽으로 어긋나 있다). 동진 초에 울타리문을 세웠을 때 그것은 어디
까지나 교(郊)였을 뿐이고, 시가지 지역이 그곳에까지 발전했다고
생각되지는 않는다. 그러나 양대에도 그것이 하나의 도시 경역(境域)

---

22) 지금의 의당(義塘) 부근.
23) 지금의 우월대(雨月臺).
24) 장산은 지금의 종산 서남 봉우리.

으로 인식되었고, 대성 바깥의 발전은 그 경역 내에서 전개되어졌
다고 생각할 수 있다. 즉, 건강에는 대성 바깥에 시가지가 적극적으
로 전개되었기 때문에 그 도시의 내외의 경역을 나타내는 것이 교
문으로, 교문의 바깥이 시외이며, 안쪽이 시내(경읍, 경사)였다. 시
내에는 진회하를 낀 북안에 건강현(建康縣)이 설치되었고, 남안에는
말릉현(秣陵縣)이 설치되어 행정상 도시의 경역이 이분화되었다.25)
그래서 경역 내에는 이항제(里巷制)가 시행되었다. 현재 북안 11
개, 남안 11개, 그 외 9개, 합계 31개의 리(里)의 이름이 확인되고
있다.26)

인구는 앞에 인용한 「금릉기」에 의하면 가장 번영한 양대에 약
140만 명(1戶 5인×28만 戶로 계산)이었다. 그 인구구성으로 말하면
『수서(隋書)』 권31, 「지리지」 하(下)에,

> 단양은 옛 수도 소재지로, 사람과 물건이 본래 많고, 소인들은 장사를
> 많이 하고, 군자(君子)는 관록(官祿)에 의지한다. 시전(市廛)에는 가게가
> 늘어서 있어 이경(二京)보다 번성하였다. 사람들이 오방(五方)에서 섞여
> 있어 풍속은 온갖 것이 있었다.

라는 글에 보이듯 수도에 있는 민(民)이 군자와 소인, 즉 왕공(王公)
귀족(貴族)관료(官僚)-그 가족-와 일반 평민으로 구분되었으며 평
민은 많은 수가 상업에 종사했다. 또 평민이 농민이 아니라는 점은
『송서』 권54 「공령부전(孔靈符傳)」에서 "경사에는 토지(田)가 없다"라
고 기록되어 있는 것에서도 알 수 있다. 이 외에 귀족의 부곡이나
승려가 평민과 잡거(雜居)하면서 많이 거주하고 있었다. 왕공귀족은
『건강실록』 권2에서 인용한 도계직(陶季直)의 「경도기(京都記)」에,

---

25) 『晉書』 권15, 「지리지」 下, 揚州 ; 『晉書地理志新補正』 권5, 揚州.
26) 劉淑芬, 『六朝的都市與社會』(臺灣學生書局, 1993), 147~148쪽.

> 동진 시대[典午]에 경사의 정족(鼎族)이 청계(靑溪) 왼쪽과 조구(潮溝)
> 북쪽에 많이 있다.

라는 구절에 의하면 궁성의 동쪽, 조구로부터 청계에 걸친 일대에 집
중되고 있다. 한편, 다수의 평민은『건강실록』권2에서 인용한「단양
기」에,

> 건강의 남쪽 5리에 산강(山崗)이 있고, 그 사이에는 평지가 있는데 민
> 서(民庶)가 섞여 살았다.

라고 보이고, 또『남제서(南齊書)』권19,「오행지(五行志)」에는,

> 영원(永元) 2년 겨울, 경사의 민간이 서로 놀라 화재를 당한 것이 남
> 안의 인가가 울타리 사이에 종종 화전(火纏)을 행했기 때문이라고 하였
> 다. 공가(公家)가 이 때문에 화전을 물리쳤다.

또,『진서(陳書)』권12,「서도전(徐度傳)」에,

> 시전(市廛)과 민가(民居)가 남로(南路)에 있는데, 대성으로부터는 멀다.

에서 보듯이 진회하의 남안에 거주 구역을 형성하고 있었다. 더욱
이 또 북안의 어도(御道) 좌우에는『양서(梁書)』권9,「조경종전(曹景宗
傳)」에,

> 어도 좌우에 부실(富室)이 아닌 것이 없었다.

에서 보이듯 부인(富人)의 주거가 집중되어 있다. 이와 같이 귀천과
빈부라는 두 구조로 거주 구분이 판연한 점은 주목할 만하다. 이 주
거 구분의 존재방식은 한 시기의 양상을 평면상으로 파악한 것이지

만 유숙분(劉淑芬) 씨는 귀족 원택(園宅)이 옮겨가는 것을 분석하여 오(吳)에서는 남안에, 동진에서는 남북양안, 그리고 유송 이후는 북안에 옮겨져 있는 것으로써 귀족과 평민의 거주 구역의 분리가 시대의 추이와 함께 진행되었고, 그것이 귀족제 발전에 따른 사회구조상의 귀족분리를 나타낸 것이라고 이해하였다.[27] 전란(戰亂)이 자주 발생하여 도시가 파괴되고 부흥하기를 거듭한 도시화(都市化) 현상의 하나로서 중요한 이해이다.

또 앞의 인구구성에 있어 상업이 평민 인구의 다수를 점하고 있는 점에서는 크고 작은 시장이 대성(大城)의 안팎으로 다수 설치되어 있는 점이 주목된다. 『태평어람(太平御覽)』 권827, 「자산부(資産部)」 7에 인용한 산겸지(山謙之)의 「단양기(丹陽記)」에,

> 경사의 사시(四市) 가운데 건강의 대시(大市)는 손권이 세운 것이고, 건강의 동시(東市)는 같은 시기에 설립되었다. 건강의 북시(北市)는 영안(永安) 년간에 세워졌고, 말릉(秣陵)의 투장시(鬪場市)는 융안(隆安) 년간에 발락영(發樂營) 사람들이 교역하여 시(市)가 이루어진 것이다.

라고 사시(四市)의 존재가 나타나 있다. 『수서』 권24, 「식화지(食貨志)」에는,

> 진회하(淮水) 북쪽에는 대시(大市) 백 여 곳이 있고, 소시(小市) 10여 곳이 있다.

라고 하여 적어도 10여 곳의 소시가 존재했음을 확인할 수 있다. 또 대시·소시 이외에도 초시(草市)·사시(沙市)·우마시(牛馬市)·곡시(穀市)·현시(蜆市)·염시(鹽市)·원시(苑市) 등 다채로운 시(市)의 설치가 알려져 있다.[28] 그것은 진회하의 남북에 상당히 불규칙적으로

---

27) 劉淑芬, 『六朝的都市與社會』, 127쪽. <옮긴이 주>; 본 역서의 165쪽.

성립되어 있었다.

진회하의 언덕가에는 『남사(南史)』 권5, 「제본기(齊本紀)」 하(下)에,

> 허겁지겁 도망을 가는데, 두 사람의 문생(門生)만이 스스로 따라와 주
> 작항(朱雀航) 남쪽의 주막에 숨어 있다. 밤에야 비로소 우의(羽儀)29)를
> 얻어 돌아왔다.

는 것에서 보이듯 주점 등도 있었고, 언덕가가 번화가였음을 알 수
있다. 또 『건강실록』 권9에는,

> 조를 내려 단양(丹陽)·죽격(竹格) 등에 사항세(四航稅)를 면제한다.
> (注) 『여지지』에 의하면 육조시대(六代)에는 항(航)이 석두로부터 운서(運
> 署)까지 총 24곳에 있었다.

라고 하여 24곳의 항(航)이 존재했음을 나타내고 있다. 당연히 남북
의 시가지에는 그 이상의 가로(街路)가 있었다고 생각된다. 진회하
남북의 왕래가 매우 활발했다는 점, 그리고 도시생활이 남북 양안
을 넘어 번화하게 영위되고 있었음을 이해할 수 있다.

건강에는 농지(農地)가 없었고, 그 주된 산업이 상업이었다는 점
은 건강의 소비도시로서의 성격을 크게 규정하는 요인이었다. 이와
같은 건강의 도시로서의 양상은 전절(前節)에 서술한 발전요인을 보
충하여 설명해 주는 것이었다. 그러나 발전하는 한편으로 강도(强
盜)·약탈(掠奪) 등 치안(治安)의 악화를 초래하기도 하였다. 『송서』
권100, 「심약자서전(沈約自序傳)」에는,

> 이때에 천하가 풍부하고, 사방에서 모여들어 경읍 두 현(縣)은 다스리
> 기 어렵다고 말해졌다. … 그 마을의 청년은 노름꾼이나 주객(酒客)이 되

---

28) 『景定建康志』 권16, 「彊域志」 2, 鎭市.
29) 의장(儀仗) 가운데 깃털로 장식한 정기(旌旗).

거나 재리(財利)를 서로 다투고 뜬금없이 서로 거짓말을 하였다.

라고 하여 경읍 두 현의 치정(治政)의 어려움과 치안의 악화가 나타
나 있다. 나아가 『송서(宋書)』 권78, 「소사화전(蕭思話傳)」에는,

> 이때 경읍에는 강도사건이 많아 20일 동안 17건이 발생하였다. 허물
> 을 들어 하지 못하게 하여도 듣지 않았다.

고 하여 구체적인 건수마저도 거론되어 있다.

그런데 상술한 바와 같이 대성 밖에 시가지가 전개된 건강에는
도시의 내외에 무척 많은 수효의 성루(城壘)를 갖추고 있었다. 『원
화군현지(元和郡縣志)』・『태평환우기(太平寰宇記)』・『육조사적편류
(六朝事迹編類)』・『경정건강지(景定建康志)』・『지정금릉신지(至正金陵
新志)』・『가경신수강녕부지(嘉慶新修江寧府志)』를 보면 석두성 이외
에도 동부성(東府城)・서주성(西州城)・월성(越城)・단양군성(丹陽郡城)
・야성(冶城)・낭야성(瑯邪城)・금성(金城)・건업현성(建鄴縣城)・말릉
현성(秣陵縣城)・단성(檀城)・백하성(白下城)・호숙성(湖孰城)・백마성
(白馬城)・죽리성(竹里城)・신정루(新亭壘)・인위루(仁威壘)・약원루(藥
園壘) 등이 열거되어 있다. 그러나 이곳들은 어디까지나 평면 구성
상에 배치된 방위시설이었다.

이제까지 주로 건강의 대성 밖의 양상을 살펴보았다. 대성은 경
역이 존재하였지만 견고한 성벽(外郭)을 가지지 않은 개방적인 도시
였다. 그런데 독자적으로 거주 구분이 발생하고 상업을 기간산업(基
幹産業)으로 하는 대소비 도시로 발전하였다. 그러나 한편으로 치안
의 악화도 발생하였다. 이와 같은 양상의 도시였기 때문에 방위에
있어 과제를 남기고 있었다. 그러면 건강이라는 도시는 위진남북조
라는 큰 전란의 시대에 도시방위에서 필수적인 견고한 성벽을 가지

지 않고 도시의 발전성을 우선으로 하면서 어떻게 도시를 유지할 수 있었을까? 위에서 언급한 성루의 존재마저도 포함하면서 다음에 건강의 방위구상을 고찰하겠다.

3. 도시의 발전과 방위구상

『삼국지』「오서(吳書)」권2에 의하면,

> (건안) 16년, 손권이 치소를 말릉(秣陵)으로 옮겼다. 다음 해, 석두성을 짓고, 말릉을 고쳐 건업이라고 하였다.

라고 하듯, 건안 16년(211) 손권이 경구(京口)로부터 건업(말릉)에 옮겨 가고, 다음 해인 건안 17년(212) 석두성을 축성시켰다. 실질적으로 건강의 역사는 여기서 시작된다고 할 수 있다. 건강과 석두성이 그 발족 초기부터 불가분의 관계를 지니고 있는 이상, 건강이라는 도시를 고찰하기 위해서는 석두성의 존재는 불가결한 요소이다.

석두성은 청량산의 자연지형을 이용한 것으로, 서북부의 귀검성(鬼臉城)이라고 칭해진 118m 규모의 부분이 육조의 옛터였다. 하층의 암반은 침식에 강한 백아기(白亞紀)의 적갈색 규소 성질을 지닌 암석으로, 대량의 하광석(河光石)을 포함하고 있었다. 암반 윗면에는 누석(壘石)인 성벽과 육조성의 벽돌(磚石)이 잔존하고 있다. 동남부에는 벽돌이 확인되지 않으므로, 굽지 않은 토양[土甓]으로 축조되어 있었다고 추측된다. 석두성은 견고하였기 때문에 명(明)이 남경(南京) 성벽(城牆)을 구축할 때도 그대로 이용되었다. 성 안에는 창(倉)과 고(庫)가 있어 식량과 무기가 저장되었고, 또 봉화대(烽火臺)도 있었다.[30]

건강의 방위에서 석두성의 중요성은 종래부터 지적되었고,[31] 그 견고함은 상기한 바와 같다. 그러나 전절(前節)에서도 언급했듯이 건강에는 석두성 이외에도 많은 성루가 확인되었고, 건강이라는 도시의 방위구상을 고려하기 위해서는 석두성만을 다루는 것은 충분치 못하다. 이에 석두성의 기능성과 방위구상의 실체상을 파악하기 위해『삼국지』·『진서』·『송서』·『남제서』·『양서』·『진서』·『남사』·『건강실록』·『자치통감』을 가지고 전절(前節)에 언급한 성루 전체에 이르는 기사의 수집을 시도했다. 수집한 기사를 정리하자 그 대체로는 <표 1>에 거론한 각 왕조의 공방전에 집약되어 있다.[32] 그래서 <표 1>에서 모은 공방전의 상황과 여러 가지 성루의 활용상황을 파악함으로써 건강 방위구상의 존재방식이 도시 생태와 함께 이해될 수 있다고 생각한다. 이하 편의적으로 <표 1>로부터 파악한 것을 각 왕조별로 나누어 고찰하겠다.

1) 오(吳)의 방위구상

오(吳)의 도성인 건업에는 대성 외에 석두성·금성(金城)·백마성

---

30) 羅宗眞,『六朝考古』(남경대학출판사, 1996), 16~18쪽 ;『金陵十朝帝王州·南京卷』(『中國皇城·皇宮·皇陵』계열총서, 1994), 28~33쪽 ; 李佶萍,『中國歷代都城』(흑룡강인민출판사, 1994), 86쪽 ; 張承宗 等 主編,『六朝史』(江蘇古籍出版社, 1991), 93쪽. <옮긴이 주>; 羅宗眞,『六朝考古』은 원저자의 양해를 얻어 지금 번역 중이다.
31) 石頭戍事는 왕족·重臣의 領職이 많은데, 이는 석두성의 중요성을 나타내고 있다고 할 수 있다(<표 2>).
32) 수집한 기사는 450개의 예를 넘지만 <표 1>의 내용 이외에는 주 20)의 <표 2> 및 濤水의 기사가 주된 것이다. 또, <표 1>에 게재한 공방전의 대부분의 경우에 계엄이 반포되어 있다. 계엄의 시행과 도시방위는 밀접한 관계가 있다는 말이다. 拙稿,「北魏延興年間の軍事的動向－北魏戒嚴事例と延興六年六月六日の中外戒嚴に觸れて－」『軍事史學』34권 4호(1999년 3월).

(白馬城)・야성(治城)・월성(越城)・단양군성의 존재가 확인되고 있다.33) 그러나 백마성은 봉화대가 있었고, 야성과 월성은 춘추전국시기에 남은 것을 그대로 사용하였으며, 단양군성도 실질적으로는 진 태강(太康) 년간에 축성되었기 때문에34) 오(吳)의 건업에서 실질적으로 방위시설이라고 할 수 있는 것은 석두성(石頭城)과 금성 뿐이다. 금성은 오의 후주(後主)인 손호(孫皓, 재위 264~280)가 건립한 것으로, 현재의 보탑교(寶塔橋) 부근의 금릉촌에 해당된다고 할 수 있다.35) 건업성이 북면(北面)한 방위거점이었다.

그런데 건업의 여러 성(城)에 대한 실체를 알 수 있는 사료는 매우 적다. 진이 오(吳)를 정벌했을 때의 상황을 기록한 것이 유일한 자료를 제공하는 것이지만 실질적으로 활용되는 것은 석두성 뿐이다. 그때 상류의 판교(板橋)를 함락하자 진군은 단숨에 석두성을 공략하였다. 석두성의 공략과 동시에 손호가 항복하고, 오나라는 멸망하였다. 이때 석두성은 한편으로 진이 건업을 공략하는 거점으로 기능하였다. 석두성이 전략상으로 중요하다는 점만이 두드러졌으나 상술한 각각의 여러 성을 이용한 종합적인 방위구상은 아직 미완성이었다고 할 수 있다.

2) 동진(東晋)의 방위구상

동진 시기의 공방은 모두 내란이었다. 동진의 공방전에서 주목되는 것은 석두성의 중요성은 말할 것도 없고, 석두성 이외에도 많은 방위시설과 방위거점이 등장하였고, 그것은 단계적으로 전란을 경험하는 가운데 정비되어 갔다.

왕돈(王敦)의 난 때에는 오 시기와 마찬가지로 석두성의 요새적(要

33) 李佶萍, 『中國歷代都城』(흑룡강인민출판사, 1994), 86쪽.
34) 『景定建康志』 권20 『城闕志』 권1, 「古城郭」.
35) 李佶萍, 『中國歷代都城』(흑룡강인민출판사, 1994), 86쪽.

塞的) 기능의 탁월성만이 나타났을 뿐이지만, 다음의 소준(蘇峻)의 난 때에는 궁성도 불타 없어질 정도의 시가전이 되어 난(亂) 이후에 궁성의 신축·이전과 함께 도시구상도 새로이 정비되었다.36) 이 공방전에서 백석루(白石壘)가 등장한 것을 시작으로 왕공(王恭)·환현(桓玄) 등의 침입 때에는 중당(중황당－中皇堂)을 중심으로 석두성－북교(北郊)37)－선양문(宣陽門)－신정(新亭)을 잇는 중추선이 확립되었다. 이 중추선은 이후의 건강 방위에서의 하나의 기준이 된다. 계속해서 손사(孫思)·여순(廬循)의 난에는 중당(中堂)을 중심으로 한 석두성－북이문－진회안38)이라는 중추선을 기준으로 이것을 북측에는 백석루, 남측에는 신정39)과 연결한 중추선이 완전히 방위선으로 기능하고 있다. 여순의 난에는 월성의 수리와 복구가 행해졌다. 전선인 신정에 대해 손사·여순의 난에는 진회하의 중요성이 증가하여 진회안, 특히 주작항을 기점으로 한 남안의 월성·단양군성이라는 거점이 성립되었다.

동진의 중기에는 거듭되는 내란에 대하여 석두성이 수리·복구되었다.40) 동시에 오나라 시기에도 석두성의 방위거점으로서의 중요성이 명확해졌다. 그러나 다른 한편으로는 석두성에 의거한 단독적 방위에서 진일보하여 도시의 교(郊)에 거점을 설치하고 석두성·궁성과 제휴시킨 방위체제의 성립이 소준의 난 이후에 보여지는 것도 도시구상과의 관계에 있어서 매우 중요한 점으로 주목할 만하다. 다만 강(江) 혹은 남면(南面)으로부터의 공격에 대해 백석루－석두성－신정 혹은 북이문－석두성－진회안의 중추선은 강고하였지만 동

---

36) 劉淑芬, 『六朝的都市與社會』, 47~49쪽.
37) 北籬門에 위치하였음. 북교(北郊)는 후에 幕府山의 남쪽으로 옮겨졌기 때문에 혼동을 피하기 위해 이후에는 北籬門이라고 표기한다.
38) 주작항(朱雀航)이 기점이 된다.
39) 동진 때에는 누(壘)는 만들어지지 않았다.
40) 『晉書』 권73, 「庾亮傳」.

측의 거점이 아직 정비되지 않았고, 서측의 석두성에 비해 기능을 가진 방위시설이 존재하지 않았다. 이 점에서 동진 말에 유유(劉裕) (송무제, 재위 420~422)가 자신의 거점인 동부를 성으로 수리·복구한 것은[41] 동측의 거점 성립을 고려한다면 매우 주목할 만하다. 또 후술하겠지만 소준이 진공했던 경로(우저 → 종산 → 청계 → 대성 → 석두성)는 전절에서 언급하였듯이 동진 초에 성립한 동측의 경역 구상에 따른 것으로, 도시 경역의 성격을 고려한다면 중요하다.

〈표 1〉 건강을 둘러싼 주된 공방전

攻防戰	방어측의 주된 布陣	攻防戰의 槪略	주된 出典
晉침략 (280)	沈瑩-板橋	왕훈·주준 등이 吳軍을 판교에서 패배시키다. 王濬이 석두에 이르고 後主가 투항하다.	晋3·建4
王敦침략1 (322)	劉隗-金城, 周札-石頭, 元帝-郊外	왕돈이 무창에서 거병하여 석두로 진격하다. 주찰이 석두에서 城을 열고, 왕돈이 석두에서 웅거하다. 왕돈과 六軍이 회전하였는데 六軍이 계속 패하다. 刁協·劉隗이 달아나다.	晋6·58·98, 建5
王敦침략2	溫嶠·卞敦-石頭, 明帝-中堂	왕돈이 거병하여 왕함·전봉 등을 파견하다. 조정이 왕수·조약·소준 등을 徵還하다. 황함이 진회 남안에 이르다. 온교가 주작항을 불태우다. 명제가 남황당에 나아가다. 皇軍이 왕함을 월성에서 패배시키다. 왕돈이 죽다. 왕함이 柵塘 以西에서 五城을 建營하다. 심광이 陵口에 壘를 축조하다. 劉遐·소준이 선양문·청계에서 왕함·심광을 패배시키다. 왕함 등이 패주하다.	晋6·67·98·100, 建6
蘇峻침략 (327~329)	鐘雅·趙胤-慈湖, 王愆期·鄧嶽-直瀆	소준이 횡강·우저·종산으로 진공하다. 종산 남쪽·청계에서 회전하였는데 皇軍이 패배하다. 선양문이 함락되고,	晋7·66·67·100, 建7

---

41) 『宋書』 권2, 「武帝紀」 ; 『南史』 권1, 「宋本紀」 上 ; 『景定建康志』 권20 ; 『城闕志』 권1, 「古城郭」.

		소준이 殿에 들어오다. 소준이 석두에 의거하고, 성제를 석두에 還御시키다. 도간 등 원군은 채주에 의거하고, 석두 서북에서 여러 軍과 합류해서 백하(白石)에서 壘를 축조하다. 白石陂에서 소준이 전사하고 소일이 석두를 지키다. 광술이 원성으로써 歸順하다. 소석이 대성을 불태우다. 원군이 석두를 공격하고, 소일 등이 사포에서 패하고 달아나다.	
王恭 등 침략(398)	司馬道子－中堂, 王珣－北郊, 司馬元顯－石頭, 謝琰－宣陽門	왕공·유해·은중감·환현·양전기 거병하다. 환현 등이 석두에 이르다. 유뢰지가 배반하고, 왕공이 신정에서 패하여 달아나다. 환현 등이 심양에서 퇴각하다.	晋10·64·84, 建10
孫恩침략 (401)	高素·張崇之－石頭, 劉襲－淮口, 司馬恢之－南岸, 桓謙·司馬允之·毛邃－白下, 王瑕·孔安國－中皇堂	손은이 주도·광릉을 공격하다. 경사에 계엄이 내려지고 百官이 入省하다. 조정이 사마상지를 徵還하다. 환불재·유유가 蒜山에서 손은을 격퇴하다. 유경선·유유가 扈瀆에서 손은을 격파하였고, 손은이 패주하다.	晋10·100, 宋1, 建10
桓玄침략1 (402)	劉牢之－溧洲.	황군이 姑孰에서 대패하다. 유뢰지가 환현에 투항하고, 신정에서 황군을 맞아 싸우다. 신정에서 황군이 무너져 흩어지다. 원현이 선양문으로 撤退하다. 환현이 신정에서 주둔하다. 환현이 도자를 안성으로 옮기고, 원현 등을 해하다.	晋10·64·99, 建10.
劉裕진공 (404)	桓謙·何澹之－東陵, 卞範之－복주산西	유유가 주도에서 거병하여 경구를 공략하다. 왕원덕이 석두에서 유유에 호응하다. 왕유가 죽리로부터 나아가 강승·나락교에서 회전하여 복주산록에서 대승하다. 환현이 석두에서 남으로 도주하다. 유유가 석두에서 머문 후 동부로 옮기고, 留臺를 설치하다.	晋10·99, 宋1, 建10·11.
盧循침략 (410)	司馬德文－中皇堂, 劉裕－石頭, 司馬珍之－南液門, 劉敬宣－北郊,	南岸의 居民을 북안으로 옮겨 석두에서 柵을 세우다. 사포·약원·연위에 루를 세우다. 노순이 채주에 머무르고 군사를 나누어 남안에 伏兵하여 백하	晋10·100, 宋1, 建10·11.

	孟懷王－丹陽郡, 王仲德－越城, 劉懷默－建陽門.	에 진공하다. 유유가 북향하다. 사포· 장후교에서 회전하였는데 노군이 단양 군에 주둔하다. 유유가 남당에 파병하 다. 노순이 채주로부터 퇴각하다. 유유 가 水軍을 東府에서 다스리다.	
瓜步役 (450)	劉邵·劉紹·徐湛之 －石頭.	북위 태무가 과보를 침략하다.	宋61·95.
劉駿진공 (453)	褚湛之·劉鑠－石頭. 劉思考－東府. 劉濬－南門. 蕭斌－朱雀桁. 魯秀－白下.	유준이 표주·강녕·신정에 진공하다. 유원경이 신정에 루를 축조하다. 유준 이 신정에서 즉위하다. 주유지가 동부 를 공략하다. 장질이 백하에 상륙하다. 설안도·장질이 남북에서 入殿하다. 유 소·유준이 적을 토벌하다. 유준이 동 부에서 거주하다.	宋6·74·77· 99. 建13.
劉休範 침략 (474)	蕭道成－新亭. 張永－白下. 沈懷明·劉勔－石頭. 袁粲·褚淵－殿省. 茅恬－東府.	계양왕 휴범이 신정에 진공하다. 소도 성이 신정에서 맞아 싸워 휴범을 斬首 하다. 휴범의 別隊가 주작항을 공격하 고, 유면이 전사하다. 백하·석두가 패 하다. 모영이 동부에서 성을 열다. 휴 범의 별대가 중대에 침공하고, 진현달 등이 침공군을 격장경아 등이 선양문· 장엄사·小市를 침략하고, 동부가 해 방하다.	宋9·79. 齊1·26. 建14·15.
沈攸之 침략 (477)	蕭道成－朝堂. 蕭巚－東府. 薛道淵－司徒左府. 黃回－新亭.	심유지가 강릉에서 거병하다. 원찬이 석두에서 籠城과 劉韞 등이 殿 내에서 호응하였으나 죽었다. 소렬 등이 석두에서 원찬을 斬殺하다. 심유지가 영성에 침공하다. 소도성이 신정에 주둔하다. 심유지가 영성에서 패하여 죽다. 장경아가 강릉을 공략하 고, 소도성이 동부에서 鎭을 돌아보다.	宋10·89. 齊1·30. 建14·15.
蕭遙光 거병 (499)	徐孝嗣－宮城. 蕭坦之－湘宮寺. 曹虎－靑溪大橋. 左興盛－東府東籬門.	始安王 요광이 동부에서 거병하다. 소탄지가 六軍을 거느리고 동부를 삼면으로 포위하다. 坦歷生이 투항하 다. 황군이 동부를 공략하고 요광을 참수하다.	齊7·45. 建15.

陳題達 침략 (499)	崔慧景－中堂, 左興盛－新亭, 徐世標－杜姥宅.	진현달이 심양에서 거병하여 채석에서 황군을 격파하고, 석두에 이르다. 궁성이 엄중히 방비되다. 六軍이 굳게 지키다. 서주에서 會戰하다. 진현달이 패하여 죽다.	齊7·26, 建15.
崔慧景 침략 (500)	王塋－北籬門	최혜경이 광릉에서 거병하고, 소보현이 경성에서 내응하다. 죽리·북이문에서 회전하다. 황군이 패하고, 최혜경이 궁성을 포위하다. 동부·석두·백하·신정이 패하다. 소의가 들어와 구원하고, 월성에 주둔하다. 남안에서 회전하였는데 최혜경이 패하여 죽다. 소보현이 죽다.	齊7·51, 建15·16.
蕭衍진공 (500~501)	張瓖－石頭, 李居士－新亭, 王珍國－朱雀桁, 徐元瑜－東府	소영주·소연·소영부가 거병하다. 신정에서 회전하였는데 이거사가 패하다. 소연이 월성·阜夾橋·이문·道士墩에 포진하다. 동혼후는 南岸 邑屋을 불태워 戰場을 열다. 주작항 남쪽에서 회전하였는데 왕진국에게 패하다. 동부·동궁·신정이 투항하다. 석두·백하가 패하다. 소연이 석두에서 진압하다. 군영·관부가 입성하고 궁성이 문을 닫다. 왕진국이 殿에 들어가 동혼후를 참수하다.	齊7, 梁1·9·11 建15·17.
侯景침략 (548~552)	蕭正德－丹陽郡, 蕭推－東府, 蕭大春－石頭, 謝禧－白下, 蕭大臨－新亭 (왕승변 진공시) 盧暉略－石頭, 紇奚斤－捍國城 侯景－석두성東北 王偉－臺城 宋長貴－延祚寺.	후경이 역양을 함락하고, 채석에서 건강에 이르다. 소정덕이 후경에게 내응하다. 석두·백하가 패하다. 동부가 함락되다. 호두·청당·청계 동쪽·동부 북쪽에서 회전하였는데 황군이 패하다. 후경이 대성을 공략하여 건강을 점거하다. 무제가 붕어하다. 후경군이 파릉에서 대패하다. 왕승변이 후경을 추격하고, 장공주에 의거하다. 후경이 회연에 柵을 세우다. 황군이 석두 서북에 책을 세우다. 후경이 석두 동북에 책을 세우다. 황승변 등이 석두성 북쪽에서 후경을 격퇴하다. 석두·한국이 투항하다. 후경이 달아났으나 주살되다.	梁3·4·5·44 ·45·56, 陳1, 建17.

王僧辨 거병 (555)		왕승변이 석두에서 거병하다. 진패선·주문육이 남북에서 석두를 공격하여 왕승변이 주살되다.	梁45, 陳1·8, 建17.
任約 등 거병 (556)	(北齊軍本隊 침략시) 周文育—方山, 徐度—朱雀桁, 杜稜—朱雀桁.	임약·서사휘가 석두에 의거해 거병하고 채석에서 북제군을 맞다. 진패선이 석두를 공략하다. 임약·서사휘가 패주하고 북제군이 투항하다. 북제군 본대가 말릉의 고성·방산·예당에 진공하여 말을 타고 대성에 이르다.	梁6, 陳1·8, 北齊4,
任約 등 거병 (556)	(後)周文育·侯安都 —白土岡, 梁敬帝—長樂寺.	북제군은 종산·막부산·북교단에 진공하다. 황권이 강승에서 식량운반을 중단하다. 양군이 북제단에서 회전하였는데 후안도가 백로부터 공격하여 북제군이 궤멸되다.	建17.
隋軍의 침략 (588~589)	陳叔英—朝堂, 蕭摩訶—樂遊苑, 樊毅—耆闍寺, 魯廣達—白土岡, 孔範—田寺, 任忠—朱雀門, 蕭毅—白下	하약필이 광릉·경구·곡아·남서주를 공략하고, 종산에 진공하다. 한금호가 횡강·채석·고숙·신림·남예주를 공략하고 석장강에 진공하다. 진군은 병사를 나누어 요새에 두어 지키게 하다. 진군은 백자강에 군사를 결집하여 회전하였으나 패하다. 임충이 수군에 투항하여 주작문·남액문에서 수군이 들어가다.	陳6·31, 隋2·52, 建20

※ 晉=晉書, 宋=宋書, 齊=南齊書, 梁=梁書, 陳=陳書, 北齊= 北齊書, 隋=隋書, 建=建康實錄. 南史·자치통감(資治通鑑)은 내용이 중복되기 때문에 출전에서 제외하였다. 포진에 대해서는 주둔자 이름을 명기한 사례만을 게재했다.

3) 유송(劉宋)·남제·양의 방위구상

과보역(瓜步役)에서는 태자소(太子劭)가 석두성에 진을 치고 있는 등[42] 송대를 통하여 석두성의 중요성은 전대와 그다지 변화하지 않았다. 유송(劉宋) 중기 유소(劉劭)와 유준(劉駿)(효무제, 재위 453~464)

---

42) 『宋書』 권61, 「廬陵王紹傳」·권95, 「索虜傳」·권99, 「元凶劭傳」.

이 대치할 때 이때까지 거점으로서만 인식되고 있던 신정에 누(壘)
가 만들어졌다. 또 그때 동부성의 공략이 중요하게 되었다. 동부성
의 전략적 중요성도 이때부터 나타났다. 즉 이 시점에 석두성－신
정루－<대성－동부성>－백하루라고 하는 바깥 선과 그 내측의 석
두성－진회안－<대성>－동부성－북이문이라고 하는 안쪽선이 석
두성－<대성>－동부성을 축으로 성립되었다고 할 수 있다. 또 전
폐제(前廢帝, 재위 464～465)는 석두성을 장락궁(長樂宮)에, 동부성을
미앙궁(未央宮)에, 북교를 건장궁(建章宮)에, 남제(南第)를 장양궁(長楊
宮)에 비교하였는데,[43] 이는 평상시에는 방위 거점이 도시의 기점으
로서 인식되고 있던 것을 나타낸다. 그리고 위의 방위구상이 실제
로 활용된 것이 계양왕(桂陽王) 휴범(休範)의 난 때였다. 『남제서』 권1,
「고제기(高帝紀)」에,

> 신정·백하에 머물러, 궁액(宮掖)·동부(東府)·석두(石頭)를 견고히 지
> 켜 상대하였다.

에서 바로 위의 방위구상의 확립을 보여주고 있다.[44] 그러나 이때
전선(前線)인 신정은 사수하고 있었지만 그 후방인 진회안에서의 혼
란이 석두·백하 그리고 동부의 투항을 연쇄적으로 일으키게 되었
다. 상술한 방위선은 그것이 연쇄적으로 기능한 선이었기 때문에
한 곳이 무너지면 연쇄적으로 붕괴되어 버리는 약점과 위험성이 드
러나 있다. 또 미수(未遂)에 그쳤으나, 완전부(阮佃夫)의 쿠데타 계획

---

43) 『宋書』 권7, 「前廢帝紀」.
44) 석두·동부·신정·백하를 한 組로 하는 인식에 대하여는 岡崎文夫, 「六
代帝邑攷略」 『南北朝に於ける社會經濟制度』(홍문당, 1935), 109쪽과 宮
川尙志, 『六朝史硏究－政治社會篇－』(平樂寺書店, 1950), 508～509쪽 ;
秋山日出雄, 「南朝都城"建康"の復元序說」 『橿原考古學硏究所論集』
7(1984), 20쪽을 참조하기 바란다.

(元徽 5년, 477)에서도 석두성·동부성의 방위를 굳건히 했음을 보여주고 있다.45) 석두성과 동부성이 쿠데타라고 하는 궁정 내 항쟁의 경우에도 대성의 두 날개로서 중요한 의미를 지닌 존재였음을 알 수 있다.

남제·양(梁) 시대에도 유송 중기에 확립된 방위 구상이 그대로 활용되고 있다. 동혼후(東昏侯, 재위 498~501)와 소연(蕭衍, 재위 502~549)이 대치할 때에는 바로 남측 선을 둘러싸고 공방(攻防)이 전개되었다. 특히 동혼후는 진회하 남안의 읍옥(邑屋)을 불태우고, 여기에 전장을 여는 등 두 개의 구역을 의식한 전략을 세웠다는 점이 주목된다. 또 후경이 침입했을 때도 상술한 선을 따라 포진(布陣)을 펴고 있었다. 이때는 진회하 양안의 단양군성에 주둔한 임하왕(臨賀王) 정덕(正德)이 후경에게 내응했기 때문에 구역이 단숨에 붕괴되고, 석두성·백하루는 방기(放棄)되었다. 그 때문에 공격은 동부성과 대성·궁성에 집중되고 있다.

이상 유송 중기에 건강이 확립되어서 도시로서 가장 발전되고 충실했던 양대(梁代)부터는 동일한 구역선이 활용된 점은 중요하다. 이 구역선은 여러 전란의 경험으로 그 거점이 성립되었기 때문에 도시 방위에 있어서 상당히 신뢰성 있는 방위 구상이었다고 할 수 있다. 그러나 그것이 충분히 기능하지 않는 것은 남조에 있어서 공방전이 내우(內憂)에 의한 것이었고, 게다가 내응(內應) 등의 사태도 발생하였기 때문으로, 그 기능상의 문제보다는 운영 면에 문제가 있었다고 할 만하다.

4) 양조 말기와 진의 방위구상

양조 말기 후경의 난에 의해 건강의 도시기능은 크게 타격을 입

---

45) 『宋書』 권94, 「阮田夫傳」.

었다. 그 혼란 가운데 주목되는 것이 임약(任約)과 서사휘(徐嗣徽)의 반란이다. 서사휘는 북제군을 끌어들였는데, 석두성에 들어온 부대(部隊)는 우물이 막혀 항복하였다. 북제군의 본대(本隊)가 들어온 진공 경로가 문제가 되었다. 무호(蕪湖) → 말릉고성 → 방산(方山) → 예당(倪塘) → 종산(鐘山)·용미(龍尾) → 막부산(幕府山) → 현무호(玄武湖)의 서북 → 막부산의 남쪽(北郊檀)이라는 경로는 지금까지의 침입에는 보이지 않는 움직임이었다. 도중(途中)에 소준의 진공 경로와 겹치는 부분이 있기는 하였다. 그곳으로부터 앞은 신정·진회안을 경유하지 않고 동측 선에 직접 침입하고 있다. 그 이유로서 다음 두 가지 점을 상정할 수 있다. 하나는 신정·진회안의 남측의 강고한 방위선을 피한 점, 둘째는 앞의 후경의 난에 의해 건강 방위선이 이완되거나 붕괴된 점이다.

수군(隋軍)의 진공 경로도 역시 종래와 다르다. 동측으로부터 진공 경로는 경구(京口) → 남서주(南徐州)·곡아(曲阿) → 종산 → 백토강(白土崗)의 동남 → 궁성이라고 하는 점에서 경구(京口)를 함락한 후에는 단숨에 건강에 진공하였다. 한편, 남측으로부터의 진공은 한금호(韓擒虎)를 주수(主帥)로서 고숙(枯孰) → 신림(新林) → 남예주(牛渚) → 석자강(石子崗) → 주작항으로 종래의 것이다. 동측으로부터의 진공과 남측으로부터의 진공에서 주목되는 점은 양대까지에 보이는 석두성·신정루·동부성·백하루로 일제 포진(布陣)의 기사가 나타나지 않는다는 점이다. 특히 석두성·동부성을 다루는 기사가 없다. 또 남측의 진공 경로에서 신정루는 그냥 지나쳤다. 이 점으로 3)에 서술한 방위 구상이 모두 기능하고 있지 않았다는 점이 상정된다. 사실, 동부성은 후경의 난에 의해 상당히 큰 피해를 입었다. 양(梁) 말기 북제군의 진공 경로 가운데에서도 백석루가 단독으로 기능하였고, 다른 세 시설에는 포진한 기사가 없다. 이상과 같은 상황으로부터 위에서 언급한 두 가지 점을 상정한 이유 가운데 후경의 난에 의하여 방위선이 이완되거나 혹은 붕괴되는 것을 고려하여 후자를 채용하는 것이 타당하다고 할 수 있다. 즉, 후경의 난 이후에 소량 (蕭梁)의 말기 단계에서 구역에 의한 방위 구상이 붕괴되고 있었다고 생각할 수 있다. 단지 석두성만은 수나라에서도 장주(蔣州)의 주창(州廠)이 두어져서 단독의 시설로 활용되고 있는 점으로 보더라도 수(隋)가 침입했을 시점에도 요새(要塞)로서의 기능을 지니고 있었다고 생각된다.

　이상 건강의 공방전을 시간축을 따라 좇아 보았다. 이때의 경과 가운데 건강에는 석두성을 방위 중심으로 공방전의 경험을 거듭하면서 백하루 · 동부성 · 신정루라고 하는 중요한 시설이 정비되었다. 즉, 대성을 중심으로 한 석두성(西) – 신정루(南) – 동부성(東) – 백하루(北)의 사각형의 구역이 시대의 추이와 함께 확립되었고, 또 동시에 석두성과 동부성을 양 날개로 남북을 압축하는 석두성(서) – 진회안(남) – 동부성(동) – 북이문(북)의 사각형의 구역도 성립되었다. 이 두 가지의 작전지구 구역선에 의해 도시가 방위되는 형태를 형성하였다. 특히 석두성을 삼각의 정점으로 한 백하루 – 석두성 – 신정루라고 하는 강(江)에 면한 선이나, 신정루를 삼각의 정점으로 한 석두성 – 신정루 – 동부성이라는 남측으로부터의 공격에 대비한 선은 강고한 구역선이었다. 이 구역은 동진에 있어서 거의 그 형태를 형성하고, 유송 중기에 방위시설로서의 동부성 · 신정루가 정비되어짐으로써 확립되었다. 그리고 이 작전지구가 완전히 정비한 형태로 활용되어진 것은 계양왕 휴범의 난 때였다. 그러나 그때 하나의 약점도 드러났다. 즉 작전지구가 연쇄성을 가지고 있었기 때문에 한 곳이 붕괴됨에 따라 구역 전체가 연쇄적으로 붕괴하였다는 점이다. 이는 그 기능성보다도 방위 시스템의 운영 면의 문제에 있어 특히 내란이 많은 남조의 정치체제에서는 치명적인 것이었다. 그렇지만 양나라 말기의 후경의 난까지 이 작전지구가 활용되어졌기 때문에 건강의 방위 구상에서 가장 적절한 형태였다는 것은 사실이다. 그리고 이 구역선은 양나라 말기의 후경의 난에 의해 도시가 큰 피해를 입은 시기에 그 기능이 이완되거나 혹은 정지되었다고 생각된다.

또 동측 선이 비교적 엷어진 것은 사적인 부곡을 기르는 귀족 저택이 동측에 집중해 있다는 점이나, 그리고 그 위에 동방에는 경구라고 하는 중요한 군사 거점이 위치하고 있다는 점에 그 원인이 있다고 생각된다.[46] 그런데 중당(中堂)·남당(南堂)·선양문(宣陽門) 등 성문의 존재 이외에 특히 주목할 만한 시설은 대성 내에는 특정할 수 없다. 즉, 작전지구의 핵이 되는 대성 내의 방위에는 확고한 방위 구상이 발견되지 않는다. 이 점이 작전지구의 성립과 관계가 있는지, 혹은 따로이 문제가 있었는가 하는 점에 대해서는 앞으로의 과제로 두고 싶다.

그러면, 본절에서 살펴본 작전지구 구역선과 건강의 도시로서의 경역과는 어떤 관계가 있었을까? 다음으로 이 점에 대해 고찰해 보려 한다.

4. 도시의 범위(경역)와 방위구역의 위치관계

앞에서 도시의 경역과 울타리문의 존재에 대하여 다루었다. 울타리문은 도시공간의 내외를 구별하는 경역선을 형성하였는데 울타리문 사이를 연결하는 그 공간상의 선[47]은 일종의 지표일 뿐 견고한 성벽은 아니었다. 그러나 울타리문에 의해 시내(경읍, 경사)와 시외(野) 공간은 명확하게 구분되었고, 그 울타리문을 연결한 선의 존

---

46) 『隋書』 권31, 「地理志」 下, 丹陽郡 ; 「鎭江市東晉晉陵羅城的調査和試掘」 『考古』, 1986년 5기 ; 「晉陵羅城初探」 『考古』, 1986년 5기.

47) 죽리(竹籬)가 설치되었다고 상정할 수 있다.

재는 단순히 그것이 공간상의 선으로서만 기능하는 것은 아니었으며 공간의 분단선(分斷線)으로 존재하고 있었다. 그 내외에서는 공간의 인식이 크게 달랐기 때문에 그 경계선을 뛰어넘을 것인지 말 것인지를 가늠하는 행위는 명확한 의지 아래 이루어진 것이었다. 즉, 내적인 위험성과 외적인 안전성이라는 의식은 당연히 전략적인 행동으로도 나타난 것 같다. 동진 시기에 소준이 진공한 경로, 양나라 말기에 북제군 본대(本隊)가 채택한 진공 경로가 동측의 종산 서쪽 기슭을 우회하고 있는데, 그 선은 동측의 경역선에 따른 행동이었다. 특히 동측 경역선의 내측에는 시대를 거칠 때마다 귀족 저택이 운영되었다. 그리고 각 귀족의 관할아래에 귀족이 사적으로 지니고 있던 부곡 집단이 상당수 있었다. 따라서 동측 경역선에 발을 들여놓는 것은 각 귀족의 저택에서 벌이게 될 게릴라전을 상정하지 않을 수 없었다. 그런 까닭으로 동측 교외의 선과 경역선은 공간의 존재가 매우 중요하였다고 생각된다. 소준과 북제군이 동쪽으로부터 도시의 경역 내에 들어오지 않고, 일부러 북쪽으로 우회하고 동북에서 공방전을 벌인 것은 바로 이 때문이라고 생각된다.

다음으로 경역선과 전절에서 밝힌 작전지구에 의한 방위선과의 교차관계를 살펴보자. 동부성에 이르는 동측이 경역선의 내측에 상당히 파고 들어왔다. 석두성—진회안—동부성—북이문이라는 작전지구는 경역 내에 완전히 들어왔고, 석두성—신정루—동부성—백하루의 작전지구는 남북으로 뻗은 점에서부터 남과 북에서 경역선과 교차하고 경역 밖으로 나와 있다. 이렇게 거듭 일치하는 두 개 구역의 존재가 군사 공간을 형성하고, 그것이 경역선과 교착하는 것으로, 도시 경역의 공간도 군사 공간으로 변했다. 즉, 군사 공간과 경역 공간의 교착하게 됨으로써 외곽으로서의 역할을 수행하게 되었다고 할 수 있다. 그러나 경역선과 방위구역의 존재는 비상시에는 긴장된 외곽기능을 발휘한 공간이 되었고, 평상시에는 단순한 경역 공간이었다. 그런 까닭으로 제1절에 논했던 도시의 발전성이라는 점에서는 매우 큰 효과를 가지고 있었다. 울타리문에 의해 구성된 경역 공간이나, 전란의 피해를 입으면서도 회복을 전개했던 시가지나, 전란의 경험 위에서 구축된 작전지구에 의한 방위구상이 서로 뒤엉켜 건강이라는 도시는 발전하였다고 생각된다.

5. 소결(小結)

오·동진의 건강은 그 창건 초기에는 하나의 장군부(將軍府)였다. 그것은 주위 20리의 성벽 안에서 충분히 완결 가능한 것이었다. 그러나 후에 왕조로 발전하였고, 건강이 그 수도로서 인식되어 인구가 집중되고 도시화가 촉진되었다. 거기에 도시의 발전성이라는 것이 문제가 된다. 또 남조에는 거듭되는 내란 때문에 도시의 회복성이라고 하는 것도 문제가 되었다. 발전성이나 회복성이 요구되는 도시의 존재방식으로 말하자면, 견고한 성벽에 의해 폐쇄적인 공간을 만들어 내는 것이 바람직하다고는 할 수 없다. 그러나 도시의 확대라는 측면에서도 거점 시설을 세워 도시화하는 구역을 작전지구에서 방위하는 방식을 채택하는 것은 아주 탁월한 방법이었다. 그 작전지구의 중심으로 기능한 것이 석두성이었다. 그 외의 거점시설의 증설과 배치는 공방전이 있을 때의 경험을 통해 이루어졌다. 작전지구에 의한 군사적인 공간은 울타리문에 의해 구성된 도시의 경역 공간과 교착하는 것으로 도시공간의 존재를 보다 강하게 인식시켰다. 자연환경과 결합시킨 구역에 의한 방위구상이 정상적으로 기능할 경우에는 성벽과 동일한 효과를 발휘할 것이 기대되었다. 그러나 실제, 작전지구에 의한 방위구상은 충분히 기능했다고 할 수 없다. 왜냐하면 남조의 공방전이 내란이라는 단어로 나타내듯이 지역 구조를 숙지한 내부자끼리의 대립이었기 때문이다. 또 작전지구와 경역선에 의해 구성된 공간은 평상시에는 단순한 도시의 경역을 나타낸 공간이었다. 그것은 도시의 발전, 특히 귀족제 사회구조로부터 소비성이 높은 도시가 발전한 바탕 위에서 매우 큰 효과를 지녔다.

한편으로 작전지구에 의한 방위는 한 곳이 붕괴되면 연쇄적으로 붕괴되는, 기능적인 면에서의 큰 결함이 있었다. 또 작전지구의 형성에는 장기간에 걸친 도시 운영상의 경험이 불가결하였다. 이 두 가지 조건은 작전지구에 의한 방위 구상이 건강 이외의 도시에서 채용된 요인의 하나였다고 생각된다.

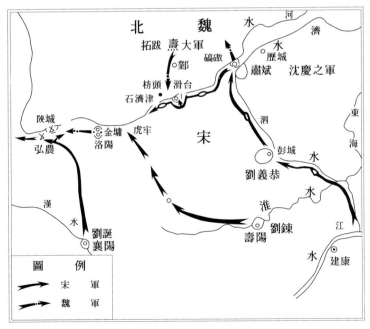

〈지도 1〉 劉義隆 제2차 '북벌' 진공 표시도

Ⅲ. 낙양의 변천과 금용성(金墉城)

위진·북위의 낙양은 후한의 낙양(雒陽)의 옛터를 계승하여 경영되었다. 그 평면구성은 굴착조사에 의해 이미 기본적인 부분이 밝혀져 있고(<그림 2>),[48] 또 다수의 연구성과도 있다.[49] 그러나 시간적인 흐름 가운데 경영된 도시의 변화, 도시 거주공간의 존재방식, 그것을 보호하는 방위공간의 존재에 대해서는 아직 충분한 논의가 이루어졌을 리가 없다. 본장에서는 낙양의 도시공간과 그곳에서 존재하는 방위시설의 존재방식을 파악하고, 거듭되는 전란을 경

---

48) 漢魏 洛陽城의 조사에는 이하의 것이 있다.
「漢魏洛陽城初步勘查」『考古』, 1973년 4기 ; 監譯·사료소개『法政史論』26호, 1999년 3월 ; 「北魏洛陽外郭城和水道的勘査」『考古』, 1993년 7기 ; 「漢魏洛陽古城城垣試掘」『考古學報』, 1998년 3기.

49) 낙양에 관한 주된 연구를 이하에 열거한다. (주 15)에 이미 제시하였던 연구는 생략함.
服部克彦,「北魏の首都洛陽城の構造」『龍谷史檀』38(1953) ; 村田治郎, 『中國の帝都』(綜藝舍, 1981) ; 王仲殊,「中國古代都城槪說」『考古』1982년 5기) ; 劉敦偵 主編,『中國古代建築史』(중국건축공업출판사, 1984) ; 大室幹雄,『桃源の夢想－古代中國の反劇場都市－』(三省堂, 1984) ; 段鵬琦,「漢魏洛陽城的幾個問題」『中國考古學硏究夏鼐先生考古五十年記念論文集』(문물출판사, 1986) ; 郭黎安,「魏晉南北朝都城形制試探」『中國古都硏究』2(절강인민출판사, 1986) ; 董鑒泓 等 編,『中國城市建設發展史』(明文書局, 1989) ; 朴漢濟·尹素英 譯,「北魏洛陽社會と胡漢體制－都城區劃と住民分布を中心に－」『お茶の水史學』34, 1991) ; 大室幹雄,『干瀉幻想－中國中世の反園林都市－』(삼성당, 1994) ;『河洛定鼎地·洛陽卷』(『中國皇城·皇宮·皇陵』계열총서, 1994) ; 杜玉生·今津啓子 譯, 「北魏洛陽城の形態と復元」『古文化談叢』34, 구주고문화연구회, 1995) ; 徐金星,「關於漢魏洛陽故城的幾個問題」『華夏考古』(1997년 3기).

험하면서 도시의 변천과 도시기능의 복원성, 그리고 그곳에서 전개
되어진 방위공간의 추이를 고찰함으로써 같은 시대에 경영된 건강
과의 비교를 논하여 볼까 한다.

1. 낙양의 도시공간과 방위시설

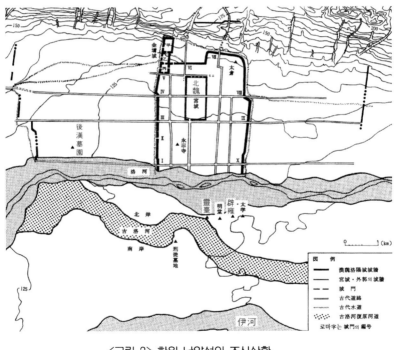

<그림 2> 한위 낙양성의 조사상황

(「북위낙양성 외곽성과 물길의 조사」『고고』1993~7에 따라 작성)

낙양의 대성은 동서 6리, 남북 9리의 규모를 가졌으며, 둘레는 판
축(版築)에 의한 견고한 성벽으로 싸여져 있다.50) 둘레 20리가 되는

건강에 비교해 보면, 둘레 길이는 약 1.5배, 면적은 2배 이상의 규모를 지녔다. 건강에는 일찍부터 관서의 일부분이나 거주 구역 또는 상업 구역이 대성 밖에 형성되어 있었던 발전의 요인과 형태에 관하여서는 이미 앞장에서 언급하였다. 그러면 건강에 비해서 두 배나 되는 면적을 지닌 낙양에는 도시공간이 어떻게 형성되어 있었을까? 본절에서는 위진남북조 시기에 낙양의 도시공간의 양상에 대해 거주 구역과 방위시설의 배치를 바탕으로 해서 고찰하려 한다.

1) 거주공간

후한의 낙양에서는 대성 밖에 마시(馬市)·남시(南市)의 상업 구역 외에 상상리(上商里)나 평문(平門) 밖의 부교(浮橋) 근교에 거주구역이 확인되고 있으며 이미 밖에 도시 공간이 운용되고 있었음을 알 수 있다.[51] 당시의 도시경역에 대해서는 후술하겠지만, 낙양은 후한 말의 동탁에 의해서 약탈되고 파괴되었으며, 나아가 백만이라고 일컬어지는 인구가 장안으로 옮겨갔기 때문에[52] 도시기능은 정지상태에 있었다. 낙양은 조비(曹丕, 위문제, 재위 220~226)가 수도로 정하기까지의 30년 간[53] 전략상의 거점으로 인식되었다. 그래서 위나라가 어느 정도 옛 상태를 회복했다고 명확하게 과시하고 싶었겠지만 여전히 국내는 삼국분립의 전쟁시기 상황에 있었기 때문에 둘레 30리에 달하는 대성 내를 충족시키는 도시기능이 즉시 완비되었다고는

---

50) 『後漢書』 권19, 「郡國志」, 洛陽에서 「帝王世紀」의 "城 東西 6리 11보, 남북 9리 100보"를 인용하고 있다. 또 「元康地道記」의 "城 안은 남북 9리 70보, 동서 60리이다. 땅은 300頃 12畝로 36보이다"를 인용하고 있다 ; 建康─『建康實錄』 권2, "建業都城은 둘레가 20리 19보이다."

51) 楊寬, 『中國古代都城制度史硏究』(上海古籍出版社, 1993).

52) 『後漢書』 권72, 「董卓傳」.

53) 초평(初平) 원년(190)~황초(黃初) 원년(220).

생각하기 어렵다. 또 전대(前代)에 비해 도시가 운용되는데 충분한
인구도 존재하지 않았다고 여겨진다. 이점은『위지』권13, 「종요전
(鍾繇傳)」에,

> 천자가 서쪽으로 천도하시니 낙양의 인민이 다 없어졌다. 관중(關中)
> 의 종요는 백성을 이곳으로 이주시키고, 또 도망자나 반란자를 받아들여
> 보충하니 수년 만에 민호(民戶)가 차차 충실해졌다.

라고 하여 관중의 민(民)을 이주시키고, 나아가 도망자나 반란자를
불러들여 낙양의 민호를 보충하였다는 점에서도 명확하다. 또 궁
전이나 부서의 조영(造營)은 명제가 적극적으로 조성하였는데, 궁전
(宮殿)・궁원(宮苑)의 다수가 이 시기에 정비되었다. 명제 시기의 조
영은 궁부(宮府)를 중심으로 한 것으로 도시 전체가 어느 정도 정비
되어졌는가는 분명하지 않다. 대성의 동측에 마시(馬市)가 운영되고
있었다는[54] 점에서 대성 밖에 거주민 활동의 장소를 상정할 수 있
겠지만, 분명한 것은 이 사례에 그친다. 위의 낙양이 이와 같이 후
한의 규모로 회복하였다고는 군이 단언할 수는 없을 것 같다. 그런
데 삼국을 통일한 진조가 되면 대성 밖 동면(東面)에는 상만창(常滿
倉)・백사(白社)・우마시(牛馬市)가 있었고, 남면에는 남시(南市)가 있
었으며, 대성 내의 서면(西面)에는 대시(大市; 金市) 등이 확인되어[55]
거주 구역과 상업 구역이 대성의 내외에 전개되었음이 판명되었
다. 또『태평환우기(太平寰宇記)』권3, 「하남도(河南道)」3, 하남부(河南
府) 1, 낙양현조(洛陽縣條)에,

---

54) 『水經注』권16, 「穀水」;『太平寰宇記』권3, 「河南道」3, 洛陽縣.
55) 『晉書』권14, 「地理志」上, 司州;『晉書地理志新補正』권2, 「司州」;『洛
陽伽藍記』권1・2(『가람기』에서는 晉朝를 中朝로 기록하였다).

　　위진 시대에 모두 1만 1천 2백 19문이 있었다. 영가의 난에 유요(劉
　　曜)가 낙양에 들어왔을 때 원제가 강남으로 관서와 마을을 옮겼을 때로
　　부터 낙양은 곤궁하여져 풀이 무성하게 되었다.

에 나타나 있듯이 위에서 진이 될 때 전화를 겪지 않고 이행되어
낙양은 다시 한번 통일왕조의 수도로서 규모를 충실히 하고 번영을
이루게 되었다. 귀족제 사회를 반영하여 낙양에서는 귀족·호상들
이 사치생활을 하여 소비형 도시의 양상을 나타내고 있었다.

　　이상에서 보았듯이 낙양에서는 건강에 비해 전면적이지는 않지
만 이미 후한에서나 전화(戰禍)를 경험한 뒤였던 위조 및 진조에 있
어서도 대성 밖에 부분적인 거주 구역이나 상업 구역이 성립되어
있었다. 그런데 진조에서
다시 회복된 낙양의 번
영은 위에서 언급한『태
평환우기』에 "곤궁하여
풀이 무성하였다"라고 기
록된 바와 같이 영가(永嘉)
의 전화에 의해 황폐화하
였고, 잇따라 오호십육국
시대의 전화를 거듭 겪게
되었다. 그 후 북위 효문
제(재위 471~499)의 천도
(遷都)에 의해 낙양은 대성
외측에 320방(坊里)의 거
주 구역이나 상업 구역과
그것을 둘러싼 외곽을 배
치한 대도시로 다시 태어

<사진 2> 소경 묘석주

났다.56) 궁성이나 성 및 사면(四面)에 전개된 방(坊)의 양상에 대해서는 『낙양가람기(洛陽伽藍記)』 및 『수경주(水經注)』 권16, 「곡수조(穀水條)」로써 충분히 이해할 수 있으며, 또 연구성과도 많이 발표되어 있다.57) 북위 낙양의 구체적인 양상에 대해서 설명하는 것은 지면 관계상 생략하겠다. 여기에서 고려해 두고 싶은 점은 먼저 보유하고 있는 도시의 경역에 대해서이다. 북위의 낙양에서는 대성의 외측에 외곽이 형성되었고, 이것이 도시의 경역이 되었다. 그렇다면 후한 및 위진 시기의 경역은 어디에서 구할 수 있으며, 그것은 북위의 외곽과 어떤 관계에 있었는가에 대해 다음에 서술한다.

2) 도시의 경역

후한·위진의 낙양에 관해서는 건강과 같이 명확한 경역을 나타낸 기술은 확인할 수 없다. 그렇지만 도시의 경역을 나타낸 하나의 요소로서 그 장소가 사람들의 송영(送迎)의 장소가 되었음을 고찰할 수 있다. 본항에는 이 점을 고찰의 근거로 하여 경역 선을 탐구해 보려 한다.

송영의 장소라는 점에서 고려해 보면, 우선 대성(臺城)의 서쪽에서는 장방교(張方橋)의 존재가 주목된다. 여기에서는 장구(張溝)가 있었고, 천금알(千金堨)과 석양정(夕陽亭)이 설치되었다.58) 석양정은 후한대(後漢代)의 태위(太尉) 양진(楊震)의 송별에 연관된 명칭이 있는데, "낙양도정(洛陽都亭)"이라고도 하고, "곽하지정(郭下之亭)"이라고도 일컬어진다.59) 진의 가충(賈充)이 장안을 진압할 때에도 여기가 백료

---

56) 『魏書』 권8, 「世宗記」 『洛陽伽藍記』 권5에서는 220리로 하였다.
57) 前揭 (注 37).
58) 『洛陽伽藍記』 권4.
59) 『後漢書』 권44, 「楊震傳」(几陽亭이라 함). 양관 씨는 郭門의 성질을 지니고 있다고 한다(楊寬, 『中國古代都城制度史研究』, 148쪽).

(百僚)의 송별장소로 되었고,[60] 팔왕(八王)의 난 때 하간왕(河間王)이
파견한 장방(張方)도 여기에서 군영(軍營, 장방루－張方壘)을 경영하였
다.[61] 또 북위의 최연백(崔延伯)이 군대를 출발시킨 지역이기도 하
다.[62] 정(亭)에 대해서는 방위상의 성격이 지적되고 있는데 양관(楊
寬)씨는 전한 장안의 사례를 따라 군사적 방위강화의 거점이었다고
인식하였다.[63]

　한편으로 동쪽에서는 대양곽(大陽郭)의 존재가 주목된다. 대양곽
은 "동쪽의 곽"이라는 호칭으로, 그곳에는 칠리교(七里橋)도 설치되
어 있는데 역시 송영(送迎)의 장소임과 동시에 군사상의 거점이었
다.[64] 서쪽의 장분교(長分橋)와 동쪽의 칠리교와는 대성을 끼고 거의
대칭되는 곳에 "곽(郭)"이 위치하고 있다.

　또 남쪽에서는 낙수(洛水)의 존재가 주목된다. 『후한서(後漢書)』 권
78, 「장양전(張讓傳)」에,

> 천록하마(天祿蝦蟆)를 주조하여 평문(平門) 밖 다리 동쪽에서 물을 뿜
> 어내게 하였는데, 물은 돌아 궁(宮)으로 들어간다. 또 물레방아와 갈오
> (공기의 힘으로 물을 끌어올리는 기계)를 만들어 다리의 서쪽으로 끌어
> 남북교로(南北郊路)를 씻는 데 사용함으로써 백성들이 도로를 씻는 수고
> 를 덜었다.

라고 하였다. "남북교로를 씻는데 사용함으로써 백성들이 도로 씻
는 수고를 덜었다"에서 양관(楊寬) 씨는 평문(平門) 밖의 부교(浮橋)와
남북교로의 양측이 인구의 집중지점이었고, 후한(後漢)의 남곽에 있
었다고 지적하였다.[65] 대성 밖의 거주 구역의 존재를 나타낸 것임

---

60) 『太平寰宇記』 권3, 「河南道」 3, 洛陽縣.
61) 『洛陽伽藍記』 권4 ; 『晉書』 권102, 「劉聰戴記」.
62) 『洛陽伽藍記』 권4.
63) 楊寬, 『中國古代都城制度史硏究』, 128쪽 및 135쪽. <옮긴이 주>; 양관
　씨의 이 책은 생전에 원저자의 양해를 얻어 번역작업이 진행 중이다.
64) 『後漢書』 권56, 「種暠傳」.

과 동시에 그 남측에는 형도묘(刑徒墓)도 발견되고 있기 때문에[66] 낙
수의 북안이 분명하게 도시의 남측 경역지대였음이 분명하다.

이상의 점에서 후한대의 도시 경역은 동쪽의 대양곽(동쪽 郭의
선), 서쪽의 장분교(서쪽 곽의 선), 남쪽의 부교(남쪽 곽의 선)에서
찾아볼 수 있다. 또 석양정으로 대표되는 후한대의 대성 밖의 문정
(門亭)으로서는 북면의 만수정(萬壽亭)·임평정(臨平亭)이나, 서면(西面)
의 석양정·범양정이나, 남면의 진문정(津門亭)·선양정(宣陽亭) 등
12개의 문정이 있었는데[67] 대성의 각 성문에 부속된 시설이었다.
상술한 경역(이하 곽(郭)의 선이라고 한다)에서 북쪽 선이 명확하지
않지만 서면(西面)과 남면(南面)의 문정(門亭)이 곽(郭)의 내측에 있었
기 때문에 만수정·임평정을 연결하는 선의 외측 혹은 선상에서 찾
아보는 것이 가능하다. 위진의 낙양에 대해서는 후한 곽(郭)의 선 바
깥에 발전한 형태의 흔적은 없으며, 장방(張方)도 장분교(長分橋)에
거점을 두고 있었다는 점을 감안하면 후한 곽의 선을 받아들여 그
안에서 도시가 운영되었다고 생각된다. 동진이 건강에 건설된 후에
맨 처음 교(郊)의 선을 확정하였던 것은 낙양의 곽(郭) 선의 존재를
반영하였다고 말할 수 있다.[68] 즉, 낙양의 경역은 곽(郭)에 의해 나
타났고, 그것은 경역선이라는 의미에서 건강의 교(郊)와 동일한 것
이었다. 그렇지만 낙양에서는 역시 강대한 대성이 도시기능의 중심
이었고, 또 대성과 곽 사이의 관련된 공간에 관한 기사가 매우 부족
하기 때문에 그 공간이 건강과 같이 거주 구역이나 상업 구역으로
적극적으로 활용되었다고는 생각할 수 없다.

---

65) 楊寬, 『中國古代都城制度史硏究』, 153~154쪽.
66) 「東漢洛陽城南郊的刑徒墓地」『考古』 1972년 4기.
67) 『永樂大典本河南志』 後漢城闕古蹟. 본문에 게재된 門亭 외에 皐門
    亭·宣德亭·長壽亭을 합쳐서 九亭까지가 기재되어 있다.
68) 秋山日出雄, 「南朝都城"建康"の復元序說」『橿原考古學硏究所論集』
    7(1984), 23쪽.

그런데 후한이나 위진의 곽의 선은 북위 낙양의 낙수 이남에 늘어져 있는 구역을 제외하면 동서의 곽문이 설치되어 있는 선과 거의 일치하였다. 이 점은 북위의 낙양이 대성만이 아닌 외곽에도 종래의 도시를 기초로 하여 형성되었음을 나타낸다.

이와 같이 낙양에는 궁성·대성·곽이 존재하였다. 곽은 견고한 성벽을 세운 것이 아니고 도시의 경역을 나타낸 공간상의 선이었다. 이 낙양에서 곽의 구상으로 설정한 것이 건강에서는 교가 되었다. 낙양에도 건강 정도는 아니지만 대성과 경역선 사이에 거주 구역과 상업 구역이 존재하고 있었다. 이 구역이 북위 낙양에서는 방조(坊條)라는 형태로써 정연하게 갖추어지게 된 것이다.

3) 방위시설의 배치

대성 동양문 내의 북측에는 장군부(將軍府)가 있었고, 진의 초기에는 여기에 좌우전후의 사군(四軍)이 갖추어져 있었다. 또 그곳에는 오위교위부(五衛校尉府)도 설치되었고, 방위에 관한 관서는 대성의 동측에 집중되었다.[69] 한편, 대성의 북서쪽에는 위(魏)의 명제가 건축한 금용성(金墉城)이 있었고, 대성의 북벽(北壁)에는 바로 거대한 구역의 양상을 드러내고 있었다(<그림 2>[70]). 또 금시(金市)의 북측에는 낙양루와 낙양소성이 있었고, 금용성(金墉城)과 낙양루 및 낙양소성과는 연결되어 하나의 시설(金墉城)로 간주되었다(본고에서는 잠정적으로 <그림 2>의 갑(甲)·을(乙)·병(丙)을 한 조로 하여 금용성이라 하였다.[71] 서쪽과 북쪽의 방위 역시 충분하였다. 대성 내의

---

69) (永樂大典本)『河南志』晉城闕古蹟.
70)「漢魏洛陽城初步勘査」『考古』1973년 4기 ; 監譯·사료소개『法政史論』26호, 1999년 3월. <옮긴이 주>; 최근에 이와 관련된 소개로서는 劉慶柱,「北魏洛陽城的 考古發現與硏究」『중국사연구』제40집(중국도시사 특집호, 2006)을 참조.

남측에는 관아와 공서(公署)가 집중해 있었고, 특히 서남에는 능운대
(陵雲臺, 五胡 시기에는 능운대성[72])와 빙실(氷室)이 있었다.[73] 업(鄴) 삼대
(三臺)인 동작대(銅雀臺)・빙정대(氷井臺)에 비교할 수 있다. 나아가 굴
착조사에 의해 호성하(護城河; 외호—外濠)가 성벽을 둘러 흐르고 있
는 점이 분명해졌다.[74]

　이상과 같은 배치를 보면, 바로 대성 안쪽만을 방위하는 공간을
형성하고 있고, 대성 밖에 전개된 거주 구역에 대한 배려는 전혀 상
정되어 있지 않았다. 대성의 사면에는 후한대에 성문의 외정(外亭)이
존재하였는데, 위진에서는 그 존재가 명확하지 않았고 그 장소만이
전략상의 거점으로 인식되었다.

　북위에 이르러 종래의 도시경역을 기초로 외곽이 설정되었고, 그
내측에 거주 구역과 상업 구역이 방조(坊條)에 기본하여 배치되었다.
그때 금용성은 완전히 외곽 내에 들어왔고, 나아가 대성에 연결하
여 바로 일체화되었다. 외곽 내로 들어온 방위시설은 이외에는 확
인되지 않았고, 또 한편으로 외곽의 외측(外側)에도 방위시설이 형성
된 자취는 확인할 수 없다. 경역선에 세워진 곽문이 중요거점으로
서 인식된 데에 그친다. 나아가 외측에는 황하에 면한 맹진(孟津)과
하남성・활대(滑臺)성・호뢰(虎牢)성 등 여러 성을 열거할 수 있는데
도시 근교로서의 구조에 포함시키기에는 거리상 부적절하였다. 그

---

71) 『洛陽伽藍記』 권1 ; 『水經注』 권16, 「穀水」 ; 『宋書』 권95, 「索虜傳」.
　　金墉城에 대해서는 北으로부터 甲・乙・丙城으로 기재되어 있다. 『水
　　經注』의 기록에 따르면 甲城은 洛陽小城, 乙城은 洛陽壘, 丙城은 金墉
　　城이 되는데, 甲城・丙城의 어느 쪽을 금용성이라고 해야할까는 今後
　　또 검토를 요하는 과제이다. 또 세 城이 결합된 후는 전체를 금용성이
　　라고 칭하고 있다고 생각된다.
72) 陵雲臺는 군사시설로서의 성격을 지니고 있다(『晉書』 권2, 「文帝紀」).
73) 『太平寰宇記』 권3, 「河南道」 3, 洛陽縣.
74) 「漢魏洛陽城初步勘查」 『考古』, 1973년 4기 ; 監譯・사료소개 『法政史
　　論』 26호, 1999년 3월.

<사진 3> 낙양성의 금용성에 해당하는 곳

래서 대성의 바깥을 고려해 보면 대성에 연결된 금용성 외에는 확
인되지 않았다.

　이상, 위진의 낙양에서는 대성 중심의 방위구상이 취해졌고, 그
것은 역시 북위 낙양에서도 동일했다. 확실히 거주 구역과 상업 구
역은 대성의 바깥에 성립되어 있었는데, 이들 구역을 도시의 일부
로서 보호하려는 도시 전체적인 방위구상은 전혀 보이지 않는다.
그러면, 실제로 전란을 경험한 낙양은 도시로서 어떤 변모를 했을
까에 대해 다음절에서 고찰해 보겠다.

2. 전란과 도시기능

　낙양은 진의 팔왕(八王)의 난 이래 북위 효문제의 천도(遷都)까지
의 사이(291~493)에 끊이지 않는 전란 가운데 항상 공방지가 되었

다. 그것은 후한 이래 300년에 걸친 왕조의 수도로서의 중요성에 기인한 것이었다. 그러면 전란 중에 낙양의 방위구상은 어떻게 기능하였고, 방위시설은 어떻게 활용되었을까? 또 도시는 어떻게 기능하였을까? 본절에서는 줄곧 전시(戰時) 하에 있었던 낙양의 상황에 비추어 낙양의 공방전이나, 금용성(金墉城) 등의 방위시설, 그리고 방위의 거점에 관한 사료를 시간축 위에서 정리하는 것으로 위의 문제를 고찰하려 한다. 또 사료로서는『진서』·『위서』·『북제서』·『주서』·『수서』·『북사』·『자치통감』·『십육국춘추집보(十六國春秋輯補)』를 사용하였는데 지면 관계상 사료의 제시는 주기의 출전에만 국한한다.

1) 팔왕의 난

팔왕의 난의 경위에 대해서는 번잡하므로 생략한다.[75] 이 난에는 조왕 윤의 저택 등의 시 중심지의 거점을 지적하는데에 그치고 특정한 군사시설이 공방 장소가 되었다고 말할 수는 없다. 팔왕의 난은 매사에 판단력을 잃은 혜제(惠帝, 재위 290~306)를 둘러싼 황족 간의 권력투쟁 때문이었는데, 혜제를 비롯한 황태후·황태자 등이 금용성에 유폐되었다. 공방전은 오로지 금군의 움직임이 중심이 되었고, 대성 내에서 전투가 전개된 것이 특징이다. 대성 내에서 공방전을 벌이고 있는 시점에 황제·황족이 유폐되었던 금용성은 그 방위능력의 돌출성도 있었지만 거꾸로 그것을 보호하는 시설로서도 충분히 기능하였다. 한편, 여러 왕이 거느리는 10만 규모의 병력이 낙양 주변에 전개되어있었기 때문에 대성 안이 황폐해 진 것은 당연하였고, 대성 밖의 거주 구역도 상당히 황폐화되었다고 생각된다.

---

75) <옮긴이 주>; '팔왕의 난'에 대해서는, 가와카쯔 요시오,『중국의 역사-위진남북조』, 임대희 옮김, 혜안, 2004의 164~167쪽을 참조.

2) 영가의 난

흉노(匈奴)가 유한(劉漢)과 공방전을 한 것은 영가 3년(309)과 5년(311) 두 차례였다.[76] 첫 번째의 공격은 서남에서부터였는데, 대성의 성벽에 이르러서야 격퇴하였다. 5년 6월의 재공격은 대성의 사면에서 전개되었다. 대성 내의 혼란에 따라 회제(懷帝, 재위 306~313)는 대성 북쪽의 화림원(華林園)에서 도망을 시도하다 갇히고, 낙양은 함락되었다. 첫 번째의 공방전에 의해 대성의 견고함은 증명되었다고 할 수 있는데, 구체적으로 성문 이외의 방위시설이 어떻게 기능하였는가를 명확히 밝히기는 어렵다.

3) 유요(劉曜)와 석륵(石勒)의 대립

영가의 난 후에도 군사적인 중요성은 존속하였고, 전조(前趙) 유요(劉曜, 재위 318~328)와 후조(後趙) 석륵(石勒, 재위 319~333)이 낙양을 사이에 두고 직접 대치하였다(함화 3년, 328).[77] 그 공방전의 거점은 금용성이었고, 유요는 석생(石生)을 금용성에서 포위하고 성의 서쪽에 10만의 병사를 전개하였다. 석륵은 선양문에서 대성을 함락시켜 서북쪽의 서문(西門; 창합문)을 공격하였다. 북서쪽에서 석호(石虎, 재위 334~349)가 진공하여 유요를 격파하였다. 바로 금용성의 방위시설로서의 기능이 활용된 사례이다. 또 석륵이 대성 내를 횡단하여 성 안은 공방의 장소가 되었기 때문에 이와 같은 상황하에 있었던 낙양의 도시로서의 기능이 유지되었다고 생각할 수 없

---

76) 『晉書』 권5, 「懷帝紀」 ; 『十六國春秋輯補』 권2, 「前趙錄」 2, 劉淵・권3, 『前趙錄』 3, 劉聰.

77) 『晉書』 권77, 「蔡謨傳」・권103, 「劉曜載記」・권105, 「石勒載記」 ; 『十六國春秋輯補』 권8, 「前趙錄」 8, 劉曜・권14, 「後趙錄」 4, 石勒 ; 『資治通鑑』 권94, 「晉記」 16.

다. 이후 낙양은 석씨 일족이 머물렀는데, 그것은 군사거점에 주둔한 것이었지 도시에 주둔한 것이라고 할 수는 없다. 그 점은 다음의 환온(桓溫)의 경우에도 동일하다.

4) 환온(桓溫)의 진공(進攻)

염위(冉魏)의 낙양 수장(守將) 주성(周成)의 혼란을 계기로 환온이 북벌하여 낙양을 탈환하였다(영화 12년, 356). 그러나 대성 내에는 머무르지 않고 금용성을 수복하여 여기에 머물렀다.[78] 성 내의 부흥을 생각했는지, 혹은 방위상 금용성이 적절했는지 분명하지는 않지만 어느 쪽이든 낙양 도시의 황폐가 매우 진행되었음을 나타낸다. 또 금용성의 존재가 중시되었고, 낙양의 정치적인 기능이 금용성에서 운용되어진 것도 주목된다.

5) 동진·전연·전진·후진의 공방

환온의 철퇴(撤退) 이후 금용성을 진압한 심경(沈勁)을 전연(前燕)이 함락시키고(흥녕(興寧) 3년, 365),[79] 전연의 금용성을 진압한 모용축(慕容筑)이 전진을 함락시키고,[80] 전진(前秦)의 등강(鄧羌)이 금용성을 진압하였다(태화 4년, 369).[81] 또 전진의 붕괴에 의해 동진(東晉)의 주서(朱序)가 낙양을 진압하였다(太元 15년, 390).[82] 그 후 융안(隆安) 원년(397)에 후진(後秦)의 요흥(姚興)이 금용성을 공격하였는데, 그때 하남

---

78) 『晉書』 권98, 「桓溫傳」;『資治通鑑』 권100, 「晉記」 22.
79) 『晉書』 권111, 「慕容暐載記」;『宋書』 권63, 「沈演之傳」;『十六國春秋輯補』 권28, 「前燕錄」 6, 慕容暐.
80) 『晉書』 권111, 「慕容暐載記」;『十六國春秋輯補』 권28, 「前燕錄」 6, 慕容暐;『資治通鑑』 권102, 「晉記」 24.
81) 『晉書』 권113, 「苻堅載記」;『十六國春秋輯補』 권33, 「前秦錄」 3, 苻堅.
82) 『晉書』 권81, 「朱序傳」.

태수 하후종지(夏侯宗之)가 금용성을 지켜냈다. 그러나 2년 후(융안 3년, 399)에 낙양은 후진의 영토가 되었다.[83]

이후 북벌(北伐)을 거행한 유유(劉裕)는 금용성을 공격하여 낙양을 다시 탈환하였다(의희(義熙) 12년, 416).[84] 이후 낙양의 수비는 금용성에 맡겨졌다. 그때 주된 수비배치는 금용성(왕강; 王康)·대성 남쪽(소평; 邵平)·대성 서쪽(사마도공; 司馬道恭)·능운대(사마순명; 司馬順明)이였다.[85] 그러나 경평(景平) 원년(423)에는 북위가 낙양을 함락하였다.[86] 원가(元嘉) 7년(430)에는 도언지(到彦之)가 일시적으로 금용성을 탈환하였지만 같은 해 다시 북위에게 탈환되었고,[87] 이후 북위의 영토로서 태화 17년(493) 효문제의 천도를 맞게 되었다.

이상, 팔왕의 난 이래 낙양은 항상 대규모적인 전투 아래에 있었기 때문에 도시가 생활의 장소로서 성립할 수 있는 기능이 거의 정지되었다고 생각된다. 그렇지만 낙양은 후한부터 서진까지 300년에 걸쳐 수도가 위치한 땅이었고, 전략상의 중요성은 존속되고 있었다. 낙양 도시에 대신해 낙양의 전략거점으로서의 기능을 대행한 것이 금용성이었다. 낙양에는 금용성 이외에도 능운대(陵雲臺) 등의 방위시설이 존재하였지만 실제로는 금용성이 단독으로 기능하여 그것을 둘러싼 낙양의 공방전이 반복되었던 것이다.

---

83) 『晉書』 권117, 「姚興載記」 ; 『十六國春秋輯補』 권51, 「後秦錄」 3, 姚興.
84) 『宋書』 권2, 「武帝記」 ; 『晉書』 권119, 「姚泓載記」 ; 『十六國春秋輯補』 권55, 「後秦錄」 7, 姚泓 ; 『建康實錄』 권2.
85) 『宋書』 권45, 「王鎭惡傳」.
86) 『宋書』 권4, 「少帝紀」.
87) 『宋書』 권5, 「文帝紀」 ; 『南史』 권25, 「到彦之傳」 ; 『資治通鑑』 권121, 「宋紀」 3.

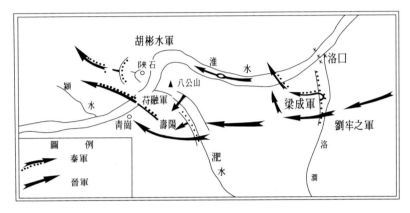

<지도 2> 淝水 전투

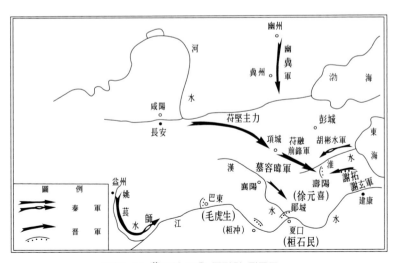

<지도 3> 苻堅이 晉을 공략한 진군로

3. 북위의 낙양건설과 붕괴

북위 효문제는 천도 때 우선 금용성을 수리·복구하고, 여기에 체류하였다.[88] 이것은 전절에서 언급한 금용성으로서 낙양을 대체하는 기능이 그대로 활용된 점을 반영하고 있다. 또 금용성은 임시 궁성으로서도 즉시 사용할 수 있는 기능성을 지니고 있었다.

북위의 낙양이 후한·위진의 대성 외측에 거듭 도시를 확대하고, 방조제(坊條制)를 채용하여 그 바깥 주변에 외곽을 세운 것은 제1절에서 언급하였다. 외곽의 설치에 따라 금용성은 도시 중심부에 위치하게 되었고, 궁성건설이 끝난 후에는 금용궁으로 사용되었다.[89]

그런데 본절에서 논의하고자 하는 것은 외곽을 둘러싼 문제 가운데에서 옛 대성 밖에 전개된 시가지 구역이 건설될 때 어떤 구상으로 입안(立案)되었을까 하는 점이다. 물론 구도(舊都) 평성(平城; 지금의 산서성 대동시)에서 방조제(坊條制)를 채용하면서,[90] 대장(大匠) 장소유(蔣少游)가 남조 소제(蕭齊)에 파견되어 건강의 경사나 궁전의 본보기를 몰래 조사하였던 점도 무시할 수 없다.[91]

완전하지는 않지만 건강의 도시구상도 참고되었다고 생각된다. 특히 주목되는 점은 천도(遷都)할 때에 외곽이 설치되어 있지 않았고, 8년 후인 경명 2년(501)에 정비되었다는 것이다.[92] 당초에 외곽의 구상에는 제1절에서 언급했듯이 후한대(後漢代)부터 도시 경역을

---

88) 『魏書』 권7·下, 「高帝紀」.
89) 金墉宮의 성격 변화에 대해서는 段鵬琦, 「漢魏洛陽城的幾個問題」 『中國考古學研究夏鼐先生考古五十年記念論文集』(문물출판사, 1986), 248~250쪽을 참조.
90) 『魏書』 권2, 「太祖紀」·권110, 「食貨志」. 逯耀東, 『從平城到洛陽－拓跋魏文化轉變的歷程－』(聯經出版事業公司, 1979), 136~158쪽 ; 張增光, 「平城宮朝始末」 『中國古都研究』 10(천진인민출판사, 1997).
91) 『南齊書』 권57, 「魏虜傳」.
92) 『魏書』 권8, 「世宗紀」.

<사진 4> 석두성 바깥쪽은 현재 고급주택이 잔뜩 들어서 있지만, 몇 년 전만
하더라도 이 사진처럼 어수선한 분위기였다.

나타내는 선이 존재하였다. 이것을 활용하여 천도 때의 도시 경역
에는 외곽이 없는 건강의 교(郊)와 같은 공간구상이 채용되었고, 그
공간 내에 리(里)가 세워졌는데, 이는 천도 이후 8년이라는 시간차
가운데서 상정될 수 있다. 대성 바깥에서 적극적으로 시가지가 운
영되자 당연히 건강과 같이 치안상·방위상의 문제가 발생하였다.
이 때문에 리(里)에 방(坊)이 형성된 도시 경역에 외곽이 정비되었다고
여겨진다. 이 시점에서 산수(山水)가 풍부한 자연지형을 이용한 건강
의 도시구상과는 다르게 되었다. 또 그 시기 외곽의 공사는 수개월의
공사였고, 또 발굴조사에서도 명확하게 알 수 없을 정도로 보존상태
가 좋지 않았다는(<그림 2>) 점에서 견고한 외곽이 설치되었다고
생각할 수 없다.[93] 담장(牆垣) 혹은 이것을 약간 강화한 흙담장(土牆)을
두르고 있을 뿐으로 간소하게 만들어진 것이었다고 여겨진다. 이것
은 건설 당초의 구상에는 외곽이 없었다는 증거이기도 하다.

그런데 도시경역으로서의 외곽의 근처에는 건강과 같이 상설 방
위시설은 존재하지 않았다. 곽문 등의 거점은 존재했지만 견고한
시설은 없었고, 또 제각기 지역을 형성한 것 같은 흔적도 없다. 건
강의 도시경역을 둘러싼 방위구상은 낙양의 도시구상 위에서는 참
고되지 않았던 것이다. 북위의 낙양에서 도시경역이었던 외곽을 기

---

93) 「北魏洛陽外郭城和水道的勘査」 『考古』 1993년 7기.

본으로 한 방위구상이 성립되었던 사실을 찾아볼 수 없는 점은 주목할 만하다.

북위의 낙양은 이주씨(爾朱氏) 등장 후의 혼란 가운데 동위·서위로의 분열을 계기로 그 수도로서의 기능을 상실하고, 다시 황폐화되었다. 그 황폐한 상황은 양현지(楊衒之)가 『낙양가람기』를 집필하는 동기로서 그 서문에 기록하였다. 그러나 아무리 황폐한 상황 아래에 있었어도 낙양은 군사적·정치적인 중요성을 유지하였다. 그리고 오호십육국(五胡十六國) 시기와 같이 황폐한 도시 낙양을 대신해 다시 금용성이 낙양 공방전의 무대가 되었다. 예를 들면, 대통 3년(537)에는 독고신(獨孤信)이 거했던 금용성을 둘러싸고 동위와 서위의 공방전이 전개되었다.[94] 또 수(隋)말에 이밀(李密)의 흥망의 무대가 되었던 곳도 금용성이었다.[95] 제2절에서 언급했던 금용성의 기능은 북위 붕괴 후 그대로 부활하였다. 금용성 이외에 특별한 방위시설이 낙양에는 존재하지 않았다는 점은 상술했지만 수도기능을 상실했던 낙양에 있어서 낙양을 대표하는 것은 또한 금용성이었다. 금용성에는 수양제에 의해 폐지되는 낙주(洛州) 총관이 설치되어 있었다.[96]

4. 소결(小結)

이상, 후한에 세워졌던 낙양 대성 밖의 거주 구역을 답습하여 위진의 낙양은 대성 바깥에 거주 구역을 형성하였다. 그러나 팔왕의

---

94) 『周書』 권16, 「獨孤信傳」 ; 『北齊書』 권2, 「神武紀」. 또 北周가 齊를 토벌할 때 금용성에는 獨孤永業이 진압하고 있다. 『隋書』 권52, 「韓擒虎傳」.

95) 『舊唐書』 권53, 「李密傳」 ; 『新唐書』 권84, 「李密傳」.

96) 『隋書』 권31, 「地理志」 下, 丹陽郡 석두성 ; 『隋書』 권30, 「地理志」 中, 河南郡, 금용성.

난 이래 전화(戰禍)를 입은 곳이 많아서 수도로서의 기능만이 아니라 도시기능의 정지가 장기간 지속되었다. 그러나 한편으로 후한이래 300년의 수도로서, 군사거점으로서의 중요성을 가지고 있었다. 여기에 수도기능과 도시기능을 상실한 도시 낙양을 대신해 금용성이 그 돌출한 방위기능을 발휘하였다. 대성의 견고한 방위력과 성내의 강화, 그리고 금용성의 돌출한 방위기능 때문에 낙양에서는 건강처럼 많은 방위시설(성루)이 성립되지는 않았다.

북위의 낙양은 남북조의 전시(戰時) 하에서 계획적으로 만들어진 도시였다. 그 도시구상은 옛 대성 밖에 외곽을 가지고 있다는 점에서 특이성이 지적되지만 그 외곽선은 후한·위진의 도시 경역을 기본으로 하여 성립한 것일 뿐이다. 그리고 또 종래의 도시 경역의 근처에는 상설된 군사시설이 설치되어 있지 않았고, 금용성의 존재를 포함하여 대성의 요새화만이 시도되었다. 북위는 이것을 그대로 활용하였다. 그래서 그 도시 경역도, 방위구상도 종래의 것을 답습한 형태였다. 그런 까닭으로 북위 붕괴 후에 오호십육국 시기와 같이 금용성만이 잔존하였고, 낙양의 거점으로서의 의미를 금용성이 다시 대행하게 되었다.

Ⅳ. 결 론

위진남북조 시기를 대표하는 두 개의 수도기능을 지닌 도시에 대해 시간축을 쫓아가면서 도시공간과 그곳에서 전개되어진 방위구상에 관한 고찰을 행하였다. 이하, 두 도시를 비교 검토하여 나타난 점을 열거하여 매듭으로 삼고자 한다.

① 건강은 대성 바깥에 전개된 시가지를 둘러싼 외곽을 가지지 않았고, 도시의 경역을 구별하는 것으로 울타리문을 연결한 선이 존재하였다. 그리고 도시경역 전체 방위에는 자연지형을 활용하였으며 거점이 되는 방위시설을 연결하여 작전지구에 의한 방위선이 정리되었다. 작전지구의 형성은 거듭되는 공방전의 경험 때문이었다. 그 작전지구에 의한 방위선이 채용된 배경에는 장군부라고 하는 지방정부 차원의 도시로서의 건업(建業)에서 왕조의 수도로서의 건강(建康)이라고 하는 정치적인 발전이나, 귀족제라고 하는 사회구조를 취함에 따라서 생기는 정부의 약체화, 그 한편으로 전개된 경제·문화활동의 발전과 거주 구역·상업 구역의 확대라고 하는 불균형적인 도시형성 과정의 문제가 있었다. 그리고 건강에는 궁성만이 견고하였고, 시가지는 경역과 방위지역으로 둘러싼 도시공간 가운데 확대·발전되었다. 방위구역에 따라서 도시를 방위하는 것은 단순히 방위상의 문제로만 그치는 것이 아니라, 전화(戰禍)를 입은 도시에서 그 회복되는 것을 촉진하며, 평시의 경제 활동이 발전되는 데에도 매우 유효한 것이었다.

② 석두성은 자연지형을 이용한 요새라고 하는 방위기능의 탁월성에 더하여, 작전지구에 의한 방위선으로의 역할을 한 가장 중요한 거점이 되었다. 석두성을 서쪽의 거점으로 동부성－백석루－신정루를 연결한 외측의 작전지구와 진회안(秦淮岸)－동부성－북이문(北籬門)을 연결한 내측의 작전지구와는 전쟁의 재앙이라는 경험을 바탕으로 하여 성립되어 갔다.

③ 석두성과 같이 대성 방위의 기능을 목적으로 한 시설이 낙양에도 설립되었다. 금용성이었다. 낙양은 건강과 마찬가지로

거듭되는 전쟁의 재앙을 경험하였는데, 건강과 다른 점은 수
도기능(도시기능까지도)을 상실할 정도로 도시가 황폐하여 버
렸다는 것이다. 그러면서도 후한 이래 300년에 걸쳐 수도가
위치했던 정치적·군사적인 중요성은 변하지 않았고, 황폐한
도시를 대신해 금용성이 낙양의 군사적·정치적인 기능을 대
행하게 되었다. 북위의 낙양에 있어서 금용성은 도시 중심부
에 포함되어 금용궁으로 사용되었는데, 도시가 붕괴한 후 다
시 예전의 기능이 부활되었다.

④ 도시공간의 발전성이라는 의미에 있어서 도시운영상의 경험
의 산물로서 방위구역에 의한 방위구상을 확립시킨 건강은
도시로서는 탁월한 존재였다. 어떤 의미에서는 자유로운 도시
의 발전을 기대하는 현대 도시에도 공통된 점이 있다고 할 수
있다. 그렇지만 다음 대(代)인 수당의 장안·낙양에서는 북위
낙양이나 북제 업성의 도시구상이 계속하여 행해졌다. 그 하
나의 이유로써는 방위구역이라는 것은 연계하여 기능하는 것
이므로 그 한 끝이 붕괴하면 매우 취약해진다는 점과 또 하나
의 이유는 방위구역의 확립에는 장기 지속적인 도시운용의
경험이 필요했던 점이다.

⑤ 정치환경·자연환경이 크게 다른 건강과 낙양이라는 도시
에 있어서 석두성은 도시공간의 총체적인 방위 시스템의 하
나로 기능하였고, 금용성은 단독 방위시설이면서 도시를 대
용할 수 있는 기관으로 기능하였다. 그 상이점(相異點)은 정
치·자연환경만이 아니라 도시공간의 형성과정이라는 문제
와 지속적인 도시기능의 유무(有無)에 기인한 것이라 생각된
다. 또, 두 도시가 붕괴된 후에 석두성·금용성 모두 한 지
방의 주창(州廠)이 있었다. 그것은 두 시설이 본래 지니고 있
던 방위기능의 탁월성과 도시공간에서 차지하고 있는 존재

의 중요성에 의한 것이었다.

⑥ 도시를 인간이 운영하는 공간으로서 파악했을 때, 위진남북조
시기의 도성은 도시가 대성 내에서 완결되지 않고 대성 바깥
에서도 전개되었다. 그 도시를 내외의 공간으로 나누는 선(경
역)으로서 낙양에는 곽(북위에는 外郭)이, 건강에는 교(郊)가 존
재하였다. 낙양이나 건강 모두 도시는 경역 내측에 있었으며
대성의 안팎으로 전개되었다. 그러나 도시공간의 방위구상에
있어서 '대성을 중심으로 하는 것인가, 도시를 중심으로 하는
것인가'라고 하는 점에서 두 도시는 크게 다르다.

이상, 남북조 시대를 중심으로 도시 생태의 일면을 살펴보았다.
물론 본고에서 다룬 낙양과 건강은 수도급의 도시였는데, 같은 시
대에 업도(鄴都)·무창 등을 비롯해 강릉(江陵)·경구(京口)·광릉(廣
陵)·양양(襄陽)·허창(許昌)·성도(成都) 등의 지방 중심 도시가 존재
하였다. 사료적인 제약이라는 문제가 있지만 사회구조를 바탕으로
하면서 앞으로 이들 도시에 대해 차례로 검토하려고 한다. 그 가운
데에는 도시 경역과 묘장 구역과의 문제도 다루고 싶다. 또 동아시
아 여러 국가의 비슷한 시대적인 도시, 예를 들면 고구려의 평양이
나, 백제의 공주·부여, 타자이후(太宰府) 등도 석두성·금용성과 형
태적으로 유사한 시설을 가지고 있었다는 관점에 입각하고 싶다.
지면 관계상 각 성루의 양상 등을 생략한 것도 있었고, 또 충분한
의논을 다하지 못한 점도 있었다. 제현(諸賢)의 질정과 너그러운 이
해를 바란다. 또 본고는 중국도시연구회(中國都市研究會)(1998년 6
월) 발표 내용을 원고화(原稿化)한 것이다.

〈표 2〉 石頭 關連 職任官表

任官者	官　名	出典	備　考
華恒	驃騎將軍・都督石頭水陸軍事	진6	太寧元年
周札	右將軍・都督石頭水陸軍事	진58	
卞敦	征虜將軍・都督石頭軍事	진70	
謝尙	給侍中・戍石頭	진79	
殷祐	石頭都護	진95	
劉駿 (孝武帝)	都督湘州諸軍事・征虜將軍・湘州刺史・領石頭戍事	宋6	元嘉16年
劉駿 (孝武帝)	使持節・都督南豫他五州諸軍事・征虜將軍・南豫州刺史・戍石頭	宋6	元嘉17年
劉彧 (明帝)	冠軍將軍・南蘭陵下邳二郡太守・領石頭戍事	宋8	(世祖踐祚)
向靖	冠軍將軍・高陽內史・臨淮太守・領石頭戍事	宋45	義熙10年
劉德願	遊擊將軍・領石頭戍事	宋45	(大明初)
孟懷玉	輔國將軍・領丹陽府兵・戍石頭	宋47	義熙3年
劉鍾	(寧朔將軍)・領石頭戍事	宋49	
劉鍾	給侍中・太尉參軍事・龍□將軍・高陽內史・領石頭戍事	宋49	
長沙王道隣	龍將軍・堂邑太守・戍石頭	宋51	
長沙王道隣	龍將軍・領堂邑內史・幷州刺史・義昌太守・戍石頭	宋51	義熙4年
長沙王義欣	征虜將軍・戍石頭	宋51	(元嘉元年前)
徐湛之	輔國將軍・丹陽尹・統石頭戍事	宋52	(元凶)
張永	護軍將軍・領石頭戍事	宋53	泰始6年
盧陵王義眞	(征虜將軍)・領石頭戍事	宋61	元嘉8年
南郡王義宣	使持節・都督徐他五州諸軍事・徐州刺史・左將軍・戍石頭	宋68	元嘉7年
南郡王義宣	中書監・中軍將軍・散騎常侍・領石頭戍事	宋68	元嘉9年
南平王鑠	都督湘州諸軍事・冠軍諸軍・湘州刺史(不鎭)・領石頭戍事	宋72	元嘉17年
南平王鑠	散騎常侍・撫軍將軍・領兵戍石頭	宋72	元嘉28年
建平王宏	中護軍・領石頭戍事	宋72	元嘉24年
劉元景	護軍將軍・領石頭戍事(不拜)	宋77	(李乾元年前)
蕭思話	羽林監・領石頭戍事	宋78	
盧江王褘	侍中・後軍將軍・領石頭戍事	宋79	元嘉26年
盧江王褘	冠軍將軍・南彭城下邳二郡太守・散騎常侍・領石頭戍事	宋79	

始安王子眞	征虜將軍・南彭城太守・領石頭戍事	宋80	
檀和之	右衛率(前)・戍石頭	宋99	元嘉30年
蕭道成 (高帝)	右衛將軍・領東北選事・侍中・領石頭戍軍事	齊1	
蕭賾(武帝)	侍中・領軍將軍・領石頭戍軍事	齊3	昇明2年
蕭寶融 (和帝)	冠軍將軍・領石頭戍軍事	齊8	建武3年
安威王暠	冠軍將軍・鎭石頭戍・領軍事	齊35	建元2年
安威王暠	散騎常侍・秘書監・領石頭戍事	齊35	永明9年
始興王鑑	散騎常侍・秘書監・領石頭戍事	齊35	永明9年
江夏王鋒	左衛將軍・侍中・領石頭戍事	齊35	永明7年
蕭穎冑	江夏王長史・行石頭戍事	齊38	
衡陽王鈞	中書令・領石頭戍事	齊45	永明10年
江夏王寶玄	征虜將軍・領石頭戍事	齊50	建武元年
江夏王寶玄	前將軍・領石頭戍事	齊50	永泰元年
盧陵王寶源	右將軍・領石頭戍事	齊50	(建武元年後)
鄱陽王寶夤	撫軍將軍・領石頭戍事	齊50	永元2年
邵陵王寶攸	征虜將軍・領石頭戍事	齊50	永元元年
邵陵王寶攸	(征虜將軍)・丹陽尹・領石頭戍軍事	齊50	(永元元年後)
桂陽王寶貞	中護軍・北中郎將・領石頭戍事	齊50	永元2年
蕭綱 (簡文帝)	雲麾將軍・領石頭戍軍事	梁4	天監8年
蕭綱 (簡文帝)	西中郎將・領石頭戍軍事	梁4	天監17年
蕭繹(元帝)	安右將軍・護軍將軍・領石頭戍軍事	梁5	大同5年
臨川王宏	西中郎將・中護軍・領石頭戍軍事	梁22	(東昏平後)
安成王秀	征虜將軍・領石頭戍事	梁22	天監2年
安成王秀	侍中・中衛將軍・領宗正卿・石頭戍事	梁22	天監11年
南平王偉	侍中・中權將軍・護軍・石頭戍軍事	梁22	天監9年
鄱陽王恢	侍中・前將軍・領石頭戍軍事	梁22	天監원年
鄱陽王恢	侍中・護軍將軍・石頭戍軍事・領宗正卿	梁22	天監10年
長沙王業	中護軍・領石頭戍軍事	梁23	天監6年
桂陽王象	中書侍郎・行石頭戍軍事	梁23	
蕭景	右衛將軍・領石頭戍軍事	梁24	天監11年
南康王績	南兗州刺史・領石頭戍事	梁2	
南康王績	輕車將軍・領石頭戍軍事	梁29	天監8年
南康王績	宣毅將軍・領石頭戍軍事	梁29	天監16年
南康王績	侍中・雲麾將軍・領石頭戍軍事	梁29	普通4年

南康王績	安右將軍・領石頭戍軍事	梁29	普通5年
南康王會理	輕車將軍・湘州刺史・領石頭戍軍事	梁29	(太淸元年前)
盧陵王績	宣毅將軍・領石頭戍軍事	梁29	普通元年
盧陵王績	護軍將軍・領石頭戍軍事	梁29	大同3年
邵陵王綸	信威將軍・領石頭戍軍事	梁29	普通元年
司馬褧	南康王長史・行府國・石頭戍軍事	梁40	天監16年
尋陽王大心	侍中・兼石頭戍軍事	梁44	大同7年
南郡王大連	侍中・兼石頭戍軍事	梁44	(太淸元年前)
安陸王大春	寧遠將軍・知石頭戍軍事	梁44	(大寶元年前)
建平王大球	輕車將軍・兼石頭戍軍事	梁44	大寶2年
湘東王讀	(安右將軍)・石頭戍軍事	梁50	
豫章王綜	安右將軍・領石頭戍軍事	梁55	天監13年
武陵王紀	侍中・領石頭戍軍事	梁55	(天監13年後)
河東王譽	寧遠將軍・石頭戍軍事	梁55	中大通3年
豫章王淑英	知石頭戍軍事	陳28	禎明3年

<注> 진=晋書, 宋=宋書, 齊=南齊書, 梁=梁書, 陳=陳書.

맹회왕(孟懷王)에서 유종(劉鍾)으로의 교대사례(交代事例)에서 수석두(戍石頭)＝석두수사(石頭戍事)로 이해하였다(今後 검토를 요한다).

또 "진석두", "수석두"의 기재만으로는 官名으로 이해하기 어렵기 때문에 위 사례에서 제외했다.

( )는 검토를 요하는 사항이다.

□ 『法政史學』 제51호(1999년 3월)

찾아보기

아

建康에 관련된 연구 문헌 목록

葭森健介, 1992,「上海圖書館藏鈔本『建康實錄』考」『德島大學總合科學部
　　　　紀要(人文・藝術篇)』92-5
郭黎安, 1983,「江蘇境內東晉・南朝時期僑州郡縣考略」『南京博物院集刊』6
郭黎安, 1985,「試論六朝時期的建業」『中國古都研究』1
郭黎安, 1985,「魏晉南北朝都城形成的幾個問題」『江海學刊』1985-1
郭黎安, 1986,「江蘇境內東晉南北朝時期僑州郡縣考略」『蘇州大學學報』1986-4
郭黎安, 1986,「魏晉南北朝都城形制試探」『中國古都研究』2
郭黎安, 1988,「魏晉隋唐之間江淮地區水利業發展述論」『江海學刊』1988-3
郭黎安, 1989,「略論東吳兩晉時期的武昌」『地域社會在六朝政治文化上所起
　　　　的作用』(玄文社)
郭黎安, 1989,「魏晉北朝鄴郡興廢的地理原因述論」『史林』4
郭黎安, 1990,「北魏定冀相三州的歷史地位」『北朝研究』3
郭黎安, 1992,「『隋書・地理志』所載舊置郡縣考: 秦雍部分」『學海』4
郭黎安, 1993,「東晉南朝置于建康的郡縣」『江蘇地方志』4
郭黎安, 1995,「關于六朝建康的語言」『歷史教學問題』6
郭黎安, 1995,「六朝建康城門考」『江海學刊』2
郭黎安, 1995,「六朝建康園林考述」『學海』5
郭黎安, 1995,「六朝時期建康居民的飲食與服飾」『南京社會科學』10
郭黎安, 1999,「六朝建都與軍事重鎮的分布」『中國史研究』1999-4
郭黎安, 2002,『六朝建康』(香港天馬圖書有限公司)
郭黎安, 2003,「東晉南朝 建康城의 構造 및 關聯問題研究(洪廷妸譯)」『中國
　　　　歷代都市構造와 社會變化』(서울大學校出版部)
郭湖生, 1997,「臺城考」『中華古都』(空間出版社)
郭湖生, 1997,「六朝建康」『建築師』54

羅宗眞, 1987,「六朝時期建康都城的商業繁榮」『南京史志』 1987-5

羅宗眞, 1989,「六朝文物和六朝史」『地域社會在六朝政治文化上所起的作用』
　　　(日本玄文社)

羅宗眞, 1990,「六朝時期建康都城的商業」『南京經濟史論文集』

羅宗眞・王志高, 2004,『六朝文物』(南京出版社)

盧海鳴, 1994,「六朝建康里坊制度辨析」『南京社會科學』 6

藤家禮之助, 1986,「『資治通鑑』と『宋略』『建康實錄』との關聯をめぐって」
　　　『アジアにおける年代史の研究』

酈承銓, 1933, 1934,「建康實錄校記」『江蘇省立國學圖書館年刊』 33-6/34-7

盧海鳴, 1991,「六朝時期南京方言的演變」『南京社會科學』 1991-2

盧海鳴, 1992,「六朝建康的商市」『東南文化』 1992-5

盧海鳴, 1992,「六朝建康皇家苑囿綜述」『南京史志』 1992-1/2

盧海鳴, 1994,「六朝建康里坊制度辨析」『南京社會科學』 1994-6

盧海鳴, 1996,「科壇巨星祖冲之及其家族考」『南京史志』 1996-2

盧海鳴, 1996,「六朝建康的私家園林」『東南文化』 1996-4

盧海鳴, 2002,『六朝都城』(南京出版社)

蒙文通, 1934,「宋略存於建康實錄考」『北平圖書館館刊』 34-8

方一新, 1995,「『建康實錄』釋詞」『杭州師範學院學報』 1

楊寬, 1993,『中國古代都城制度史研究』(上海古籍出版社)

鹽澤裕仁, 1999,「建康石頭城と洛陽金墉城-都市空間と防衛構想に触れた-」
　　　『法政史學』 51

王志高・賈維勇, 2004,「六朝古都掀起盖頭」『中國文物報』 2004-3-10

王志高, 2004,「南京大行宮地區六朝建康都城考古」『2003年中國主要考古發
　　　現』(文物出版社)

王志高・賈維勇, 2005,「南京發現的孫吳釉下彩繪瓷器及相關問題」『文物』
　　　2005-5

劉曼春, 1989,「南朝地方勢力對建康政權的經營」『地域社會在六朝政治文化
　　　上所起的作用』(玄文社)

劉曼春, 1990,「東晉末年建康攻守戰」『南京史志』 1990-12

劉淑芬, 1982,「六朝建康與北魏洛陽之比較」『建築與城鄉研究學報』 2-1(臺
　　　灣大)

劉淑芬, 1983,「建康與六朝歷史的發展」『大陸雜誌』 66-4

劉淑芬, 1983,「讀『中國歷史上城市人口』」『食貨(復)月刊』 13-7/8

劉淑芬, 1983,「六朝建康的經濟基礎」『食貨』 11-11/12

劉淑芬, 1983, 「六朝建康的園宅」『大陸雜誌』66-3

劉淑芬, 1983, 「六朝建康的興衰與衰落」『大陸雜誌』67-4

劉淑芬, 1984, 「六朝時代的建康－市纏民居與治安」『大陸雜誌』68-4

劉淑芬, 1986, 「六朝南海貿易的開展」『食貨(復)月刊』15-9/10

劉淑芬, 1986, 「六朝會稽士族」『歷史語言研究所集刊』56-2

劉淑芬, 1987, 「三至六世紀浙東地區經濟的發展」『歷史語言研究所集刊』58-3

劉淑芬, 1988, 「近40年來中共魏晉南北朝史的研究」『民國以來國史研究的回
　　顧與展望研討會論文集』(國立臺灣大學)

劉淑芬, 1989, 「中古坊制初探」『中央研究院歷史語言研究所集刊』61-2

劉淑芬, 1991, 「中古都城坊制的崩壞」『大陸雜誌』82-1

李蔚然, 1998, 「六朝建康發展概述」『東南文化』1998-2

張學鋒, 2006, 「六朝建康城的發掘與復原新思路」『南京曉庄學院學報』82

曹　陽, 「中國歷史城郭楷式的考察」『待兼山論叢』日本學 22

佐藤佑治, 1989, 「中國都市における"市"官吏」『中國古代史研究』6(研文出版)

佐藤佑治, 1990, 「六朝草市小考」『關東學院大學文學部1989年度紀要』58

佐藤佑治, 1992, 「六朝建康の市について」『關東學院大學文學部紀要』63

佐藤佑治, 1994, 「六朝市考」『關東學院大學文學部紀要』70

朱　偰, 1936, 『建康蘭陵六朝陵墓圖考』上海　商務

朱　偰, 1939, 「唐代之民族詩歌」『中國青年』1939-1-2

朱　偰, 1940, 『杜少陵新傳』(重慶青年書店)

朱　偰, 1941, 「李白古風之研究」『圖書月刊』1941-1-6

朱　偰, 1943, 「『水經注』若水繩水孫水辨」『東方雜誌』39-14

朱　偰, 1944, 「杜少陵在蜀之流寓」『東方雜志』1944.4-40.8

朱　偰, 1953, 「南唐二陵巡札」『旅行雜誌』1953-4

朱　偰, 1955, 「南京的名勝古迹」『江蘇人民出版社』

朱　偰, 1956, 「南京的六朝遺址『"南京的歷史"講座第一講』」『南京博物院印』
　　56-5

朱　偰, 1956, 「丹陽六朝陵墓的石刻」『文物參考資料』56-3

朱　偰, 1957, 「修復南京六朝陵墓古迹中重要的發現」『文物參考資料』57-3

朱　偰, 1957, 「六朝陵墓石刻的新發現」『人民日報』57-3-6

中村圭爾, 1984, 「建康と水運」『佐藤博士還曆記念中國水利史論叢』

中村圭爾, 1991, 「六朝古都建康的都城位置新探」(盧海鳴譯)『南京史志』1991-6

秋山日出雄, 1984, 「南朝都城建康の復原序說」『橿原考古研究所論集』7

秋山日出雄, 1985, 「南朝の古都建康」(岸俊男編)『中國江南の都城遺跡』

鮑良紅, 1988,「『建康實錄』 標点質疑」『南京師大學報(社會科學)』88-2
賀雲翱, 1999,「六朝 "西州城" 史迹考」『南京史志』1999-3
賀雲翱, 2005,『六朝瓦當與六朝都城』(文物出版社)

옮긴이 뒷글

신문기사를 "누가·언제·어디서·무엇을·어떻게·왜"라는 순서로 작성한다는 이야기를 자주 하는데, 역사적인 기록도 이와 마찬가지라고 할 수 있다. 그 가운데, "어디서"에 해당하는 부분이 바로 지리적인 이해를 바탕으로 하는 내용일 것이다. 다른 역사의 경우도 마찬가지이겠으나 특히 넓은 영토를 영위하고, 시기별로 지역적인 발전이 두드러져 그 차이가 확연한 중국 역사를 파악하는 데에 있어서 지역에 대한 기초적인 이해는 매우 중요하다. 또한 현재 중국 사람들은 대화 도중에 지명이나 지역적인 특성은 당연히 알고 있는 상식처럼 이야기하는 경우가 많기 때문에, 해당 지역에 대한 지리적인 사항을 구체적으로 파악하지 못 하고 있으면, 대화가 제대로 연결되지 않는 경우도 있다. 심지어, 중국의 자동차 번호판에서 보듯이, 중국인들은 각 지역의 지명을 약칭할 때도 많기 때문에 이러한 사정에 익숙지 못하면, 중국인들의 기록을 제대로 이해하기 어려운 경우도 생기게 된다. 이러한 것들이 중국의 어느 분야를 연구하더라도 중국의 지명이나 지리적인 환경 등에 대한 이해를 기초적으로 습득해 놓아야 하는 이유라고 할 수 있겠다. 예를 들면 각 도시마다 바람이 부는 방향에 대한 조사는 언뜻 보기에는 상호 관련이 없어 보이는 각 도시의 공기오염 지역의 파악과 밀접한 연관을 지닌다는 사례 연구에서도 알 수 있듯이, 총체적이고 다양한 각

도에서의 접근이 필요하다.

중국은 광대한 영토를 가진 나라인 만큼 각 지역마다의 고유한 특색을 지닌 지리적 양상뿐 아니라 다양하고 개성 있는 도시의 출현을 보여준다. 도시도 역사전개의 바탕(空間)이라는 점에서 지리적인 이해와 마찬가지로 도시에 대한 이해가 역사를 깊이 있게 이해하는 데에 필수적이다. 구체적 공간으로서의 도시를 파악하자면 도시가 도시다워지기 위해서 갖추어야할 여러 가지 전제조건이 있을 수도 있는데, 이러한 점들에 대해서 납득할 수 있어야 역사전개의 바닥(舞臺)으로서의 도시를 이해할 수 있을 것이다. 위에서 언급한 지리적인 부분과 도시적인 부분이 큰 틀에서는 비슷하게 보이면서도, 구체적인 사안에서는 조금 색깔을 달리하는 점이 있을 수도 있겠다. 지리를 연구하는 학자들은 당연히 도시를 지리의 범주에 넣고 있다. 그러나 도시 자체를 연구하는 분야는 그밖에도 행정이나 교통이나 경제 등과 같이 수많은 분야에서 접근하고 있다. 역사학에서는 도시에 대해서 좀 더 포괄적인 접근을 하고 있다고 볼 수 있겠다.

옮긴이는 일본의 이바라기(茨城)대학에 재직할 당시, 중국의 도시를 자주 수업의 주제로 채택하곤 했었다. 일반적으로, 도시라는 것은 어떠한 문명의 축적이 이루어지는 곳이라고도 할 수 있으므로, 도시를 중심으로 역사를 살펴본다면 각 시대마다의 특징은 물론이고 기술의 첨단적인 전개 경향을 파악할 수 있기 때문이다. 도시를 파악하기 위해서는 각 도시에서 일어나는 인구 변화는 물론이고, 수많은 사람들이 살아감으로써 필연적으로 일어나는 물이나 식량 문제를 비롯하여, 교통 문제 또는 연료 문제 등 여러 분야를 망라하는 개괄적인 문제의식이 필요하다. 그리고 사람들이 모여 살다보니, 그들 속에서 나름대로의 신앙 문제도 나올 수 있을 것이고, 불교나 도교와 같은 체계적인 종교의 성립뿐만 아니라, 성황신과 같은 지역 수호신 등의 초보적인 종교 개념에 대해서도 이해가 필요하다. 그 뿐 아니라 도시의 미관이나 예술적인 문제도 간과할 수 없을 것이다.

이에 중국의 도시에 대한 연구도 그 도시가 위치한 지리적 환경뿐만 아니라, 그와 더불어 문화적으로, 혹은 경제적으로나 역사적으로도 접근이 함께 이루어져야 할 것이다. 도시가 어느 방향으로 어떻게 확장되어 갔는지, 그 선택의 근거는 무엇이었는지를 파악하는 것도 각 도시의 성격을 규명하는 데에 도움이 될 것이다. 그리고 그 과정에서 필연적으로 갖게 되는 각 도시의 한계를 이해할 수 있게 될 것이다. 또한, 그 도시에 살고 있는 주민들의 거주분포나 도시방어를 위한 시설이나 구상 등도 도시의 역사를 연구하는 데에는 빠질 수 없는 요인이 될 것이다. 그러한 요인들은 각 지역의 경제적인 가치와도 불가분의 관계를 지니고 있고 지금도 변함없이 그 도시에 잠재되어 있다.

이 책은 대만의 유숙분 씨가 저술한 『육조의 성시와 사회』(六朝的城市與社會, 1993, 臺灣學生書局)의 상편에 해당하는 「건강성(建康城)」을 다루고 있다. 옮긴이가 본래의 책의 구조와는 달리 "건강(建康)"이라는 도시 부분만을 떼어내어서 다룬 것은 "남경(南京)"이라는 도시가 중국의 고도(古都)로서 가지는 중요성을 표현하기 위한 것이기도 하지만, 이 책에서 다루고 있는 부분이 남조사를 이해하는 데에 주요한 내용들을 갖추고 있기 때문이다. 출판 과정에서 중국의 도시 전체에 대한 종합적인 이해를 시도하고자 『중국의 옛도시(Ⅰ)—육조시대의 남경』으로 제목을 바꾸었다. 지나친 욕심인지 모르겠으나, 앞으로 기회가 닿는 대로 다른 시대의 다른 도시들에 대해서도 이와 같은 읽을거리를 제공하고자 한다. 예를 들어, 남조(南朝)시대의 건강(建康)뿐만 아니라, 한대(漢代)나 당대(唐代)의 장안(長安)1)이나 낙

---

1) 지금의 서안(西安).

양(洛陽)을 비롯하여 송대(宋代)의 개봉(開封)이나 임안(臨安),[2] 원대의 대도(大都) 그리고 명대(明代)나 청대(淸代)의 북경(北京) 등도 앞으로 각기 다루어져야 할 것이다. 아울러 오대(五代)시대의 도시들 가운데 고유한 지리적 특색을 지니고 성장하던 성도(成都)나 광주(廣州) 등도 검토의 대상이 되어야 할 것이다.

본 책은 모두 본문 6장과 부록으로 구성하였다. 1장에서는 '건강과 육조의 발전'이라는 제목으로 건강이 육조의 도성이 된 연유가 서술되어 있다. 건강이 도성이 된 것이 육조의 발전에 어떠한 영향을 미쳤는지에 대해서도 다루고 있다. 2장에서는 '육조 건강성의 홍성과 쇠락'이라는 제목으로 손오(孫吳)가 건강에 기초를 세우고 나서 양의 전성기를 거쳐 양무제 말년에 후경(侯景)의 난으로 건강이 파괴되어 진대(陳代)에 그 복구를 시도하였음에도 불구하고 도시 자체가 결국은 쇠망하게 된 점에 대해 서술하고 있다. 3장에서는 육조 건강의 경제기초에 대해 언급하면서 육조시대에 도성인 건강이 번영할 수밖에 없었던 원인에 대해 살펴보고 있다. 4장에서는 육조시대의 건강의 건축물에 대해 언급하고 있다. 5장에서는 건강의 시전(市廛)과 민거(民居)·치안에 대해 언급하면서 인구구조라던가 행정에 관한 부분까지도 다루고 있다. 6장에서는 육조의 건강과 북위의 도성인 낙양을 비교하면서 이 둘의 규획에 관한 관련성까지 다루고 있다. 이 장을 통해서 남북의 정치적·사회적인 차이점을 찾아 볼 수 있다. 마지막으로 부록에서는 시오자와 히로또씨가『법정사학』51호에 게재한「건강 석두성(石頭城)과 낙양 금용성(金墉城)의 도시공간과 방위구상에 관하여」(1999년)라는 논문을 첨부하여 독자들의 이해를 높이고자 하였다. 본 책을 통하여 건강이 가지는 도시로서의 중요성 뿐 아니라 육조시대의 역사에 대해서도 다양한

---

2) 지금의 항주(杭州).

각도로 접근할 수 있는 계기가 될 수도 있을 것이다. 여담이긴 하지만, 이 책을 통해서 육조시대의 양주(揚州)지역과 형주(荊州)지역이 가지는 각각의 중요성이나 특성에 대해 파악할 수 있게 된다면, 그것도 큰 수확이라고 할 수 있을 것이다. 도시에 대해서 규명함으로써 어느 한 시대의 특징을 좀 더 명확하게 파악할 수 있다는 점에서, 도시가 역사 이해에 얼마나 커다란 비중을 차지하고 있는지 알 수 있을 것이다.

남경은 전국시대에는 금릉읍(金陵邑)이었으나, 삼국시대에 오나라의 손권(孫權)이 건업(建業)이라 개칭하여 이곳에 도읍을 정한 후 강남의 중심지로 성장하였다. 건강(建康)이 본격적으로 발전하기 시작한 것은 서진이 흉노족에게 멸망한 뒤, 동진이 이곳에 정권을 세운 후부터였다. 이후 송(宋)·제(齊)·양(梁)·진(陳)의 수도로서 건강은 남조 문화의 중심지 역할을 하였지만 589년 남조의 마지막 왕조인 진이 수(隋)에 의해 멸망하면서 역사의 중심권에서 멀어졌다. 역사상 남경의 중요성이 다시 부각된 것은 이후 명(明)을 세운 주원장이 이곳을 수도로 정하면서 잠시 정치적인 중심에 위치하기도 하였다. 20세기에는 장개석 국민당 정부의 수도로 정해지기도 했으며, 그에 따라서 당시의 중앙(中央)대학(현재의 東南大學등) 등이 이곳에 세워지기도 했었다. 이상에서 드러나듯이 중국이 통일된 시대에는 남경이 수도로서의 자격을 상실하게 되는데, 그 원인에 대한 고찰이 필요할 것이다. 역대의 수도로 몇 번이나 남경이 선정된 데에는 무엇보다도 그 지리적인 우월성이 주목되었기 때문일 것이다. 이는 아무래도 남경의 서안(西岸)을 흐르는 장강(長江)이라는 천혜(天惠)의 입지여건 때문이라고 할 수 있을 것이다. 도시를 방어하기에도 적합했던 그 입지여건에 대해서는 본문 안에서 충분히 다루고 있으므로 여기에서는 생략하기로 한다.

이 책은 원래 경북대학교에서 대학원 수업교재로 사용하던 것이다. 당시 손병원·손재현·강판권·박구철 씨 등이 참가하여, 이 책의 초기 모습을 만드는 데에 기여하였다. 그 후에 강보경 씨와 함께 이 책의 한 문장 한 문장을 음미해 가면서 매주 윤독회를 가졌었고, 그 뒤에 다시 안희진 씨와 함께 처음부터 끝까지 윤독하기도 하였다. 그 후에 수차례에 걸쳐서, 경북대학교 사범대학 지리교육과 수업 교재로 사용하기도 하였다. 2005년의 초가을에서 겨울에 걸쳐 이 책과 매일 씨름하기도 했었다. 옮긴이가 늦장을 부리는 바람에 이제야 출판하게 된 점을 부끄럽게 생각한다. 한편 자료단계에서 출판단계에 이르기까지 10여년 동안 여러 가지 어려움이 많았음에도 고집스레 이를 살려서 출판하게 된 데에는 강소성 외사판공실 주임이었던 吳冬華씨와의 인연이 바탕에 깔려 있기도 했다. 그는 옮긴이를 동생이라고 이름 부르면서 아끼고 여러 가지로 보살펴 주었다. 그의 호의를 잊을 수 없었던 것이 이 책을 출판하는 데에 힘이 되었다.

출판단계에 이르기까지, 이 책의 번역에 여러 가지 조언을 아끼지 않았던 많은 분들께 감사드린다. 남북조를 전공으로 하시는 여러분들께서 이 원고를 읽어주었으며, 한문 원문의 번역에서도 해당 분야의 교수들의 도움을 얻었다. 또한 싸이월드의 「중국문화탐방(junggug.cyworld.com)」을 통하여 이 책의 내용을 정리하고 지적을 해준 여러분들로부터도 많은 도움을 얻었다. 특히 이상훈님이 꼼꼼히 읽고 여러 가지 지적해 준데 대해 고맙게 생각한다.

그리고 이 책의 판권교섭에 흔쾌히 응해주신 원저자께 감사드린다. 학구적인 그녀의 인망에 대해서 대만 학계에서 모두들 칭찬을 아끼지 않는다. 시오자와(鹽澤)씨도 그의 논문을 이 책의 부록으로 싣는데 흔쾌히 동의해 주었을 뿐 아니라, 여러 가지 관련된 자료들도 제공해 주었다. 이 책에는 원저자의 박사학위 논문에 실려있던 「건강불사도(建康佛寺圖)」를 게재하고 있는데, 각 사찰의 위치에 대해서는 의견이 분분한 점이 상당히 있다. 이에 대해서 꼼꼼히 살펴보아주신 남경대학의 장학봉(張學鋒)씨, 남경사대의 주유흥(周裕興)씨, 중국사회과학원 역사연구소의 루경(樓勁)씨, 소주대학의 엽효군(葉驍軍)씨, 남경출판사의 로해명(盧海鳴)씨, 남경대학의 추경봉(鄒勁鳳)씨 등 여러분께 감사드린다.

또한, 어려운 이 책의 출판을 흔쾌히 맡아주신 경인문화사 한정희 사장님을 비롯하여 담당 팀장님께 감사드린다. 특히, 지도나 사진 등을 꼼꼼히 챙겨주며, 인내심을 갖고 기다려준 편집부원들께 고마움의 말씀을 전하고 싶다.

베를린의 숙사에서
동물원 정원을 바라보면서
2006년 1월말
옮긴이 씀

유숙분 劉淑芬

國立臺灣大學歷史學博士
現在 : 中央研究院歷史語言研究所 研究員
연구분야 : 六朝史, 中國都市史, 中國社會史
주요논저 : 『六朝時代的建康』(博士論文, 1982), 『六朝的城市與社會』
　　(臺北, 學生書局, 1992), 「六朝建康的經濟基礎」(『食貨月刊』 11,
　　1983), 「唐代俗人的塔葬」(『燕京學報』 新7, 1999), 「北魏時期的河
　　東蜀薛」(『中國史學』 11, 2001), 「六朝建康的佛寺與城市空間」(『百
　　濟研究論叢』, 충남대백제문화연구소, 2005) 외 다수의 논문

시오자와 히로또 監澤 裕仁 Shiozawa Hirohito

1960年 9月 2日生
法政大學人文科學研究科博士課程單位修了
現在 : 中國洛陽外國語大學教授·日本東洋文庫研究員
專攻 : 中國古代歷史地理
研究主題 : 中國後漢魏晉南北朝都城史研究
著作 : 「六朝建康的城市防衛体系試探」(『東南文化』 2001年 第1期, 南
　　京博物院), 「洛陽八關とその内包空間－漢魏洛陽盆地の空間的理解
　　に触れて－」(『法政考古學』 第30集, 2003年), 「漢魏の都城 "許昌"」
　　(『法政史學』 第62号, 2004年), 「鄴城が有する都市空間」(『中國史研
　　究』 第40輯, 2006年 ; 한국) 등

임대희 任大熙

1953년 경주생, 德壽國校, 중앙중고교, 서울대(동양사), 空士교수부
(역사교관), 臺灣師大(歷史研究所 중퇴), 東京大(동양사), 茨城大(인
문학부 전임강사), 筑波大(외국인방문학자), 京都大(외국인 방문교
수), 현재 慶北大 교수
http://junggug.cyworld.com

중국의 옛도시(Ⅰ)
육조 시대의 남경

초판 인쇄 2007년 1월 25일
초판 발행 2007년 1월 31일

지은이 : 유숙분
옮긴이 : 임대희
발행인 : 한정희
발행처 : 경인문화사
주소 : 서울시 마포구 마포동 324-3
전 화 : 718-4831~2
팩 스 : 703-9711
E-mail : kyunginp@chol.com
홈페이지 : 한국학서적.kr / www.kyunginp.co.kr
등록번호 : 제10-18호
등록연월일 : 1973.11.8.

ISBN : 978-89-499-0460-3 93910   값 : 17,000원